DOMINIO DE LA INTELIGENCIA EMOCIONAL: DESARROLLA LA AUTODISCIPLINA, SUPERA LA PROCRASTINACIÓN Y EL PENSAMIENTO EXCESIVO (4 EN 1)

DOMINA TUS EMOCIONES, DESARROLLA HÁBITOS POSITIVOS Y FORTALEZA MENTAL

STEWART HUNTER

DEVON HOUSE
PRESS

CONTENTS

AUTODISCIPLINA Y FORTALEZA MENTAL PARA EL ÉXITO Y LA FELICIDAD 2 EN 1

SUPERA LA PROCRASTINACIÓN Y EL PENSAMIENTO EXCESIVO 2 EN 1

Part III

IMPLEMENTACIÓN

Part IV

ALCANZAR TU POTENCIAL ILIMITADO

AUTODISCIPLINA Y FORTALEZA MENTAL PARA EL ÉXITO Y LA FELICIDAD 2 EN 1

DESARROLLA TU DISCIPLINA, CONSTRUYE HÁBITOS DIARIOS SALUDABLES Y SUPERA LA PROCRASTINACIÓN Y ENCONTRAR LA VERDADERA LIBERTAD

I

EL CAMINO HACIA LA AUTODISCIPLINA Y LA FORTALEZA MENTAL

1

UNA MIRADA PROFUNDA HACIA LO QUE ESTÁS APUNTANDO

Comencemos el viaje hacia una mejor autodisciplina y fortaleza mental al echar un vistazo a lo que estamos buscando hacer. En este capítulo, vamos a sumergirnos en lo que es la disciplina, y cómo deberías verla.

También discutiremos si la fortaleza mental es algo en lo que se puede confiar para las cosas cotidianas o en momentos en los que la presión es grande y no te conformarás con nada que no sea lo mejor para ti. Hablaremos más sobre la definición de fortaleza mental y cómo la vemos (comparándola con la forma en que deberíamos verla).

No todos los viajes son fáciles. Y te encontrarás con algunos obstáculos mientras viajas del punto A al punto B. Nadie nace con disciplina y fortaleza mental.

Este libro te mostrará cómo construir la disciplina y fortaleza mental desde cero. Ahora, hablemos un poco sobre la disciplina.

¿QUÉ SIGNIFICA SER DISCIPLINADO?

La disciplina es algo que se aprende. No es algo con lo que nacemos. Disciplina, significa ser capaz de realizar una tarea, te guste o no. Si estableces algunas reglas y normas a las que quieres adherirte para realizar esa tarea, al seguirlas, se podrían definir como disciplina.

Por ejemplo, digamos que quieres estar afuera de la cama a las 5 de la mañana. Aprendes a disciplinarte levantándote a esa hora, aunque la idea de dormir hasta más tarde sea tentadora. Ser disciplinado significa que te estás comportando de cierta manera.

¿Pero por qué la gente ve la disciplina como una "mala palabra"? Lo explicaremos en la siguiente sección.

LA DISCIPLINA SUENA COMO ... ENTONCES, ¿EN QUÉ SE DIFERENCIA?

La mayoría de la gente ve a la disciplina como algo malo. Específicamente, la palabra "disciplina" está asociada al hecho de que, cuando alguien hace algo malo (como robar galletas del tarro de galletas), necesita ser disciplinado por ello. Sin embargo, el uso de la palabra aquí, está en un contexto diferente.

No se te castigará durante un mes por ser perezoso o tener una mentalidad pobre. El tipo de disciplina que buscamos, es en el contexto de restringirte a ti mismo. Si hay algo que necesitas reducir o dejar de lado por completo, como los malos hábitos, por ejemplo, tendrás que disciplinarte.

Necesitas aferrarte a algo que pueda tener control sobre ti. Permitirte ceder a los vicios, no sólo validará el hecho de que le estás dando poder, sino que probará que tu nivel de disciplina o restricción es bajo.

No ceder, es una clara señal de fuerza. Especialmente cuando hablamos de fortaleza y resistencia mental. ¿Pero por qué es tan difícil de hacerlo?

Las recompensas de ser disciplinado y restringirte de tomar malas decisiones, están al alcance de la mano. Es como una olla de oro delante de ti, esperando a ser reclamada por ti. Sin embargo, de alguna manera, hacemos que sea imposible lograrlo.

Tendemos a sentirnos cómodos con nuestros malos hábitos y vicios. Y dependiendo de lo que sea, pagamos el precio por ello, a corto o largo plazo. Por ejemplo, echemos un vistazo a la procrastinación.

Tienes un gran proyecto por delante. La fecha límite es dentro de unas semanas. Cuanto antes lo hagas, mejor.

Pero decides posponerlo porque tienes una cantidad de tiempo para "holgazanear" cómodamente antes de la fecha límite. Así que te dices a ti mismo: "Al diablo. Puede esperar". Haces algunas de tus cosas favoritas como jugar a videojuegos, vegetar en el sofá y ver Netflix, o cualquier otra cosa.

Antes de que te des cuenta, pasan dos semanas y de repente estás bajo mucha presión para terminar el proyecto. Dejas que la presión te afecte mentalmente y sientes que estás a punto de volverte loco. Sacrificas el sueño, pospones otras cosas importantes, y todo lo que tienes que hacer.

Pronto te das cuenta de que, si hubieras hecho esto antes, tal vez no te sentirías como un zombi durante esos días. Aplazas las cosas que crees que vas a hacer mañana (pero nunca las haces hasta el último minuto). Ahora vamos a comparar eso con lo que deberías hacer.

Cierra los ojos por un momento. Imagina que ya has leído este libro, has adoptado los principios que has aprendido para ser más disciplinado y fuerte mentalmente. Ahora, repitamos ese mismo escenario.

Tienes un proyecto en marcha. Es para dentro de unas semanas. Piensas para ti mismo, perfecto tal vez pueda sacarlo del camino para poder hacer lo que quiera en mi tiempo libre. Así que, te dedicas al proyecto desde el primer día.

Relájate y tómate tu tiempo. No tienes prisa por hacerlo (y si lo hicieras, se notaría en la calidad). Pasa unas horas al día ignorando los mensajes de texto, las notificaciones de Facebook, etc.

Una de las notificaciones de tu teléfono que no conoces es una actualización de tu juego favorito. Probablemente no te importe en este momento porque tienes cosas más importantes que hacer. A veces, postergar las cosas puede favorecerte, cuando se trata de algo que tiende a ser una distracción (pero nos desviamos del tema).

Así que ha pasado una semana y media. El proyecto está hecho y antes de lo previsto. Claro, decidiste quedarte despierto hasta más tarde, porque te divertiste mucho haciendo algo que te mantuvo ocupado.

La calidad es impresionante. Nada es a medias. Y tu jefe, tu cliente, tus socios de proyecto o colegas están bastante contentos con el esfuerzo y el detalle que has puesto en él.

El trabajo muestra que te preocupaste por invertir tu tiempo sabiamente en las cosas importantes. Eso te da un nivel de confianza inigualable. Y aumenta tu fortaleza mental en el proceso.

Eso es porque has aprendido a disciplinarte, poniendo prioridades sobre todo lo demás. Has puesto los intereses de los demás por encima de ti mismo (y no te has sentido obligado a ello). Alguien quiso concretar un proyecto y tú te las arreglaste para invertir de tu tiempo y esfuerzo para ayudarlos.

Como resultado, se te recompensa generosamente por todos tus esfuerzos (y obtienes un bonito bono de pago como la cereza de la torta). ¿La disciplina y la fortaleza mental te harán ganar un aumento en tu trabajo? No podemos garantizarlo.

Pero podemos decir, que la disciplina y la fortaleza mental, tienen sus recompensas. Cuando seas capaz de refrenarte de tomar malas decisiones, te sentirás satisfecho mentalmente. Tu nivel de disciplina no sólo te afectará a ti, sino que también afectará a otros.

Por ejemplo, si el proyecto que hiciste es de mala calidad, entonces afectará a las personas con las que trabajas. El cliente evaluará a tu empresa de forma desfavorable y puede que cambie de marcha y trabaje con otra persona. Esto empañará la imagen de tu empresa y puede conducir a algunas decisiones difíciles para tu jefe, tanto a corto como a largo plazo (que puede incluir la reducción de tu salario como parte del proceso de reducción para que su empresa se mantenga a flote).

La disciplina, tanto si la tienes como si no, desencadenará un efecto dominó como ninguna otra cosa. Por eso la disciplina es tan importante. Si no la usas, quién sabe qué tipo de efecto tendrá en ti y en los demás de forma negativa.

¿QUÉ TAN CONFIABLE ES LA FORTALEZA MENTAL?

La fortaleza mental es un término que solemos usar en los deportes. Uno de los mayores defensores de ello es Bill Belichick. Y es una de las razones fundamentales por las que los Patriotas de Nueva Inglaterra han sido uno de los equipos más exitosos en la historia del fútbol, ganando un total de seis títulos en el Super Bowl.

Belichick dijo lo siguiente: "La fortaleza mental es continuar haciendo lo correcto, incluso cuando las cosas no van bien para ti personalmente". Vuelve a leer la última frase. El martillo se encuentra con el clavo.

La verdad es que la disciplina y la dureza mental van de la mano. Hay algunas cosas que deben hacerse, pero tienes un mal día y prefieres acostarte en el sofá, relajarte y olvidarte de todo. Podrías estar teniendo el peor día de tu vida, pero te corresponde hacer tu parte, aunque no te apetezca.

Echemos un vistazo a otro ejemplo donde la fortaleza mental y la disciplina van juntas. Supongamos que estás leyendo un hilo de comentarios en los medios sociales y alguien decide ser desagradable con otro basándose en alguna diferencia de opinión.

Lees el comentario y te surge la tentación de devolver el fuego con una respuesta enojada e igualmente desagradable. Eso sí, el comentario no fue directamente hacia ti. Tienes la opción de ignorarlo y seguir adelante (incluso si va en contra de lo que sientes que deberías hacer personalmente) o dejarte absorber y probar que, como el imbécil que dejó el comentario desagradable, eres tan indisciplinado y no tan fuerte mentalmente.

La verdad es que cualquiera que intente participar en estas guerras de comentarios menospreciando a alguien carece de disciplina y fortaleza mental. ¿Qué les molestó para llegar a ese punto? Es cierto lo que dicen: no te rebajes a su nivel (en este caso, su nivel de fortaleza mental y disciplina... o la falta de ellos).

¿Es confiable la fortaleza mental? La respuesta es sí. Sólo es poco fiable si eliges no usarla.

La fortaleza mental se construye para que puedas desempeñarte consistentemente, a un nivel en el que puedas hacer el trabajo, y nunca comprometer la calidad. La fortaleza mental te permite afinarte y mejorar. Y protege tu nivel de éxito en el presente y en el futuro.

No tienes que confiar siempre en el talento. Dependes de tu consistencia, tu voluntad de trabajar duro, y no dejes que nada se interponga en el camino de tus objetivos (ya sean objetivos a corto o largo plazo). La fortaleza mental es un elemento necesario en el liderazgo.

Al igual que la disciplina, la fortaleza mental afectará a los demás de manera positiva. Específicamente, los líderes mentalmente fuertes, tendrán las espaldas de aquellos que los sigan. Los fortalecerán y los animarán a mejorar (en lugar de hacerlos caer).

Cuando un líder pone en marcha un equipo, sus integrantes trabajan juntos como una unidad mentalmente fuerte y logran el objetivo común que desean. Por ejemplo, el liderazgo de Bill Belichick (y su "manera patriótica" de disciplinarse) le permitió ganar varios títulos del Super Bowl y consolidarse como uno de los mejores entrenadores de fútbol.

LA FORTALEZA MENTAL SUENA COMO ... ENTONCES, ¿EN QUÉ SE DIFERENCIA?

Cuando la gente piensa en la fortaleza mental, piensa que suena así: Sé duro, no muestres emociones y sigue haciendo lo que haces. En otras palabras, no dejes que nadie te vea llorar o enfadarte. Sólo sigue adelante como un robot sin emociones.

Este pensamiento no podría estar más lejos de la verdad. No deberías retener las emociones. Si estás pasando por un día difícil, está bien usar las emociones para superar el dolor.

Está bien llorar cuando has tenido un día difícil. Y no importa si alguien lo ve o no. Y está bien expresar tus frustraciones y tu ira.

Mientras te mantengas controlado y nunca dejes que tus emociones se salgan de control, invocar las emociones negativas para superar el dolor, te ayudará a ser más fuerte mentalmente. Puedes causar una impresión más positiva si sabes mantener una actitud positiva mientras manejas tus emociones a un nivel saludable (comparado con ser un robot sin emociones, que te hace parecer soso y aburrido).

La fortaleza mental debería parecerse mucho a tener una actitud mental positiva. Estás aceptando el hecho de que el fracaso ocurrirá varias veces. Cuando suceda, deberías avanzar con la sensación de saber que las cosas irán bien en el futuro.

El fracaso no es una indicación de que es el fin del mundo. Tampoco es un indicador de que debas renunciar a una vida de mediocridad o cualquier otra cosa. Además, manejar tu propio estrés en situaciones estresantes es también un pilar definitorio de la fortaleza mental.

Independientemente de si las cosas van mal o si te sientes presionado, la última cosa que debes hacer es retirarte y renunciar. Incluso cuando se trabaja con el estrés, siempre habrá una recompensa al final del túnel. Y esa sensación de logro te dará el subidón de dopamina que te mereces.

La fortaleza mental se basa en los siguientes cuatro pilares: Desafío, Control, Compromiso y Confianza. Cuando las cosas se pongan difíciles, querrás tener el control. Ve hasta el final y tendrás la confianza de conquistar cada uno de los desafíos que enfrentes.

El control es el más importante de los cuatro pilares. O controlas el estrés y la presión, o estos te controlarán a ti. Tienes el poder de superar cualquier desafío, así que no dejes que sea al revés.

COMO CUALQUIER OTRO CAMINO EN NUESTRA VIDA, ESTÁ DESTINADO A TENER BACHES

Este dicho es muy cierto: hay caminos en la vida que se pondrán difíciles. Algunos de ellos tendrán obstáculos que serán un reto a superar. Pero todo eso es parte del viaje.

Es un camino menos transitado. Pero lo que la mayoría desconoce es que llegas a tu destino más rápido. Antes de que digas algo más, este camino no es un atajo.

Compara este con otro camino. Es suave, llano y tiene mucha luz. Lo ves hasta el horizonte.

¿Va al mismo destino? Sí, lo hace. No hay nada en el camino, no hay bloqueos, no hay obstáculos.

Parece lo suficientemente simple como para viajar en él, ¿verdad? ¿Qué podría salir mal? Viajas por el camino y llegas al final cuando de repente te encuentras cayendo a mil pies de profundidad.

Es una prueba irrefutable de que lo que puede salir mal, saldrá mal. Las cosas pueden ir "sin problemas" y de repente te caes y pierdes el control. Sobrevives a la caída milagrosamente. Pero el viaje se hace mucho más difícil (sin mencionar que toma un período de tiempo más largo para llegar a tu destino).

En pocas palabras, puedes optar por aceptar el hecho de que habrá desafíos y caminos llenos de baches a lo largo del camino. O puedes tomar la ruta "fácil" y de repente verte cayendo de un "acantilado" cuando menos te lo esperas.

Ahora que eres consciente de esto, la pregunta que te harás regularmente es "¿hacia dónde me dirijo a partir de aquí?" Si te ves atrapado en este camino lleno de baches y tienes dificultades para navegar por los obstáculos, siempre puedes pedir ayuda.

Es fácil para nosotros ser tercos y evitar la idea por miedo a la vergüenza. Pero nadie ha muerto nunca por pedirle a ayuda a otro sobre cómo pasar de un punto a otro en su viaje hacia la autodisciplina y la fortaleza mental. Busca a las personas que crees que son las más disciplinadas y mentalmente fuertes que conoces y hazles todas las preguntas que tengas.

En ese momento, puedes aprender de ellos sobre su propio viaje, qué les ayudó a ellos a construir su autodisciplina y fortaleza mental. Ellos han estado ahí y lo han hecho. Saben que los caminos están llenos de obstáculos y baches.

¿Tienes que copiar todo lo que te digan al pie de la letra? No, en realidad no. Pero puedes encontrar algunos excelentes consejos e ideas, para ayudarte a superar mejor los obstáculos, mientras viajas por los caminos escabrosos hacia la autodisciplina y la fortaleza mental.

RECAPITULANDO

En este punto, ya sabes la verdad sobre la disciplina y la fortaleza mental. Ya hemos desacreditado los viejos mitos de que la disciplina es algo malo. Y que la fortaleza mental no significa ser un robot sin emociones tampoco.

La disciplina, es donde la restricción entra en juego, cuando algo tiene suficiente poder para absorberte, para hacer lo contrario de lo que quieres hacer. Es fácil para nosotros conseguir esa media hora extra de sueño por la mañana. O dormirnos en los laureles durante horas y ver nuestros programas favoritos en Netflix.

Tu falta de disciplina es algo que no sólo te afectará a ti, sino también a otras personas. Es un efecto dominó como ninguna otra cosa. La disciplina y la fortaleza mental van de la mano (especialmente cuando el control es una de las claves para esto último).

Establecer la disciplina y la fortaleza mental, se trata de tener control. O te controlas a ti mismo o dejas que los vicios de la procrastinación y los malos hábitos te controlen. Además, tendrás que ser consciente de que existirán desafíos.

Dependerá de ti conquistar esos desafíos, mientras manejas tu estrés al mismo tiempo. Lo verás constantemente, sin importar cuántos obstáculos enfrentes. Cuando conquistes los desafíos, aumentarás tu confianza.

Cuanta más confianza tengas, vencer los desafíos será tan fácil y te requerirá tan poco esfuerzo como pedir tu pizza favorita. Ahora que tienes una visión completa de lo que estamos buscando, es hora de identificar los obstáculos que se interponen en el camino.

En el próximo capítulo, cubriremos varios obstáculos comunes que puedes haber encontrado (y que probablemente vuelvas a encontrar) en el camino hacia la disciplina y la fortaleza mental. Ponte el cinturón, pasa la página y demos un paseo.

II

¿QUÉ SE INTERPONE EN TU CAMINO?

2

TU PEOR ENEMIGO, ERES TÚ MISMO

¡Pum! Inmediatamente, comenzamos este capítulo con un golpe en la realidad. Como el nombre del capítulo, tu peor enemigo, tu archienemigo en lograr la autodisciplina y la fortaleza mental no es otro que tú mismo. No tiene sentido culpar a nadie más o a la situación por esto.

Es fácil culpar a otro de nuestros errores. Especialmente cuando se trata de una falta de disciplina y debilidad mental. De hecho, es un síntoma importante de ambas.

En este capítulo, hablaremos de lo que te convierte en el enemigo público número uno, en lo que respecta a este objetivo final que intentamos alcanzar. También tenemos una pequeña sorpresa más que se te presentará (y para advertirte, es una especie de sorpresa no deseada). Una vez que descubras lo que es, discutiremos lo que puedes hacer al respecto para que puedas andar por el buen camino en lugar de continuar girando en círculos negativos.

Ahora que sabes que tú, eres tu propio peor enemigo, en términos de intentar ser más disciplinado y mentalmente fuerte, vamos a llegar a los temas comunes que hacen que esto suceda (aunque aún no sepas nada de ellos):

TUS PRIORIDADES ESTÁN POR TODAS PARTES Y NO PUEDES CONCENTRARTE EN UNA SOLA COSA

Por supuesto, esto es común para casi todas las personas. Tendemos a trabajar en una cosa y luego pasamos a la siguiente diez segundos más tarde, y repetimos el proceso. Es un círculo vicioso sin fin.

Es fácil para nosotros perder la atención en una tarea, porque ahora estamos prestando atención a otra. Pero esa cantidad de atención que recibe esa tarea, es efímera y fugaz, porque luego vemos otra cosa a la que prestar atención. Antes de que nos demos cuenta, perdemos la pista de todo y no es más que un enorme lío confuso.

La palabra clave aquí es priorización. Se trata de anteponer la tarea más importante frente a las otras tareas que debemos hacer. Entonces, ¿por qué es tan difícil de hacer?

Eso es porque mezclamos nuestras prioridades con nuestras metas personales. Claro, esos objetivos son importantes. Pero hay cosas que hay que hacer de antemano.

Querrás planificar tus prioridades claramente, antes de que comience el día. Y hay algunas razones por las que debe ser así:

- Con prioridades claras y planificadas, puedes estructurar tu día. Realiza la tarea más crítica antes de pasar a la siguiente. Debes hacer varias cosas, tu tiempo es limitado y los plazos deben ser ajustados. Cuanto más se acerca el plazo, más crítico es.

- Esto te mostrará cómo utilizar eficazmente las palabras "sí" y "no". Con respecto a esto último, vas a aprender a decirlo sin dudar ni estresarte por ello. Deberás aprender a decir "no" a las cosas que no son tan urgentes ni tan importantes. Explicaremos esto con más detalle más adelante.

- Invertirás tu tiempo sabiamente y, a veces, por la fuerza (dependiendo de qué tan crítica sea la tarea). Con un plan establecido, con tus prioridades por delante del resto, sabrás exactamente dónde dedicar tu tiempo y cuánto tiempo dedicar a cada tarea. Sin mencionar que estarás preparado para realizar las tareas, sin sacrificar la calidad. Ten en cuenta que hay poco o ningún espacio para medias tintas.

- Aprenderás a concentrarse en UNA tarea a la vez. Claro, las personas piensan que son buenos para realizar múltiples tareas. El hecho de que tú también lo pienses, no significa que debas hacerlo. De hecho, debes resistir a la tentación de intentar realizar múltiples tareas tanto como sea posible. Eres solo un humano y solo puedes hacer tanto como sea posible. En lugar de realizar múltiples tareas, debes delegar si es necesario.

Una de las mejores formas de planificar y priorizar tus tareas es utilizando una tabla de Dwight D. Eisenhower, un líder militar que más tarde se convirtió en presidente de los Estados Unidos. Eisenhower ideó una manera de anteponer sus tareas más críticas frente a todo lo demás.

Esto se conoció como la Matriz de Eisenhower. Para tener una idea de cómo se ve esto, presta atención al siguiente cuadro:

Urgente/Importante	¿Hacer o no hacer?
Urgente E Importante	Hacer
Urgente PERO No Importante	Delegar (pero hacerla si el tiempo me lo permite)
No urgente PERO Importante	Hacer, pero más adelante
No urgente Y No Importante	No hacer

La Matriz de Eisenhower está separada en cuatro cuadrantes determinados por su urgencia e importancia. Si la tarea es urgente e importante, será tu tarea más crítica. Y debe hacerse, antes que nada.

Si la tarea es urgente pero no importante, es probable que optes por delegar en alguien que pueda hacerla por ti (suponiendo que el nivel de urgencia sea alto). Si tienes la suerte de hacerte un tiempo suficiente para realizarla, hazlo. Pero usa tu mejor criterio en tal situación.

El siguiente cuadrante es para las tareas que no son urgentes, pero son importantes. De hecho, estas tareas son lo suficientemente importantes como para que le prestes atención. Sin embargo, el momento de llevarlas a cabo, no es tan urgente. Podrías programarlo para hacerlo al día siguiente o al próximo.

Por último, tenemos las cosas no urgentes y no importantes. Aquí es donde se enfoca mucha gente. Estas son las tareas que nos hacen procrastinar y dejar de lado otras tareas que tienen mucha más prioridad.

En este caso, querrás ser lo suficientemente disciplinado para saber que decir "no" a estas tareas, está bien. No tienes que hacer todo para terminar todo ya. Además, querrás aprender las palabras "no ahora" en términos de esas tareas no urgentes, pero sí importantes.

La verdad es que debes prestar mucha atención a tus tareas más críticas (tus tareas urgentes E importantes). La última cosa que quieres hacer es quitarles a estas tu atención y tu tiempo. Hazlo una vez y serás absorbido por el espiral de hacer otra cosa que tiene poca o ninguna prioridad, sobre la tarea en cuestión.

Usa la Matriz de Eisenhower para colocar tus tareas más críticas en el cuadrante URGENTE e IMPORTANTE primero, mientras planeas el día. Luego programe la siguiente tarea URGENTE y NO IMPOR-TANTE, seguida por la última NO URGENTE pero IMPORTANTE.

LA TENDENCIA A PENSAR DEMASIADO E IMAGINAR LO PEOR

Ah, sí. Pensando demasiado. Si ese no es uno de los síntomas más graves de no hacer nada, no sabemos cuál es. Pero, ¿qué causa exactamente el pensamiento excesivo?

Lo creas o no, hay algunas cosas que pueden provocar el pensamiento excesivo. Vayamos al grano para identificarlas:

- **Errores pasados:** La gente comete errores. Esa es una verdad innegable. Pero el verdadero problema es que, debido a ellos, la mayoría de la gente tiene miedo de volver a hacer algo. Temen estropear algo y eso genera un problema. Temen al fracaso (y lo consideran una oportunidad para darse por vencidos y seguir adelante).

- **Reproducir la misma escena en tu cabeza repetidamente:** Supone que tienes una presentación próximamente. Una grande en la que conseguirías un gran cliente si tienes éxito. Y si cometes un error, te costará. Los "qué pasaría si las cosas salieran mal" tienden a aparecer. Está bien practicar y ensayar la presentación para pulirla. De hecho, pensar demasiado te consumirá mucho tiempo que, de lo contrario, deberías dedicarlo a ensayar tu presentación. Y si cometes un error, no le des mucha importancia. Actúa como si nunca hubiera sucedido, y sigue adelante.

- **Te enfocas en el "peor escenario":** La visualización es una gran herramienta de preparación. Y no hay nada de malo en ello. Sin embargo, visualizar lo peor que podría suceder, te dominará mentalmente hasta un punto en el que el miedo al fracaso se asentará. En lugar de concentrarte en lo peor, concéntrate en el mejor de los casos. Cuanto más lo visualices y lo practiques, mejor te irá. Además, no te preocupes por la perfección. Ensaya como si estuvieras en la situación real.

- **Preocuparte por cosas que escapan a tu control:** Todo el mundo se preocupa por algo. Especialmente cuando se trata de cosas que no pueden cambiar ni controlar. No es culpa tuya que una desagradable tormenta haya dejado sin electricidad a la ciudad y haya dejado la ciudad a oscuras. Tampoco es culpa tuya, si algún vil villano cibernético hackea la red informática de la oficina, lo que también complica las cosas en el proceso. Otra cosa que está fuera de tu control es la toma de decisiones de otra persona. Puedes persuadir a alguien para que tome una decisión hasta cierto punto. Sin embargo, si no lo hacen, no te preocupes. Es su decisión y no puedes culparlos por ello. Visto desde el lado positivo, podría ser la peor decisión que hayan tomado y lo lamentarán más temprano que tarde.

POR QUÉ ES MALO PENSAR DEMASIADO

Si piensas que pensar demasiado es algo menor, te sorprenderías. Pensar demasiado puede influir negativamente en tu psique mental. De hecho, podría desencadenar enfermedades mentales que podrían hacerte perder la cordura y la paz mental.

No sólo eso, sino que pensar demasiado, hará que la resolución de problemas sea aún más difícil. Incluso puede hacer que la resolución del problema más básico, que podría ser resuelto en cinco segundos, se haga muy compleja para ti. Es difícil imaginar que eso le pueda ocurrir a alguien, pero sucede.

Por último, pero no menos importante, también puede afectar a tus patrones de sueño. Es bueno tener una mente despejada y clara, y eso sucede cuando estás bien descansado. Pensar demasiado será el mayor obstáculo para que eso suceda.

Convertirás lo que de otra manera podría ser de 7 a 9 horas de sueño en 3 a 4 horas. Y eso es lo último con lo que quieres lidiar cualquier día de la semana.

Cómo "combatir" tu pensamiento excesivo

Entonces, ¿cómo puedes eliminar tu pensamiento excesivo? Lo que quizás no sepas es que existen soluciones simples. Aquí hay algunas cosas que te recomendamos que hagas para asegurarte de que el exceso de pensamiento sea cosa del pasado:

Debes saber lo que puedes controlar y lo que no:

Lo que debes hacer es aceptar el hecho de que no puedes cambiar o controlar las cosas que están más allá de ti. Las cosas que no están directamente asociadas contigo siempre sucederán. Siempre es bueno estar preparado para adelantarte un poco a la caída, cuando las cosas van mal.

Por ejemplo, si estás haciendo una presentación de PowerPoint, ten a mano algunas copias impresas en caso de que la computadora que usas muera misteriosamente. Si esto sucede, simplemente ignóralo, como otra de esas cosas que no puedes controlar, entrega las copias impresas a las personas a las que estás presentando el trabajo y guíalos en un seguimiento. No solo quedarán impresionados con la forma en que manejaste tal situación, sino que les encantará que alguien haya tomado la iniciativa de adelantarse a la Ley de Murphy.

El optimismo es la clave: si fallas, no será el fin del mundo. Piensa que algún día habrá un resultado favorable. Ese día podría llegar mañana, dentro de seis meses o el año que viene. Pasará. No dejes que el fracaso sea el fin de todo.

Anímate: es fácil ser duros con nosotros mismos. Pero eso realmente introducirá algunas semillas negativas en tu forma de pensar.

En cambio, puedes ser tu mejor animador. Incluso si nadie cree en lo que puedes hacer, tú debes ser tu mejor creyente. Y eso solo te coloca una cabeza por encima de los hombros de aquellos que no piensan de esta manera.

Aprende a meditar: no hay nada más satisfactorio que la meditación. No, no tienes que cerrar los ojos y cantar "omm" cada minuto. Puedes hacerlo tranquilamente en un espacio separado, donde nadie pueda molestarte. También seríamos negligentes si no te sugerimos ninguna aplicación de meditación guiada como Calm o Headspace. Además, algunos videos de meditación guiada en YouTube siempre serán útiles. También podrías incorporarlo en tu rutina diaria. No tiene por qué ser una meditación larga. Simplemente reserva cinco minutos de tu día y pruébalo.

Con tu capacidad para eliminar el pensamiento excesivo con poco o ningún esfuerzo, tendrás una de las habilidades clave, que sin duda te distinguirá de aquellos que carecen de disciplina y fortaleza mental. Restringir los pensamientos negativos y las dudas sobre uno mismo, es una habilidad poderosa que se mostrará a través de tu lenguaje corporal y tu forma de comportarte.

No hay manera de engañar a tu subconsciente. Si tienes una mentalidad interior positiva y entrenas a tu cerebro para que no piense demasiado, la gente conocerá a un individuo mentalmente fuerte y autodisciplinado sin siquiera hacer una sola pregunta.

SÓLO ADMÍTELO, NO TE GUSTA LA RESPONSABILIDAD

No estamos tratando de sonar groseros ni nada. Muchos de nosotros no somos grandes fanáticos de la responsabilidad. Y es más que probable que tú seas uno de ellos.

Sólo debes saber que no estás solo en este sentimiento. La gente odia ser capaz de reconocer las cosas. Y ahí es donde es fácil culpar a los demás, aunque en el fondo sabes que tienes la culpa.

La gente parece evitar la responsabilidad como si fuera una plaga. La responsabilidad en sí misma es como un sabueso. No importa cuánto te la quites de encima, te perseguirá y pronto descubrirá dónde te escondes. Por lo tanto, también podrías asumir responsabilidades cuando se presente la oportunidad.

Aprender a asumir responsabilidades, debería ser enseñado a una edad suficientemente temprana. Ser responsable ayudará a fortalecer tu bienestar, tu toma de decisiones y tu productividad. Además, la responsabilidad también te ayudará a fortalecerte en los momentos en que tomes ciertas decisiones.

Específicamente, estas son decisiones que no se llevarán bien con otras. Pero son el tipo de decisiones que te servirán para mejorar. Por ejemplo, eres un ejecutivo que se enfrenta a la responsabilidad de despedir a una de dos personas debido a los recortes.

Sabes que tomar una decisión así puede ahorrarle dinero a la compañía. Sin embargo, tu decisión puede afectar el destino de alguien que ha sido un empleado leal y dedicado durante varios años. Alterará el curso de su vida a largo plazo.

Necesitas tragar con fuerza, tomar una decisión y seguir adelante.

Por qué nadie quiere ser considerado responsable

Ser considerado responsable puede parecer un término legal. Sin embargo, en este contexto estamos debatiendo la responsabilidad en términos de lo que sucede cuando el resultado es negativo. No hay una sola persona viva que quiera un resultado negativo.

Los resultados negativos ocurren todo el tiempo. Pero la verdadera cuestión radica en cómo los manejará una persona. ¿Manejará el resultado negativo con optimismo y lo asumirá como una lección de aprendizaje? ¿O culparán a algo o a alguien más, sabiendo que el resultado puede estar bajo su control?

Hay unas cuantas razones por las que la gente hace esto último: en primer lugar, es que tienen miedo al fracaso. O, en lenguaje llano, no saben cómo manejarlo apropiadamente. En segundo lugar, no confían en sus habilidades. Y, por último, eligen no involucrarse en el proceso, tanto como les sea posible.

Así que deciden quedarse entre bastidores y no hacer nada por miedo a que, si las cosas salen mal, la culpa sea suya. La inacción te hará ganar una parte de la culpa, así que evitar la responsabilidad no te ayudará.

El miedo al fracaso o a la falta de confianza servirá de excusa. La realización de una tarea será suficiente para ayudarte a ganar la confianza para seguir adelante la próxima vez, tanto si fracasas como si no. Y una vez más, un fracaso no es motivo para acabar con todo.

Si das lo mejor de ti mismo y el resultado es negativo, es importante echar un vistazo a lo que salió mal, discutir lo que podría haberse hecho de manera diferente, y seguir adelante. Además, la gente te culpará por el fracaso (lo cual no deberías tomarte como algo personal). Culpar a otros es un signo de la incapacidad de manejar el fracaso por tu propia cuenta.

La incapacidad de manejar el fracaso y culpar a otros, afectará la moral y la mentalidad general de los demás. Eso hará que sea difícil para un grupo trabajar juntos en proyectos futuros o similares. Aprendan a manejar el fracaso juntos, si tal cosa ocurre.

La "difusión de la responsabilidad"

En un entorno de equipo, puede haber alguien que puede estar siguiendo ciegamente órdenes o instrucciones sin saber lo que todo esto conlleva. Esa persona normalmente se quedará de brazos cruzados y esperará a que alguien haga un movimiento. Esto se conoce como "difusión de la responsabilidad".

La persona que hace esto, necesita esperar a que alguien más haga el movimiento. No sólo eso, sino que pone a los otros miembros del equipo en una situación de presión en la que alguien tiene que hacer el movimiento. No dejes que la falta de iniciativa se reduzca a eso.

El Síndrome del "Sí"

Siempre es una buena idea conocer tus límites. Querrás aprender a decir "sí" a las responsabilidades correctas. Además, tendrás que aprender a asumir las cosas de una en una, en lugar de sobrecargarte.

Sobrecargarte de responsabilidades te abrumará. Y puede que te quedes paralizado como resultado. Comenzarás a entrar en pánico, a pensar demasiado y a preocuparte más por lo que hay que hacer primero.

Sólo esto hará que todo sea un caos. Pronto perderás la noción de lo que hay que hacer. Y te afectará mentalmente.

No te hagas esto a ti mismo. Debes saber de lo que eres capaz y cumplir con tus responsabilidades de acuerdo a ello. No te sientas presionado a decir "sí" a todas ellas.

Aprende a decir "no", explica tu razón (y haz que sea buena), y sigue adelante.

SIN QUE TÚ LO SEPAS, YA HAS DESARROLLADO EL SÍNDROME DE LAS FALSAS ESPERANZAS

¿Recuerdas la sorpresa que mencionamos antes en el capítulo? Bueno, aquí está. Lo sepas o no (y es probable que sea lo último), ya has desarrollado lo que se conoce como el síndrome de las falsas esperanzas.

Para darte un ejemplo de esto en acción, hablemos de los propósitos de Año Nuevo. Cada año, prometemos hacer un cambio para mejorar.

Puede ser perder peso, ganar más dinero, dejar de fumar, o cualquier otra cosa.

El verdadero problema es que no cumplimos esta resolución. ¿Por qué es esto exactamente? No hay un objetivo específico que se haya establecido. Sin mencionar que le falta estructura.

Es fácil para nosotros adoptar la vieja mentalidad de "hazlo a lo grande o vete a casa". Sin embargo, muchos de nosotros no parece que sepamos cómo establecer pequeños objetivos tangibles para llegar a uno mucho más grande. Así que en lugar de "perder peso", sólo di que estás planeando perder 20 libras.

Entonces puedes esbozar cómo llegar allí. Tendrás pequeños hitos que podrás alcanzar a lo largo del año. Y también hay una cosa que hay que tener en cuenta, establecer los objetivos que quieres alcanzar en base a tus propios valores.

Probablemente te estés rascando la cabeza con esta última parte. Vamos a explicarlo con más detalle. Digamos, por ejemplo, que quieres dejar de beber soda o café. Pero hay una cosa que se interpone en tu camino.

Le das un gran valor a la cafeína, que te ayuda a mantenerte despierto y alerta. Deshacerte del café o de la soda te hará cortar una de las cosas que más valoras. Y privarte de las cosas que son personalmente valiosas para ti te llevará a un eventual fracaso (y a renunciar a tus resoluciones).

Al establecer tus objetivos, considera cómo afectará esto a tus valores personales. Si la cafeína es realmente tan importante, querrás explorar alternativas que te aseguren que sigues obteniendo la cafeína que necesitas sin tener que recurrir a algo que no sea saludable.

Si bebes una cantidad abundante de refrescos con regularidad, considera la posibilidad de eliminarlos de tu dieta. En su lugar, bebe café o té con cafeína. Si es difícil dejar de tomar gaseosas, considera opciones de dieta o sin azúcar. Es posible hacer cambios sin dañar tus valores.

Reconoce los obstáculos que se interponen en tu camino

Si estás buscando una manera de alcanzar una meta o resolución, debes identificar los obstáculos que se interponen en el camino. Digamos que tienes un propósito de año nuevo y no lo cumples. ¿Qué pasó? ¿Qué se interpuso en el camino?

Además, pregúntate qué podrías haber hecho de forma diferente. Por ejemplo, volvamos al objetivo de perder peso. Quieres pasar tiempo haciendo ejercicio, así que decides al menos intentar hacerlo por la mañana antes del trabajo.

Sin embargo, te das cuenta de que tu ventana de tiempo no es suficiente, así que te rindes y culpas a la falta de tiempo. En lugar de hacer eso, deberías considerar establecer un período de tiempo específico. ¿Por qué no hacer ejercicio después de la jornada laboral? Puede ser tan simple como ir a casa, prepararte y hacer algún ejercicio durante 15 o 20 minutos y terminar el día.

Conoce tus valores y mantente fiel a ellos

Tus valores pueden funcionar juntos o trabajar en contra de los demás. Esa es otra razón por la que la gente encuentra que renunciar a sus objetivos y resoluciones es fácil. Es importante saber cuáles son tus valores y mantenerte fiel a ellos tanto como sea posible.

También querrás intentar mitigar cualquier posible conflicto tanto como sea posible. Perder peso mientras se come para manejar el estrés es contrario a tus objetivos. Así que, encuentra una alternativa para manejar y aliviar el estrés. Lo creas o no, hacer ejercicio es un gran eliminador de estrés.

Además, puedes usar ese estrés como una fuente de energía para ejercitarte sin colapsar. Te sentirás bien sabiendo que has utilizado ese estrés a tu favor y has decidido eliminar algunas calorías en el proceso. Serás una máquina mezquina y delgada, mentalmente fuerte, disciplinada y tendrás una manera infalible de manejar el estrés cuando las cosas se ponen difíciles.

¿Siempre harás ejercicio cada vez que estés en una situación estresante? No siempre. Por lo tanto, es importante encontrar otras técnicas de manejo del estrés también.

Siempre que esté dentro de tus valores personales y los resultados no se contrarresten con los beneficios, deberías mantenerte en forma.

TERMINAS HACIENDO ALGO DIFERENTE Y SIGUES JUSTIFICANDO TUS ACCIONES.

Cuando terminamos haciendo una cosa u otra, es fácil para nosotros justificar nuestras acciones. Cometemos errores e intentamos explicar por qué los hicimos. La autojustificación es un poco más peligrosa de lo que cualquiera de nosotros podría imaginar.

Defendemos nuestras acciones o errores como si fuera uno de esos momentos de "fue lo mejor que pude hacer". Es fácil para nosotros inventar excusas cuando no podemos darnos a nosotros mismos una respuesta directa (o nadie más puede hacerlo, para el caso).

Si metes la pata en algo y puedes repararlo, el mejor momento para empezar es ahora mismo. No esperes hasta mañana, la próxima semana o el próximo mes. Si metes la pata y tienes la oportunidad de empezar de nuevo, salta sobre ella lo antes posible (que obviamente es ahora).

Uno de los principales enemigos de la autodisciplina es ponerte excusas a ti mismo. La única manera de dejar de ponerte excusas es reconocer tus errores, prometerte a ti mismo que lo harás mejor, y decirte que lo puedes hacer.

Autojustificar nuestras acciones equivale a defender a alguien que cometió un acto atroz (aunque sepas que lo hizo). ¿Cómo puede alguien a quien admiras como mentor ser una buena persona cuando a puerta cerrada, es abusivo con su cónyuge? ¿Cómo puede alguien ser una buena persona públicamente, pero en privado, conspirar para explotar y estafar a las mismas personas con su dinero duramente ganado?

No existe tal cosa como hacer el mal y salir bien parado en el proceso. Esta es una de las señales seguras de alguien que carece de disciplina y fortaleza mental. Por mucho que lo intenten, una vez que su castillo de naipes cae, no tienen otra opción que acobardarse y no volver a ser vistos ni escuchados jamás.

Justificar la procrastinación

Esto es lo que pasa con la procrastinación: dejas algo que se puede hacer hoy, para hacer mañana. Una de las cosas que se suele decir para justificar este comportamiento es, por ejemplo, "tengo mucho tiempo durante el día". "Lo haré más tarde". Por lo tanto, prefieres invertir tu tiempo en otras cosas que crees que son importantes, mientras que la ventana de tiempo para hacer esa tarea exacta se reduce rápidamente.

Claro, un proyecto que se debe entregar dentro de dos semanas es tiempo suficiente. Pero cuanto antes se haga, mejor. De esa manera, puedes usar ese tiempo libre para concentrarte en otras cosas o relajarte (asumiendo que no tienes nada más que hacer).

Los Narcisistas: Carecen De Una Cosa, Pero No De La Otra

Si alguien continúa justificando sus acciones y repite una y otra vez sus errores, sin vergüenza, entonces, esto es un signo de narcisismo. Aquí hay un giro de la trama que te sorprenderá: lo creas o no, mientras que la gente narcisista tiende a hacer el mal y a justificar sus acciones, ellos mismos son mentalmente fuertes.

Pero no te estamos enseñando a ser narcisista. Los narcisistas usan ese poder como un arma de destrucción masiva. Te estamos mostrando cómo usarlo para un bien mayor.

Verás, los narcisistas usan la fortaleza mental para protegerse de la negatividad generada por la gente a la que dañan y perjudican a sabiendas. Justifican y explican sus acciones como si fuera lo correcto (cuando en realidad saben que están equivocados). Pero no les importa.

Les falta disciplina, pero tampoco les importa. A pesar de que son mentalmente fuertes, son indisciplinados. Se negarán a reconocer sus errores y culparán a los demás.

Por suerte para ti, este libro te da las claves para ser un individuo auto-disciplinado y mentalmente fuerte. A diferencia de los narcisistas de los que hablamos, estarás muy por delante de ellos en términos de asumir tus errores, aprender de ellos, culparte a ti mismo y seguir adelante.

Esto te ayudará a cultivar una imagen positiva de ti mismo a los ojos de tus amigos, familia y colegas. No puedes ser mentalmente fuerte e indisciplinado, ni ser disciplinado, pero no mentalmente fuerte.

Como combatir la Auto-justificación

Podemos tomar una decisión sin pensarlo dos veces y enfrentarnos a terribles consecuencias. Por ejemplo, puedes ser el gerente de una pequeña empresa y tomar decisiones basadas en recortes debido a tensiones financieras. Sin embargo, tomas imprudentemente tales decisiones aquí o allá, sin el conocimiento o la opinión de los empleados o clientes.

Hacer esto y decir "es en beneficio de la empresa" no va a convencer a nadie. Entonces, ¿cómo puedes tomar las decisiones correctas mientras combates cualquier oportunidad de autojustificarte? A continuación, se incluyen algunos consejos para tener en cuenta a largo plazo:

Piénsalo y pregúntale a alguien: si estás considerando tomar una decisión que tiene un peso importante, es importante que no la tomes a la ligera. Es bueno tomarte tu tiempo, sopesar los pros y los contras y descubrir a quién podría afectar esta decisión. Pregúntale a tus amigos más confiables, miembros de tu familia o colegas más cercanos, sobre lo que estás considerando hacer. Pregúntales sobre las ventajas y desventajas. Es mejor hablarlo y averiguar cuál sería el mejor o el peor escenario en caso de que se produzca.

Rodéate de las personas adecuadas: en este contexto, las personas adecuadas son aquellas que no tendrán ningún problema en estar en desacuerdo contigo. Cuando alguien no está de acuerdo contigo en una posible decisión, es muy probable que te esté haciendo un favor. Podrían estar evitando que cometas un error fatal que nunca podrá revertirse. También te ayudarán a enderezar el barco antes de que las cosas empeoren. Si estás en una posición de liderazgo, nunca es una buena idea estar rodeado de personas que dirán "sí" el 100 por ciento del tiempo.

Mantén tus emociones bajo control: cuando las decisiones se toman con altos niveles de emoción, la probabilidad de un desastre será aún mayor. Por eso es importante elaborar un plan en el que puedas tomar las decisiones más difíciles, manteniendo los niveles de emoción lo más bajos posible. En situaciones en las que estás negociando con la otra parte en un gran negocio, o cuando decides quién obtiene qué en tu testamento cuando fallezcas, querrá usar más lógica que emoción.

No utilices un lenguaje de autojustificación: "¿Qué pasa con?"... "Es legal" ... "No pude hacerlo porque" ... estos son solo una muestra del lenguaje de autojustificación. Es importante que te des cuenta de lo que dices, y utilices una alternativa que no te permita justificar una mala decisión.

No llegues a conclusiones pronto: antes de conocer los hechos reales, no llegues a una conclusión. Cuando surja nueva información, te verás obligado a retroceder, y esto te hará quedar mal. Además, crearías el clima perfecto para la autojustificación.

Cuanto antes reconozcas tus errores, mejor: ¿Por qué mentirte a ti mismo? ¿Por qué mentirle a los demás? Cuando sepas que has cometido un error, admítelo y sigue adelante. No lo alargue más de lo necesario.

Evalúa la situación: es importante evaluar una determinada situación en la que te encuentras. Pregúntate qué papel has desempeñado. Además, pregúntate qué se podría haber hecho para mejorarlo incluso si alguien más tiene la culpa (incluido tú mismo).

En pocas palabras, una verdadera piedra angular de la autodisciplina y la fortaleza mental es saber que está bien admitir tus errores. No te convertirá en un fracasado y ciertamente no lo verás de una manera negativa (a diferencia de negarlo, culpar a otros y seguir adelante). Resiste a la tentación de echarle la culpa a los demás, justifica tus decisiones que nunca fueron correctas para empezar, y actúe como si nada hubiera pasado y nadie resultará herido.

NO ESTÁS CUIDANDO DE TI MISMO

Lo sepas o no, tu falta de disciplina y fortaleza mental, te pueden pasar factura en más de un sentido. Específicamente, estamos hablando de tu salud física en general. La verdad es que la falta de disciplina y fortaleza mental puede llevarte a algunas decisiones no tan buenas.

Claro, es agradable darnos un capricho con una comida cada tanto de McDonald's aquí y allá. Pero comer comida rápida con regularidad, probablemente hará más daño que bien. Especialmente cuando se trata de alimentos ricos en grasas, sodio, calorías, etc.

Pero en este contexto, la pregunta que debemos hacernos es: ¿nos estamos cuidando mentalmente? La falta de concentración y enfoque puede llevarnos por algunos caminos que podrían no permitirnos dar marcha atrás.

Si constantemente te falta concentración y enfoque, puede estar relacionado con algunos factores. Por un lado, la falta de sueño podría ser uno de ellos. Aparte de eso, la falta de sueño también puede provocar efectos adversos en tu salud física. Y como hemos insinuado anteriormente, una mala alimentación puede hacer más daño que bien.

Comer los alimentos incorrectos de forma regular también puede provocar una falta de concentración y enfoque. Sería mejor que consideraras hacer algunos cambios en tu dieta. Cualquier cosa con alto contenido de azúcar (por ejemplo) te dará esa energía temporal y ese subidón antes de que vuelvas a caer y te sientas cansado.

Además, estar estresado todo el tiempo, también provocará problemas de salud. Cuando estás estresado, puedes olvidarte de la concentración y el enfoque. El estrés es como una aguja que te seguirá pinchando y pinchando hasta un punto en el que puede ser muy molesto. Eso te desviará de las tareas que tienes entre manos y te impedirá concentrarte en algo que te molesta más de lo que debería.

Lo creas o no, existen condiciones médicas en las que puede ocurrir una falta de enfoque y concentración (como TDAH, diabetes o incluso depresión). También puede ser un síntoma de algo que podría ser mucho peor.

(Nota: No somos profesionales médicos. Y no tenemos autoridad para brindarte un consejo médico sólido. Si tienes falta de enfoque o concentración y sufres de otros síntomas como dolores de pecho intensos, dolores de cabeza intensos, desorientación u otros signos de una afección grave, consulta inmediatamente a un profesional médico. Si bien hablamos de posponer las cosas para más tarde, hacerlo en esta situación podría tener consecuencias fatales).

Cómo cuidarte (mientras recuperas el control de tu concentración y enfoque)

Obviamente, la clave para una mejor concentración es cuidarte a sí mismo. En esta sección, te daremos una guía breve y fácil de seguir, sobre cómo mantenerte en el camino correcto. Estos pasos son muy sencillos de seguir desde el principio. Pero la parte importante es ser consistente y seguirlos tanto como te sea posible.

Esto es lo que tienes que hacer:

Descansa bien por las noches: Duerme entre 7 a 9 horas por noche. Apaga tus dispositivos electrónicos, incluyendo tu smartphone, por lo menos una hora y media o dos horas antes de acostarte (por ejemplo: Si tu hora de acostarte es a las 10pm, no uses tus dispositivos electrónicos después de las 8:30 pm).

Reduce el consumo de cafeína: Contrariamente a la creencia popular, la cafeína puede no ser tu salvación cuando se trata de la concentración. Y también puede servir como un obstáculo para una buena noche de sueño. Si tomas cafeína con regularidad, considera la posibilidad de dejar de tomarla al menos de seis a ocho horas antes de la hora de acostarte (es decir, de 2 a 4 de la tarde si te acuestas a las 10 de la noche).

Cambia tus hábitos alimenticios: En lugar de comer unas cuantas comidas importantes al día, extiéndelas. Hazlas pequeñas y frecuentes. Cuanto más comas, más lento te sentirás más tarde en el día. Además, querrás incorporar en tu dieta una buena cantidad de frutas, verduras, granos enteros y proteínas magras.

Reduce tus niveles de estrés: El estrés puede tener una gran influencia en tu concentración. Por lo tanto, necesitarás encontrar formas de reducirlo, incluso si tienes un tiempo limitado para ti mismo. Considera algunas sesiones breves de meditación. Si tienes suficiente tiempo, puedes leer un libro o escribir en un diario. En este último caso, escribe lo que te esté molestando. Escribe sobre lo que podrías haber hecho de forma diferente a lo largo del día, para estar mejor preparado.

Para que quede claro, no queremos abrumarte con la idea de hacer todas estas cosas a la vez. Pero tienes que empezar en algún lugar. Por ejemplo, si quieres tener una buena noche de descanso, entonces empieza por ahí. Si te quedas despierto hasta tarde y quieres acostarte más temprano, puedes ajustar gradualmente el tiempo semana a semana.

Por lo tanto, si te quedas despierto hasta la medianoche y tu objetivo es acostarte a las 10 de la noche, empieza por acostarte una hora antes una semana. Si eso es demasiado, regrésalo a media hora en su lugar. Redúcelo en incrementos de 30 a 60 minutos por semana hasta que alcances la meta deseada.

Recuerda, debes asegurarte de lograr tener de siete a nueve horas de sueño por noche. Y debes establecer tus horarios de corte en términos de cafeína y uso de aparatos electrónicos. Estarás bien descansado si sigues un horario de sueño consistente.

LA FALTA DE FUERZA DE VOLUNTAD, PERSEVERANCIA Y DEDICACIÓN

En esta sección, hablaremos de la fuerza de voluntad, la perseverancia y la dedicación. Cada palabra será definida y explicada rápidamente en detalle. Es importante tener estas tres habilidades en tu viaje hacia la autodisciplina y la fortaleza mental. Sin ellas, el viaje será imposible de continuar.

La Fuerza De Voluntad Definida Y Explicada

La fuerza de voluntad tiene múltiples definiciones. Sin embargo, no importa qué definición leas, todas dirán más o menos lo mismo.

Escucharás palabras como impulso, autocontrol, autodisciplina, etc. La fuerza de voluntad está diseñada para ayudarte a reprimir las tentaciones (aunque sea a corto plazo). El propósito es garantizar que cumplas tus objetivos a largo plazo, sean cuales sean.

Si no fuera por la fuerza de voluntad, la humanidad no habría sobrevivido. Nuestros antepasados tuvieron que depender de ella para sobrevivir. Lo usamos para buscar comida, cuidar a nuestras familias y evitar cualquier amenaza externa a nuestro sustento. Ahora, aquí estamos, miles de años después, y parece que a la mayoría de nosotros ya no nos importa.

La verdad es que aquellos con un mayor nivel de fuerza de voluntad suelen ser más felices, más saludables y capaces de manejar el estrés en diversas situaciones. La pregunta es: ¿nacemos con fuerza de voluntad o tenemos que desarrollarla, como todo lo demás? Lo creas o no, la respuesta es sí... pero hasta cierto punto.

Toda persona nace con fuerza de voluntad. Y se puede construir como un músculo. Si careces de ella, puedes encontrar formas de conseguirla y fortalecerla. Al igual que ir al gimnasio, se necesitará tiempo, compromiso y disciplina para que sea un éxito total.

La fuerza de voluntad es también una prueba de paciencia y de la capacidad de controlarte. Por ejemplo, echemos un vistazo a un experimento conocido como "Prueba de malvavisco". Este fue un experimento realizado por Walter Mischel, psicólogo de la Universidad de Columbia.

Mischel administró las "Pruebas de malvaviscos" a niños en edad preescolar colocando un plato de malvaviscos sobre la mesa. Un niño se sentaría a la mesa con el plato frente a ellos. A continuación, se le darían al niño las siguientes instrucciones:

- El investigador que administra la prueba, le dijo al niño que dejaría la habitación por unos minutos. Si el niño esperaba a que regresara el investigador, podría tomar dos malvaviscos.
- Si el niño no puede esperar, podrá entonces tocar la campana que se encuentra frente a él. Una vez que suene la campana, el investigador reaparecerá y le indicará que tome solo un malvavisco.

Aquellos que esperaron a los dos malvaviscos demostraron que tenían más fuerza de voluntad que los niños que no la tenían. Años después de que se realizó la investigación, se descubrió que aquellos con más fuerza de voluntad tenían puntajes más altos en el SAT y un mejor índice de masa corporal (IMC).

La falta de fuerza de voluntad puede provocar serios problemas desde un bajo rendimiento académico hasta mala salud. Pero no siempre tiene que ser así. Puedes revertir esto simplemente construyéndola.

Perseverancia: qué es y cómo usarla

La perseverancia se define simplemente como la realización de la tarea en cuestión, incluso si hay dificultades en el camino. Un buen ejemplo de esto, es cuando se corre un maratón y se tiene que lidiar con un gran dolor de cabeza. Te dan ganas de vomitar y tal vez incluso de rendirte cuando te quedan unos pocos kilómetros por recorrer.

Pero quieres terminar la carrera. Has entrenado durante un año para llegar hasta aquí. Entonces, ¿por qué dejar que todo eso se desperdicie ahora? Eso es perseverancia.

Tienes algo planeado. Pero sabes que habrá dificultades (y algunas sorpresas) a lo largo del camino. Es importante que estés preparado y seas capaz de afrontar esos obstáculos, para que puedas seguir adelante y terminar la tarea.

Si estás trabajando en un proyecto de grupo, pueden ocurrir contratiempos, como la renuncia de alguno de sus integrantes (lo que lleva a que te quedes corto de manos). Pero puede ser posible hacer el trabajo con una persona menos (sobre todo si no era un miembro imprescindible del grupo).

El desarrollo de la autodisciplina y la fortaleza mental, será un desafío desde el principio. Te sentirás incómodo y será bastante doloroso. Porque es algo a lo que no estás acostumbrado en el día a día. Recuerda, también harás algunos sacrificios (pero valdrán la pena ya que no tendrás "retorno de la inversión").

No importa cuán incómodo o "doloroso" sea, querrás seguir adelante. Has planeado alcanzar una meta y has tomado la iniciativa para empezar a hacerlo. Si has trabajado en ello y has hecho algún progreso, lo último que quieres hacer es acabar con todo con sólo dejarlo. No sólo habrá sido una pérdida de tiempo de tu parte, sino que podría ser una pérdida de tiempo para otros (suponiendo que se trata de un proyecto de grupo o un objetivo en el que estás trabajando).

Cuando estás contra la pared y tienes un revés tras otro, es posible lograr la tarea que tienes entre manos sin importar lo que pase. Tu perseverancia preparará el terreno para disciplinarte y desarrollar una fortaleza mental que será difícil de igualar. Te debes contener para no tomar la salida fácil (y rendirte).

Recuerda, rendirte tendrá efectos a largo plazo. Una cosa sería insistir en el "lo que podría haber sido". ¿Qué pasaría si no te rindes? ¿Qué hubiese pasado si lo hubieras hecho de otra manera?

El empresario (y dos veces candidato presidencial) Ross Perot lo dijo mejor: "La mayoría de la gente se rinde cuando está a punto de alcanzar el éxito. Se rinden en la línea de una yarda. Se rinden en el último minuto del partido, a un pie de un touchdown ganador".

En otras palabras, la perseverancia te pondrá sobre la línea de meta. Cuando estés tentado a rendirte, a pesar de todos los obstáculos, no lo hagas. Puede que estés mucho más cerca de lo que crees, de lograr la fortaleza mental y la disciplina.

Dedicación: ¿Por qué es importante?

La dedicación es sinónimo de compromiso. Estar dedicado a algo, significa comprometerte a hacer el trabajo. No debes conformarte con nada menos. Cuando te dedicas a algo, tienes una pasión y lealtad inigualable a tu misión, y no te disculpas por ello.

Estar dedicado a lograr disciplina y fortaleza mental puede ser difícil para la mayoría. Pero hacer todo lo posible para conseguirlas, te pondrá una cabeza por encima los hombros de aquellos que no hacen nada en absoluto. Todo lo que necesitas es dar un paso más y estarás muy por delante. Sin embargo, es importante no detenerte y resistir el impulso de abandonar.

Cuando se trata de desarrollar la fortaleza mental, puede ser alimentada por la dedicación. Podrías estar dedicado a ti mismo o a una causa mayor. De cualquier manera, es importante que te mantengas comprometido. Puedes desarrollar fortaleza mental y mantenerte dedicado, incluso si decides dar pasos de bebé y no pasos gigantes. Mientras te tomes tu tiempo y te apegues al plan, valdrás oro.

RECAPITULANDO

La única persona que se interpone en tu camino para conquistar la disciplina y fortaleza mentalmente, eres tú. Es importante que planifiques y priorices tu día. Lo primero que querrás hacer son tus tareas más críticas. Cuanto antes se hagan, mejor.

No te preocupes por las tareas que no son tan urgentes o importantes. Si una tarea es urgente, pero no tiene mucha importancia, considera delegar la tarea a alguien dispuesto a hacerla por ti. Además, no te preocupes por las tareas que no es necesario hacer de inmediato. Llegará el momento en que te ocupes de ellas. Y por último, no hagas nada que te haga perder mucho tiempo (que de otra manera podrías invertir en otras cosas).

Pensar demasiado puede paralizarte. Y te impedirá dar los pasos necesarios para alcanzar tus objetivos. Averigua qué es lo que te hace pensar demasiado. Debes saber que hay cosas que sucederán más allá de tu control. Si eso sucede, encuentra una forma de manejarlo sin estresarte.

Es cierto que no somos fanáticos de la responsabilidad. Nos resulta fácil culpar a otros de nuestros errores y responsabilidades. Además, algunos de nosotros tendemos a esperar a que alguien más haga un movimiento y eso nos presiona luego, a hacer algo. Haz tu parte y haz el movimiento tú primero. Otros te seguirán. No tienes que estar en una posición de liderazgo per se para tomar la iniciativa en algo.

El síndrome de la falsa esperanza es algo con lo que nacemos. Pero puede tener remedio. Se cura fijando objetivos (no resoluciones). Debes esbozar esos objetivos en escalones. Y asegúrate de que estén en línea con tus valores. Nunca dejes que esos valores choquen entre sí o puedes encontrarte comprometiendo uno u otro.

La autojustificación puede ser necesaria, pero en su justa medida. Pero nunca debes justificar tus errores, ni hacer crear excusas para postergar las cosas. Las excusas son para los débiles e indisciplinados.

Ser un narcisista que descuidas la moral de los demás, mientras abusas del poder de la fortaleza mental, arrojará una oscura sombra sobre ti. Y para la mayoría de los que viajan por este camino, se hace demasiado tarde para volver atrás. Una prueba más de que somos nuestro peor enemigo.

Es importante reconocer tus errores y ser capaz de avanzar. Negar que cometiste un error e intentar justificarlo, empeorará las cosas. Simplemente sigue adelante, acepta tu error y recuérdate a ti mismo que no debes volver a hacerlo.

Por último, la construcción de la disciplina y la fortaleza mental requiere tres cosas: fuerza de voluntad, perseverancia y dedicación.

Todas van de la mano. Naciste con fuerza de voluntad. Pero es lo que haces con ella, lo que te destacará por sobre los demás.

La perseverancia te ayudará a salir adelante sin importar cuán difíciles se pongan las cosas. Y la dedicación a ti mismo, o a una causa superior, te ayudará a construir la fortaleza mental necesaria para hacer de la perseverancia un paseo por el parque.

3

UN MUNDO LLENO DE DISTRACCIONES

Si hay algo que acecha en cada esquina, no importa cuán cerca o lejos estés, es el peligro. Entonces, ¿qué es peligroso para la disciplina y la fortaleza mental de alguien? Las distracciones.

En el mundo moderno de hoy, las distracciones están por todas partes. Y vivimos justo en medio de ellas. Ya sean nuestros smartphones, ordenadores o cualquier cosa que esté diseñada para llamar nuestra atención, tendemos a dejarlo todo y prestarle aún más atención a estas distracciones.

Distraernos nos hará a aplazar las cosas más importantes y centrarnos en las menos importantes. Las distracciones tienen el poder de "encandilarnos" en lo increíble que es prestarles atención. Llegarán al punto en que te adormecerán en un trance y de repente, te engancharás. Antes de que te des cuenta, han pasado horas, y todavía no has hecho nada de lo que hay que hacer.

En este capítulo, profundizaremos en las distracciones y en cómo puedes minimizarlas en tu entorno de trabajo. Te mostraremos cómo asegurarte de que tu relación con los demás sea útil en tu vida y discutiremos el efecto Hawthorne y cómo puedes usarlo en tu beneficio.

Sintonicemos y vayamos directo al capítulo:

OBSERVA TODO LO QUE TE RODEA

Hay una potencial distracción aquí. Otra allí. Una distracción frente a ti.

Cuando miras bien a tu alrededor, es muy que probable que haya algo que te distraiga. Nueve de cada diez veces, tu teléfono puede estar al alcance de tu mano (así que aquí tienes una posible distracción). En pocas palabras, una distracción se define como algo diseñado para desviar tu atención de la tarea original en cuestión para que puedas centrarte en la distracción en sí.

Lo creas o no, existen dos tipos de distracciones: externas e internas. Las distracciones externas, como tu teléfono, a las que puedes acceder en determinados momentos. Además, pueden aparecer de la nada, ya sea a un metro de distancia o al otro lado de la calle.

Mientras tanto, las distracciones internas estarán todas en tu mente. Estás estresado, cansado, o tienes miles de cosas diferentes pasando por tu cabeza que no puedes reprimir. Lidiar con estas distracciones será mucho más difícil (pero te mostraremos cómo).

En pocas palabras, las distracciones están por todas partes. Y lo más cercano que pueden llegar a ti, es dentro de tu mente. En otras palabras, nunca estarás demasiado lejos de una, no importa en qué parte del mundo estés. Las distracciones vienen en variedad de diferentes formas y tamaños.

Las redes sociales, por ejemplo, son una distracción digital. Se ajustan a la forma que tú quieras, tanto sea la pantalla de tu teléfono o tu computadora. Y hay todo tipo de información a la que puedes acceder desde una plataforma de medios sociales. Merece el título superior de ser el archienemigo de la disciplina.

Puede parecer que las redes sociales hayan sido diseñadas para un bien mayor. Para que la gente se conecte con amigos y familiares. Para mantenerte informado sobre lo que pasa a tu alrededor. La verdad es que termina siendo una de las mayores distracciones que existen.

¿Significa que deberías deshacerte de tus redes sociales? Es tu decisión. Pero es cuestión de limitar su uso en los momentos en que necesitas concentrarte. Cuando la tarea en cuestión necesita una seria inversión de tiempo y atención, tal vez es hora de dejar de lado cualquier distracción que pueda estar a tu alcance.

Lo creas o no, el uso excesivo de redes sociales no es sólo una señal de indisciplina. También es señal de la posibilidad de depresión y ansiedad. El sentimiento de ser querido o apreciado. No, no todos los que usan redes sociales son así. Pero podemos correlacionar el uso de las redes sociales, no sólo con la falta de disciplina sino también con la falta de fortaleza mental.

Una verdad de la que quizá no te des cuenta, es que nuestros cerebros fueron hechos para distraernos. Por otra parte, puede que no te sorprenda considerando el hecho de que ya hemos hablado de las distracciones internas. Tienes cosas que pasan por tu mente. Los "y si" o los "debería tener" son un buen ejemplo. Además, la cantidad de información que se carga en tu cerebro ciertamente te distraerá.

Con toda la sobrecarga de información, podrías terminar abriendo múltiples pestañas en tu navegador favorito sin pensarlo dos veces. Y créenos cuando decimos que esto sucede todo el tiempo. Pero si puedes enseñar a tu cerebro a ser menos una distracción y más un arma para el pensamiento positivo y la concentración, sólo entonces te servirá a largo plazo.

LIMPIA TU ENTORNO LABORAL DE DISTRACCIONES

En cualquier ambiente de trabajo, existen distracciones. Como se mencionó antes, no importa dónde estés, siempre habrá una distracción más cerca de lo que crees. Es importante considerar la limpieza de tu área de trabajo de estas distracciones tanto como sea posible.

Puede parecer difícil de hacer al principio. Pero una vez que le tomes la mano, será como algo natural. En esta sección, compartiremos contigo, nuestros consejos favoritos para trabajar más y distraerte menos. Las distracciones serán uno de los principales obstáculos para la disciplina y la fortaleza mental. Con eso en mente, aquí tienes algunos consejos a considerar:

Deshazte tus distracciones tecnológicas PRIMERO: Siendo la tecnología moderna una de las mayores fuentes de muchas distracciones, es importante que empecemos con lo que podemos hacer para minimizar

las distracciones en nuestros aparatos. Si estás trabajando en un ordenador, deberías considerar la idea de activar un bloqueador. Hay muchas
aplicaciones de bloqueo que puedes ejecutar mientras estás trabajando en
algo. Puedes bloquear aplicaciones de medios sociales y sitios web como
Facebook o Twitter (si usas Google Chrome, hay algunas extensiones que
puedes usar como Cold Turkey). No pienses ni por un momento que tu
navegador es la única fuente de distracción. También está tu smartphone.

Es fácil para nosotros sacar el teléfono de nuestros bolsillos en el
momento en que oímos el sonido de la notificación. Antes de que nos
demos cuenta, estamos enviando mensajes de texto, comentando,
twitteando, etc. Una de las cosas que deberías hacer es poner el teléfono en modo avión o en modo "no molestar". Esto permitirá que el
teléfono bloquee cualquier notificación mientras esté activado. Otra
cosa que debes hacer es colocar el teléfono en una parte diferente de la
habitación.

Si tu espacio de trabajo está dentro de tu casa, colócalo en otra
habitación, como el salón o la cocina. Si estás en una oficina, colócalo
en un armario o un archivador cerca tuyo (preferentemente en uno de
los armarios con cerradura. Asegúrate de tener la llave antes de
cerrarlo accidentalmente y no poder acceder a él).

**Concéntrate primero en tus tareas más urgentes y críti-
cas:** Tus tareas más urgentes y críticas deben hacerse lo antes posible.
Si no lo haces, se producirá un gran caos. Sin mencionar que estas
tareas pueden ser difíciles de hacer cuando la presión es grande y el
tiempo no está a tu favor. Debes concentrarte primero en las dos o
tres tareas críticas del día antes de hacer cualquier otra cosa. Una tarea

crítica a la vez es suficiente, antes de pasar a las otras. De cualquier manera, cuanto menos te apartes del camino, mejor.

Utiliza los mínimos a tu favor: ¿Qué harías? ¿50 flexiones de brazos al día o 5? Si respondiste 5 ¡buena elección! Hacer el mínimo de trabajo en vez de concentrarse en algo más grande, te ayudará a entrar en la mentalidad de hacer poco, pero ir avanzando. Así que, si el objetivo son 5 flexiones, puede que te sientas inclinado a hacer más trabajo. A partir de ahí, podrás aumentar tus mínimos hasta un punto en el que puedas hacer un poco más sin sudar. El mínimo es un pequeño paso hacia el objetivo final. Haz la cantidad mínima, tómate un descanso y luego vuelve a hacerlo.

Elimina cualquier fuente de distracción interna: Las distracciones internas pueden ocurrir y ocurrirán en cualquier momento. Podrías estar estresado. Podrías estar cansado. O tal vez ambas cosas. Las soluciones que te proporcionamos son probablemente algunas de las que ya has escuchado antes. Descansa bien por la noche. Medita durante cinco minutos antes de empezar el día de trabajo. Cualquier cosa que te sirva para minimizar el estrés puede ser una ventaja para ti. Sólo recuerda, las distracciones internas son tan malas como las externas. Si no puedes deshacerte de ellas de inmediato, busca formas de minimizarlas lo antes posible.

Visualiza mentalmente: Antes de cada gran juego, un atleta visualiza su éxito. Nueve de cada diez veces, funciona a la perfección. Puedes hacerlo tú mismo. Imagínate trabajando en las tareas que tienes a mano sin estrés, o con la sensación de que nada puede detenerte. Tómate unos minutos para reflexionar sobre ello. Si puedes visualizarlo, ciertamente puede darte la confianza para hacerlo. Otra técnica de visualización, es imaginarte retrospectivamente un logro. En otras palabras, empiezas desde el final hasta el principio. Visualiza tus acciones en pequeños pasos.

Minimiza las distracciones externas: Esto podría ser mucho más fácil que tratar con las distracciones internas. Esto podría significar moverte a un área más tranquila, ponerte los auriculares con tu música favorita o música que te relaje, o simplemente guardar tu teléfono o dispositivos. Cuantas más distracciones externas puedas identificar, mejor. Encuentra maneras de minimizarlas o eliminarlas temporalmente hasta que el trabajo esté hecho.

Mantén el impulso: Cuando tengas todas tus distracciones desconectadas, tendrás un camino claro para cumplir la tarea que tienes entre manos. Trabaja al menos en lo mínimo, tómate un descanso rápido y repite. Se trata de concentrarte en esa única cosa, pisar el pedal hasta la medalla y nunca mirar hacia atrás. Las distracciones son enemigas del tiempo. Sólo recuerda concentrarte en las cosas pequeñas, nada demasiado grande y loco.

TU RELACIÓN CON LOS DEMÁS DEBE AYUDARTE, NO SABOTEARTE

Las relaciones en tu vida no deberían ser una carga para ti, ni para cumplir con tus objetivos. Por lo tanto, no deben ser consideradas como una distracción total. Sin embargo, hay trabajo por hacer. Entonces, ¿cómo logras alcanzar tus objetivos y minimizar las distracciones sin perjudicar a los que son más importantes para ti?

Podemos resumir esto en una palabra: comunicación. No existe un equilibrio perfecto entre el trabajo y la vida. Hay días en los que el trabajo puede requerir que le dediques tiempo extra. ¿Usarás ese tiempo que, de otra manera, estaría destinado a tu pareja o familia? Desafortunadamente, sí. Pero la buena noticia es que es mucho menos de lo que piensas.

La familia siempre será lo primero, pase lo que pase. Esto es algo que debes reiterarles cuando te comuniques con ellos. Si hay algún tipo de proyecto importante que se avecina, y requiere de tu tiempo y atención, debes hacerlos conscientes de ello. Hazles saber que habrá momentos en los que llegarás tarde a casa y puede que haya un tiempo limitado que puedas pasar con ellos (ya que vas a necesitar tu descanso).

Diles que no los estás ignorando (ni olvidando). Después de todo, hazle saber a tu familia que ellos son la razón por la que tienes el impulso de trabajar duro. Las personas más importantes en tu vida son las que más te motivan. Te inspiran a mejorarte a ti mismo cuando otros no lo hacen. Incluso si nadie más te apoya, lo harán. Son tus aliados más cercanos cuando las cosas se ponen difíciles.

Cuando las relaciones se convierten en distracciones

Otra cosa que debes hacer es evaluar tus relaciones fuera de tu familia. ¿La mayoría de las personas con las que te relacionas son positivas o negativas? Si estás tratando con personas negativas en tu vida, terminarán siendo una distracción. Por suerte para ti, tendrás la buena idea de mantener esa distracción a raya. Puedes prestarles menos atención o eliminarlos por completo de tu vida, si son demasiado tóxicos.

Aquellos que entienden cuál es tu línea de trabajo y las cosas importantes en las que debes concentrarte, probablemente desarrollarán una relación positiva contigo. Ellos ven la distracción como algo negativo y respetarán tu privacidad cuando la necesites. La necesidad es una distracción en sí misma. Además, también es una calle de doble sentido.

Por ejemplo, si alguien necesita verte o hablar contigo. Hay quienes necesitan comunicarse con otros porque son infelices, están solos, o por cualquier otra razón similar. La necesidad es algo con lo que no puedes lidiar o que no debes tener en tu vida. Cuando las relaciones se convierten en distracciones, lo primero que debes hacer es minimizarlas lo más posible. Si la cosa se pone muy mal, debes eliminar las distracciones sin pensarlo dos veces, es algo que puedes hacer sin culpa.

La construcción de tu sistema de apoyo es clave

Cuando te centras en tareas que deben ser completadas, es bueno tener un sistema de apoyo. Personas como tu familia y amigos deberían ser parte de él. Sin embargo, deben darse cuenta de que cuando las cosas se ponen difíciles, deberán apoyarte y dejarte trabajar para que puedas concentrarte. No te molestarán ni dudarán de tus capacidades para hacer el trabajo.

Un sistema de apoyo no tiene que ser ridículamente grande. Puedes construirlo con unos pocos amigos de ideas afines, y este podría ser más fuerte que el acero. Tampoco tengas miedo de decirle a la gente que quieres, que forme parte de él. Es bueno examinar a las personas que quieres como tus aliados más confiables. Además, esta puede ser una tarea difícil, pero gratificante.

Fortalece y mantén tus relaciones

Las relaciones son una calle de doble sentido. Cada persona debe hacer su parte para mantenerlas fuertes y sanas. Tú haces un favor y luego te lo harán a ti. Una sola persona no puede ser la única responsable de construirlas. Recuerda, la comunicación es la clave para una relación fuerte y saludable. Sin ella, no hay nada que ninguna de las partes pueda aportar.

Una cosa más, aparte de la comunicación regular, quieres construir la relación creando valor sin esperar nada a cambio. Si tratas de humillarte o algo así, la otra persona será muy consciente de los motivos ocultos que puedas tener.

UTILIZA EL EFECTO HAWTHORNE A TU FAVOR

A continuación, discutiremos lo que se conoce como el efecto Hawthorne. ¿Qué es exactamente? Se llama así por un experimento que se llevó a cabo hace casi cien años. Se creía que cuando alguien estaba siendo observado por otro, realizaría sus tareas (y con gran eficacia). Es como si no quisieran fracasar delante de esa persona que los está vigilando.

Mientras que puede ser que no haya alguien literalmente observándote mientras trabajas, querrás actuar como si alguien te observara cada uno de tus movimientos. Un jefe siempre vigilará a los empleados que son contratados para hacer el trabajo. Si entregas el trabajo como se espera, entonces serás recompensado. Si no lo haces, tu jefe se dará cuenta de que no estás haciendo bien tu trabajo. Como consecuencia, podrías ser reprendido o despedido.

Si eres parte de un proyecto de grupo, se te vigilará por la parte que te corresponde. Ten la seguridad de que todos en tu grupo se estarán vigilando para que todos estén en la misma sintonía y puedan cumplir con sus responsabilidades. Si es en un ambiente escolar, cada miembro sabe que la calificación que obtengan como grupo beneficiará o dificultará su rendimiento en general.

Las personas se desempeñan mejor en sus tareas, cuando saben que están siendo observadas. Por ejemplo, se realizó un experimento de investigación, en el que el personal médico fue sujeto a prueba. Aquellos a los se les vigilaba, tuvieron un 55 por ciento más de probabilidades de lavarse las manos y cumplir con las precauciones de seguridad, en comparación con los que no fueron vigilados.

Como se mencionó, es fácil cometer errores y hacer poco trabajo cuando no se está siendo vigilado. El hecho de que no te estén vigilando todo el tiempo, no significa que debas aflojar. Llegará un momento en que se te someterá a algún tipo de control de responsabilidad aleatorio. Es importante cumplir con los plazos y realizar las tareas más importantes en cada oportunidad que tengas. Querrás enfocar cada tarea como si fueras a ser evaluado en ella después de haberla completado.

El efecto Hawthorne, hará que tus socios de responsabilidad sean más necesarios que nunca. De esta manera, se hacen responsables de cualquier tarea que puedas realizar. La falta de responsabilidad puede llevar a una disminución de la productividad, no sólo para ti, sino también para tu socio. Es importante encontrar a alguien en quien puedas confiar para que te haga responsable, mientras ellos hacen su propia parte.

AUMENTA TU ENFOQUE Y DESENCHÚFATE LA REALIDAD

En un mundo lleno de distracciones, es absolutamente primordial asegurarte de que tu enfoque esté mejor que nunca. A veces, siempre es una buena idea desconectarte de la realidad durante unas horas para poder concentrarte. Una de las mejores maneras de aumentar tu concentración es ir haciendo una desintoxicación digital.

Una desintoxicación digital se define como alejarse de las redes sociales o incluso de los dispositivos digitales. Esto se puede hacer todos los días, simplemente no utilizando las redes sociales, o el teléfono durante unas horas. Algunos incluso se enfrentan al reto de no usar las redes sociales durante días, semanas o incluso meses. Todo se reduce a la fuerza de voluntad.

LOS BENEFICIOS DE UNA DESINTOXICACIÓN DIGITAL

Si nunca has hecho una desintoxicación digital, entonces puedes considerar hacer una. A continuación, hay una lista de beneficios que puedes disfrutar si sigues adelante con la idea. Mucha gente intenta hacer una, pero rápidamente se da por vencida (un tema recurrente para la mayoría de nosotros). Y esto se debe al valor de sentirse conectado con otras personas. Sin embargo, hay un beneficio que te hará sentir más conectado con las personas que apreciarás aún más.

Echemos un vistazo a la lista de beneficios ahora:

1. Mejora de la conexión con otras personas

No es ningún secreto que el uso del teléfono celular puede ser una carga para la interacción humana. Al menos el 82 por ciento de los estadounidenses compartirán ese sentimiento. Por eso siempre es una buena idea mantener el teléfono en el bolsillo y en vibración mientras se pasa un tiempo de calidad con la familia o con los amigos. Es mucho mejor tener una conversación satisfactoria o divertirse, sin el uso de ningún dispositivo digital.

Lo último que quieres hacer es sacar el teléfono mientras hablas con la otra persona. Esta última se sentirá ignorada. Sentirá que no le prestas atención. A veces, puede surgir alguna información que se te queda en la cabeza, e inconscientemente sacas el teléfono para buscarla sin siquiera pensarlo.

En lugar de buscarla sin pensar, puedes mencionarla en forma de pregunta durante la conversación (si crees que es relevante). De lo contrario, toma nota mentalmente para buscarla en Internet más tarde.

2. Reduce el estrés

¿Sabías que la tecnología es una fuente de estrés? Sí. La tecnología puede enloquecer o alguien puede decir algo en Internet completamente ridículo. De cualquier manera, algo sobre la tecnología estresará a alguien. Es importante que te abstengas de usarla a largo plazo.

La persona que pasa una hora al día al teléfono estará menos estresada que alguien que pasa varias horas al día.

3. Dormirás mejor

Los dispositivos electrónicos emiten una luz azul que puede reducir los niveles naturales de melatonina. La melatonina es una sustancia química que te ayuda a dormir por la noche. Por eso es importante apagar los dispositivos electrónicos al menos una hora y media o dos antes de acostarte (como mencionamos al principio del libro). Un mejor descanso no solo te ayuda a dormir, sino que también es un elemento fundamental para reducir el estrés. Un mejor sueño y una desintoxicación digital van de la mano. El siguiente beneficio explicará por qué.

4. Mejora el enfoque y la concentración

Un buen descanso nocturno y una desintoxicación digital, te dará la oportunidad de mejorar tu enfoque y tu concentración a lo largo del día. No te sentirás distraído en lo más mínimo. Además, tu capacidad de atención aumentará cuatro segundos en comparación con la media de las personas. Lo creas o no, la duración de la atención de una persona promedio es de sólo ocho segundos. Tener un período de atención de doce segundos te posicionará por encima del resto.

5. Aumenta la capacidad de resolución de problemas

Cuando tienes un problema y las distracciones digitales no te consumen por completo, estarás más alerta y consciente de él. Y también te ayudará a usar tu cerebro, pensando un poco más profundamente. Y te ayudará a recordar las cosas mejor que aquellos que tienen que confiar en la tecnología moderna.

6. Serás mucho más feliz

Es ampliamente conocido que aquellos que son altamente dependientes de las redes sociales y la tecnología, probablemente tendrán algún tipo de depresión. Pero una desintoxicación digital durante unas horas o incluso a largo plazo (días o semanas), puede mejorar considerablemente tu felicidad. Podrás tener un interés personal en hacer actividades que te gusten más. Sin mencionar que estarás un poco más enfocados en esa tarea en lugar de pensar en volver a tu dispositivo digital.

Salir de las redes sociales y de Internet en general, probablemente mejorará tu nivel de felicidad (incluso a largo plazo). Además, tus niveles de ansiedad se reducirán considerablemente.

CÓMO HACER UNA DESINTOXICACIÓN DIGITAL

Ahora que conoces los beneficios de hacer una desintoxicación digital, quizás es hora de que los pruebes por ti mismo. No sólo será una prueba de su disciplina y fortaleza mental, sino que te dará la oportunidad de planchar algunas de las arrugas de la vida. Puede que descubras por qué estás estresado o te sientes poco feliz. Así que, con eso en mente, echemos un vistazo a algunos consejos que tendrás que tomar en serio cuando planees hacer una desintoxicación digital:

Determina cuánto tiempo le quieres dedicar: ¿Quieres pasar algunas horas al día sin tecnología? ¿O quieres pasar más tiempo sin ella? Esto dependerá de la gravedad de la necesidad. Si miras tu teléfono cada pocos minutos y le das mucha importancia a cada notificación, sabes que es hora de una desintoxicación digital. Para empezar, deberías considerar comenzar lentamente (alrededor de 4 a 6 horas al día) y luego ir subiendo gradualmente. Una vez que te sientas cómodo con la idea de pasar más tiempo sin tus dispositivos, puedes hacer los ajustes necesarios.

Considera actividades alternativas: ¿Qué deseas hacer en lugar de mirar tu teléfono? Piensa en las actividades que disfrutas hacer. Pregúntate qué harías si no tuvieras tu teléfono a mano. ¿Leerías un libro? ¿Por qué no dar un paseo al aire libre?

Considera un tiempo límite y apégate a él: para aquellos que quieran hacer una versión más reducida de una desintoxicación digital, es importante elegir un momento en el que "no puedas tocar" tu teléfono. Un buen ejemplo es al menos una hora y media o dos horas antes de la hora programada para acostarte (algo que hemos mencionado anteriormente en el libro). Cuando llegue ese momento, honrarás ese tiempo límite. Ni un segundo más.

Apaga las notificaciones: echa un vistazo a las aplicaciones que usas normalmente. Es muy probable que la mayoría de tus notificaciones provengan de tus aplicaciones de redes sociales (Facebook, Twitter, Instagram, etc.). Puedes apagarlas por completo o durante las horas de trabajo. De cualquier manera, funcionará a tu favor.

Di "no" a las aplicaciones durante una semana: uno de los aspectos clave de la autodisciplina es poder decir "no" a las cosas que pueden ser difíciles de resistir. Claramente, tus aplicaciones más utilizadas, como las redes sociales, es una de ellas. Si estas son las aplicaciones que planeas apagar durante la semana, asegúrate de que tus amigos y familiares tengan otras formas alternativas de comunicarse contigo (como por teléfono o correo electrónico).

Limpia tu bandeja de entrada: ¿A cuántos boletines de correo electrónico estás suscripto? Tenemos la costumbre de dejar entrar a muchos en nuestra bandeja de entrada. Tienes un correo electrónico en tu bandeja de entrada. Luego pasas a diez. Luego a cien. Es tan abrumador que solo estás tratando de seguir el ritmo. Si estás siendo golpeado con boletines informativos y demás durante el transcurso del día, tu bandeja de entrada necesita una limpieza seria. Dale de baja de listas de correo electrónico que no te proporcionan ningún valor. Si son de una tienda en línea en la que no has comprado en los últimos 60 a 90 días y no tienes planes de volver a comprar allí, anula la suscripción de la lista.

Estos son los consejos que querrás seguir cuando quieras hacer una desintoxicación digital. Puede ser difícil decir que no a tus aplicaciones favoritas durante al menos una semana. Y puede ser difícil mantenerte alejado de tu teléfono durante las horas más importantes del día.

Una desintoxicación digital es una verdadera prueba de disciplina, fuerza de voluntad, compromiso y, lo más importante, fortaleza mental. Piensa en esto como la nueva prueba del malvavisco. Excepto que no estás esperando que alguien regrese. Esperar una semana para volver a acceder a Facebook o Instagram es el desafío.

También te ayudará a encontrar cosas alternativas para hacer para que tu mente esté más concentrada en eso que en el deseo de usar tu teléfono y publicar algo. Tómalo como un día a la vez y no te concentres en la semana en sí. Comienza con algo pequeño y mínimo.

RECAPITULANDO

Es cierto que el mundo está lleno de distracciones. Desafortunadamente, seguirán existiendo por todos lados, tanto a tu alrededor como dentro de tu cabeza. Lo único que puedes hacer es minimizarlas lo más posible.

Tus distracciones externas pueden ser minimizadas trabajando en un área mucho más tranquila donde se te permita maximizar tu enfoque. Desconecta tanto del ruido exterior como puedas. Puede ser tan fácil como ponerte un par de auriculares, apagar tus notificaciones por un período de tiempo específico y poder programar tu computadora para que te niegue el acceso a ciertos sitios web durante un período del día.

También existen distracciones internas. Puede ser difícil minimizarlas (sin mencionar que llevará tiempo). La mejor manera de lidiar con ellas es descansar bien y reducir el estrés. Lo creas o no, hay una solución en la que se te permite hacer ambas cosas (y todo está relacionado con el uso de dispositivos electrónicos).

Es importante que mantengas el rumbo, que sigas ganando impulso y que nunca pierdas la concentración. Cualquier impulso de ruptura, hará que te quedes atrás. Si necesitas tomarte un descanso, hazlo de cinco a diez minutos y evita usar tus aparatos electrónicos (por razones obvias).

Tus relaciones serán lo más importante. Tampoco deben ser tratadas como una carga. Estas personas en tu vida son tu familia, amigos cercanos y colegas. Es cierto que necesitas un tiempo a solas para concentrarte en tu trabajo. Pero a veces, debes ser consciente de que tienes un grupo de apoyo formado por personas que te valoran.

En todo caso, están aquí para ayudarte a salir adelante y a hacerte responsable. Hablando de responsabilidad, ahí es donde el efecto Hawthorne entra en juego. No tendrás a alguien vigilándote todo el tiempo. Pero aquellos que saben lo que puedes lograr se interesarán en cómo van yendo las cosas. Actúa como si alguien te estuviera vigilando todo el tiempo (sin sentirte paranoico).

Por último, nunca está de más desconectarte. Hacer una desintoxicación digital por un período corto o largo puede ser ventajoso para ti. No sólo estarás menos distraído, sino que también te encontrarás más en sintonía con tu mente. Te sentirás más feliz, más productivo y verás las cosas desde un ángulo diferente al de la mayoría de la gente.

III

DESCUBRIENDO TU RAZÓN PARA CAMBIAR

4

EMPIEZA POR TU FORMA DE PENSAR

La mayoría de los desafíos que enfrentarás en tu vida, se centrarán más en el aspecto mental que en el físico. En los deportes, dicen que es un 90 por ciento mental, mientras que la parte física es solo un 10 por ciento. Cuando se trata de disciplina y fortaleza mental, se aplica el mismo concepto.

En este capítulo, nos centraremos en una parte del lado mental de las cosas. Empieza por tu forma de pensar. Depende de ti adoptar una mentalidad que te permita pasar de indisciplinado a disciplinado (y de débil mental a fuerte). Definiremos qué es la mentalidad y discutiremos los dos tipos que existen: fija y de crecimiento.

Un poco de alerta de spoiler: la mentalidad fija no va a ser lo que querrás adoptar aquí. Por lo tanto, hablaremos sobre cómo adoptar la mentalidad de crecimiento y cómo la usarás a tu favor en tu camino hacia la persona más disciplinada y mentalmente fuerte del planeta.

Si estás buscando una manera de romper los bloqueos mentales, pero no sabes cómo, este capítulo te ayudará a superarlos para que puedas seguir adelante. Comencemos con la definición de mentalidad:

Mentalidad: Es una forma de pensar o un estado de ánimo.

Sí, la definición es simple y al grano. ¿Podríamos pensar que tener a una mentalidad positiva fuera tan simple como eso? Existen dos tipos de mentalidades. Echemos un vistazo a ellas y expliquemos cómo funcionan:

Mentalidad fija: Este tipo de mentalidad es donde nada parece cambiar. Las cualidades que posees son inmutables y estás atrapado con ellas para siempre. Sin embargo, esa es solo la definición. Pero es posible cambiarla.

Mentalidad de crecimiento: Con esta mentalidad, puedes avanzar cada día con la convicción de que puedes mejorar y crecer. Puedes crecer y fortalecerte a través del trabajo duro y la dedicación. Esta es la mentalidad a la que queremos que tú, querido lector, apuntes. ¿Es imposible de adquirir? Solo si piensas así.

Con una mentalidad fija, siempre existe el miedo a ser juzgado y preocuparse por no estar a la altura de las expectativas de los otros. A quienes tienen una mentalidad de crecimiento no les importa quién los esté juzgando. Y se preocuparán menos por estar a la altura de las expectativas de los otros (o no). En todo caso, se centran en los objetivos que se proponen y avanzan.

Tanto quienes tienen una mentalidad fija como quienes poseen una mentalidad de crecimiento son susceptibles a cometer errores. Sin embargo, la única diferencia es que los manejan de una manera diferente. Aquellos con una mentalidad fija, encuentran que los errores son "obra del diablo". Entonces, intentan evitarlos como la plaga. Y es por eso que intentan convertirse en perfeccionistas. Y si conoces a un perfeccionista o dos, notarás que comparten la emoción común de enojarse cuando las cosas no son perfectas.

Aquellos con una mentalidad fija encuentran que los errores son "el final de todo". Y así, el fracaso significa el fin del mundo. No aprenden de sus errores y no se molestan en asumir ningún otro desafío por temor a que sea demasiado difícil y complejo (por lo tanto, el miedo al fracaso se instala rápidamente).

Una mentalidad de crecimiento ve las cosas de otra manera. Saben que ocurren errores. Los toman como lecciones de aprendizaje, para no volver a cometerlos. No les importa la perfección, pero nunca se conformarán con nada menos que satisfactorio. Saben que la calidad es lo más importante en lo que hacen. Pero mientras hagan la tarea, no deberían tener ningún problema.

TU MENTALIDAD PUEDE DICTAR TUS PRÓXIMAS PALABRAS Y ACCIONES

Si crees que es difícil saber quién tiene una mentalidad fija y quién tiene una orientada al crecimiento, puedes sorprenderte. De hecho, puedes oírlo en su voz o en su lenguaje. Puedes verlo en su lenguaje corporal si eres muy observador. No tienes que ser un experto en leer a las personas para saber qué tipo de mentalidad tienen.

Sin embargo, sería difícil encontrar a alguien que tenga una mentalidad de crecimiento. Especialmente, cuando tienen metas que saben que pueden alcanzar, sin importar el tiempo que les tome. Pero eso no significa que sean pocos y distantes entre sí en lo más mínimo.

Puedes adoptar una mentalidad de crecimiento si así lo deseas. Y cuando lo hagas, te encontrarás hablando de una manera diferente. En lugar de decir "no puedo", di "sí puedo". O en lugar de "si fallo, se acabó" puedes decir "si fallo, aprenderé de ello y estaré listo para la próxima vez". Es difícil entender por qué es tan difícil para alguien cambiar de una mentalidad fija a una de crecimiento.

Dicen, "finge hasta que lo consigas". Esto puede funcionar a tu favor hasta cierto punto. O puedes actuar como si ya hubieras logrado tu objetivo. Cuando actúas como si hubieras logrado algo, sentirás que puedes cumplir la siguiente tarea con facilidad. Puede que te ayude en tu viaje hacia la adopción de una mentalidad de crecimiento.

Pero una cosa a tener en cuenta, es ser congruente. Si estás actuando como si tuvieras una mentalidad de crecimiento, pero reaccionas a algo negativo de la forma en que lo haría alguien con una mentalidad fija, entonces, puede ser difícil ganar la confianza de la gente si pareces estar poniendo algún tipo de barrera. Sin embargo, querrás actuar como si alguien estuviera vigilando todos tus movimientos (hola Hawthorne, nos encontramos de nuevo).

Esto significa que tendrás que esforzarte por superar esa negatividad. No tienes otra opción. La gente te está observando y asumiendo que tienes una buena mentalidad. No les demuestres que se equivocan o les engañes para que piensen lo contrario. No sólo te forzará a una situación en la que podrás subir de nivel en disciplina y fortaleza mental, sino que pronto te darás cuenta de que adoptar una mentalidad de crecimiento no es tan malo después de todo.

LA MENTALIDAD DE UNA PERSONA DISCIPLINADA Y MENTALMENTE FUERTE

Entonces, ¿cómo es exactamente la mentalidad de una persona disciplinada y mentalmente fuerte? En esta sección, le daremos una mirada en profundidad. Obviamente, tienen una mentalidad de crecimiento. ¿Pero qué pasa específicamente por la mente de alguien que ya es disciplinado y mentalmente fuerte? Aprende de esta sección y toma nota para que puedas ser capaz de hacer ingeniería inversa, para adoptar esa misma mentalidad desde el final hasta el principio.

Una persona disciplinada y mentalmente fuerte es más que probable que acepte los retos siempre que se le presenten. Saben que el fracaso no es el final de todo. Son conscientes de los posibles reveses que pueden ocurrir. Pero están listos para ellos en cualquier momento. Una vez que completan las tareas, no temen recibir críticas positivas que los mejorarán en el futuro.

No les importa la crítica "negativa" y no solicitada que algunas personas tienden a dar para hacer que estos últimos se sientan mal. Una persona disciplinada y mentalmente fuerte, aprenderá de los consejos de sus mentores para aplicarlos en el futuro. Dependiendo de sus objetivos, se fijan en las personas que ya los han alcanzado. Estudian lo que han hecho, cuáles fueron sus contratiempos y cómo los superaron.

Aprenden de las historias del éxito de otros, y las usan como inspiración para seguir adelante. Saben a quién tomar como ejemplo para obtener éxito, lo adaptan a su propio enfoque, hacia sus metas y logros. Saben que pueden lograr un nivel más alto de resultados. No les importa cuánto tiempo les llevará.

Si lo logran en poco tiempo, bien. Si les toma un poco más de tiempo que el promedio, simplemente se encogerán de hombros. Al menos lo lograron y eso es todo lo que importa. Dirán que tuvieron contratiempos, pero se las arreglaron para superarlos. Tienen la determinación de superar cualquier cosa que se interponga en el camino.

Por último, saben que puede producirse un fallo en la disciplina (y sí, ocurre). Pero cuando lo reconocen, se recuperan y vuelven al camino. Se hacen responsables y se ponen a trabajar nuevamente. El Dalí Lama lo dijo mejor:

"Una mente disciplinada conduce a la felicidad. Una mente indisciplinada conduce al sufrimiento."

— EL DALÍ LAMA

Esta frase, no podría haber sido más certera. Sin embargo, es difícil de adoptar para algunas personas que parecen tener el deseo de mantener su mentalidad y empujar a cualquiera que se interponga en el camino.

Sin embargo, una persona disciplinada sabe que la competencia no es su peor enemigo. Ellos ven a un competidor como alguien que podría significar beneficioso para ellos, en algún momento del camino.

Alguien que es lo suficientemente auto-disciplinado se apegará al plan. Se mantendrá concentrado y no harán ningún cambio para "mantenerse al día" con alguien. La actitud de "mantenerse al día", es un rasgo de aquellos que son indisciplinados. Y sólo eso, podría llevarlos a una vida infeliz, a problemas financieros, etc. Un individuo mentalmente disciplinado no se preocupa por las personas que tienen mejores cosas y hace alarde de ellas.

La disciplina y la fortaleza mental, son dos cosas que te ayudarán a alcanzar un mayor nivel de felicidad. Es tu arma contra aquellos que tratan de comprar cosas bonitas para cubrir sus inseguridades (mientras tanto, provocan que otras personas hagan lo mismo y así continúan un círculo vicioso). No caigas en la trampa de "seguir el ritmo" porque alguien más decida compensar su falta de confianza y seguridad.

SUPERA EL MIEDO

El miedo es un sentimiento que nos paraliza. Sin embargo, a la persona que adopta la mentalidad de crecimiento el miedo es algo que no le perturba en lo más mínimo. Tienen miedo de que las cosas vayan mal o de algún tipo de contratiempo. Pero sólo dicen, "al diablo" y siguen adelante con la tarea. El miedo te detendrá sólo si lo permites.

Fracasarás. Te sentirás horrible. Pero la forma en que lo manejes te pondrá por delante de los demás. Puede que te sientas avergonzado. Pero eso te dará la energía para aprender de tus errores y seguir adelante. No pienses ni por un momento que las personas que más te quieren (y que forman parte de tu sistema de apoyo) perderán la fe en ti si metes la pata. No es que esperen que logres la perfección en el primer intento.

En todo caso, el miedo debería ser el combustible. Debería ser esa energía y ese impulso, lo que te empuje a hacer el trabajo y ganar la recompensa que es la sensación de logro que sientes después de hecho. Sí, el miedo es una emoción poderosa. Pero puedes convertirla en algo que te saque de tu zona de confort y te permita hacer algo diferente. Cuando estés en tu zona de confort, las cosas serán las mismas, viejas, mundanas y aburridas. Y eso te hará sentir como si no hubieras hecho nada con tu vida.

Demasiada comodidad y complacencia hará que te pierdas las cosas que más importan. Mientras tanto, si tienes la voluntad de enfrentarte al miedo y te sales de tu zona de confort, entonces no tiene sentido esperar el momento adecuado. Ese momento para hacer algo es ahora mismo. Limítate a hacerlo en vez de quedarte sin hacer nada.

CONSEJOS SOBRE CÓMO MANEJAR EL MIEDO

A continuación hay una lista de cosas que puedes hacer para manejar tu miedo. Esto te dará la oportunidad de conocerte a ti mismo en un nivel mucho más profundo. Puede que tengas algunos miedos de los que nunca has sabido nada. O puede que tengas miedo de pocas cosas.

De cualquier manera, es importante conocer tus miedos y encontrar una manera de superarlos.

A continuación, te ofrecemos los siguientes consejos para que los aproveches:

Escribe lo que te da miedo: Lo primero que debes hacer es conseguir un pedazo de papel. O abre un documento de Word si te sientes más cómodo. Pasa tiempo pensando en lo que te da miedo. Cuanto más profundo entres en detalles, mejor. ¿Cuáles son tus miedos? ¿Por qué tienes miedo? ¿Qué puedes hacer para enfrentar ese miedo o al menos evitar que saques lo mejor de ti?

Sólo tú tienes el control: Como dice el viejo refrán, "los que te controlan, tienen el poder sobre ti". ¿Quieres vivir tu vida sabiendo que cada uno de tus miedos la controlará? ¿O quieres ganar control sobre el miedo y usarlo para tu beneficio? Dejar que el miedo te controle, te llevará a la inacción. Y la inacción significa no lograr nada.

Adopta afirmaciones positivas: Las afirmaciones son una gran forma de programarte mentalmente en lo que debes creer. Por más tonto que suene, en realidad ha funcionado para muchas personas. Puedes decir cosas como "No dejaré que mi miedo me controle" unas cuantas veces mientras te miras en el espejo. Deberías considerar darle un buen uso a las afirmaciones de manera regular. Puedes hacerlas por la mañana, a primera hora, cuando te despiertas, y volver a hacerlas antes de irte a la cama. De cualquier manera, serán útiles para desarrollar tu fortaleza mental.

Visualízate frente al miedo: Como ya hemos mencionado en este libro, sugerimos visualizar tu logro. Una gran razón por la que es bueno visualizar, es porque nos vemos a nosotros mismos haciendo el trabajo sin que el miedo nos controle. Y nos imaginamos disfrutando de esa sensación de logro que corre por nuestras venas. Esa sensación puede convertirse en realidad si decimos, "al diablo con el miedo", quitamos el freno, y nos ponemos a trabajar. Es mejor visualizar tus logros antes de empezar, que visualizar luego, lo que podría haber sido.

Está bien hablar de ellos: Tus miedos no son algo de lo que la gente se vaya a reír. Si lo hacen, es más su problema que el tuyo. Habla con alguien en quien puedas confiar, como un miembro de tu familia o un amigo de confianza (especialmente alguien de tu sistema de apoyo). Cuéntale cuáles son tus planes y por qué no los estás llevando a cabo debido a un cierto temor. Es muy probable que te tranquilicen y te aseguren que todo irá bien. Si tienes éxito, genial. Si fracasas, no dejes que te afecte. Las oportunidades surgirán (aunque suenen como algo de una vez en la vida).

Estos consejos te ayudarán a superar tu miedo a lo que sea, que te esté impidiendo hacer algo. No dejes que el miedo te detenga. Debería ser exactamente lo contrario (que es más o menos uno de los puntos principales de este libro).

VISUALIZA EL FUTURO QUE SE AVECINA

Como se mencionó anteriormente, la visualización jugará un papel muy importante para ayudarte a presionar al miedo, para que puedas lograr tus objetivos. También te ayudará en el camino hacia la autodisciplina y a ser capaz de fortalecerte mentalmente. Visualizar los pasos que debes dar y el resultado que quieres lograr es esencial.

¿Cómo visualizas tu éxito? ¿Qué puedes hacer para asegurarte de que las cosas funcionarán a tu favor? A continuación, veremos algunos consejos sobre cómo puedes visualizar tu éxito, tanto a corto, como a largo plazo.

Antes de seguir adelante con los consejos, es importante establecer esta única condición: necesitas saber lo que quieres. ¿Cuál es tu objetivo final? ¿Qué es exactamente lo que quieres?

Sin un objetivo claro en mente, no podrás visualizarlo y ser capaz de avanzar en su realización. Sin mencionar que no tendrás la habilidad de tener la disciplina o la fortaleza mental para hacerlo realidad.

Aquí hay algunas sugerencias que consideramos efectivas:

Prepara un tablero de visión: Los tableros de visión han crecido en popularidad a lo largo de los años. La forma en que funcionan es la siguiente: tienes un tablero de corcho o un póster en el que puedes crear un collage improvisado. Estos son bastante baratos de armar. Y si ves una imagen que te recuerde tu objetivo, siempre puedes añadirla a tu tabla de visión. Un recordatorio más de por qué es importante el objetivo que te propones alcanzar.

Escribe en un diario de gratitud: Un diario es una gran manera de visualizar y escribir lo que agradeces. Por la noche, piensa en cinco o diez cosas por las que estás agradecido. También puedes escribir sobre algo que te ha estado molestando últimamente, lo que podrías haber hecho de manera diferente hoy, y planear para el futuro de manera que estés mentalmente preparado y listo para asumir la siguiente fase de tu objetivo.

Práctica la Meditación: Por supuesto, la meditación trabajará a tu favor si buscas cambiar tu forma de pensar. La meditación no sólo te pondrá en esa mentalidad de "aquí y ahora", sino que también te ayudará a relajarte y a concentrarte en lo que necesitas lograr. Antes de que te des cuenta, habrás terminado con tus tareas más críticas con un poco más de tiempo libre.

Hazte un "cheque de ensueño": Aunque suene un poco loco, puedes hacerte un "cheque de ensueño" por la cantidad de dinero que quieras ganar en tu vida. Uno de los famosos ejemplos de este método fue hecho nada menos que por el actor Jim Carrey. Antes de llegar al estrellato, se hizo un cheque de 10 millones de dólares. Lo fechó para el Día de Acción de Gracias de 1995. Lo usó como herramienta de visualización, y le ayudó a convertirse en uno de los mejores actores cómicos del mundo. Lo creas o no, consiguió un papel que le hizo ganar 10 millones de dólares para el Día de Acción de Gracias de 1995. El punto de esto, es que puedes hacerte un "cheque" por el valor monetario que realmente quieras lograr. Ponlo en tu pared y úsalo como una fuente que te impulse a realizar las tareas y objetivos que necesitas para llegar allí.

RECAPITULANDO

Los bloqueos mentales pueden disuadirte de cambiar tu forma de pensar, o servir como algún tipo de obstáculo que te cueste superar.

Tu mentalidad puede cambiar. Depende de ti determinar si tendrás o no una mentalidad fija o una en la que el crecimiento y la mejora podría ser posible. La realidad es que la mayoría de la gente puede no ser capaz de hacer el cambio. Pero si decides pasar de una mentalidad fija a una de crecimiento, estarás por delante de mucha gente.

Es importante conocer la mentalidad de alguien que es disciplinado y mentalmente fuerte. Se comportan de tal manera que se demuestra en su lenguaje corporal, la forma en que dicen las cosas, y cómo lidian con el estrés. Una forma de familiarizarse con la mentalidad de un individuo disciplinado y mentalmente fuerte es hacer ingeniería inversa de lo que han hecho. Empieza por el final y termina por el principio. Conocerás esta mentalidad al revés y sabrás cómo tomar los pasos necesarios para llegar a donde necesitas estar.

El miedo se convertirá en un bloqueo mental que también tendrás que atravesar. Éste debe ser visto como combustible para seguir adelante y avanzar sin importar el resultado. Está bien visualizar un resultado positivo al principio. Pero es importante no pensar demasiado en ello y centrarse en la realización de una determinada tarea. Si el resultado no es el que deseabas, tómate un momento para saber qué fue lo que falló y considera los pasos que debes dar para evitar otro error.

Visualizar el futuro es una herramienta que te infundirá confianza, disciplina y fortaleza mental. Sabemos lo que cada uno de nosotros quiere. Incorporar las emociones de nuestras visualizaciones nos ayudará a ser más efectivos en nuestras tareas y nos ayudará a manejar el estrés y la adversidad dondequiera que estos aparezcan.

Considera la idea de incorporar herramientas de visualización que te ayuden a ser más disciplinado y mentalmente duro, alguien que esté a la altura del desafío y lo conquiste. Tu mente puede ser un arma peligrosa contra la adversidad y los contratiempos. O puede ceder bajo presión. De cualquier manera, depende de ti hacer que tu mentalidad cambie para determinar lo que sucederá en esas situaciones.

5

DISEÑANDO UNA VIDA DISCIPLINADA

Una vida disciplinada está llena de recompensas. Una de ellas es la continua sensación de logro. El hecho de que puedas hacer el trabajo sin que los contratiempos y obstáculos te afecten, puede ser una gran sensación. Este puedes ser tú. Y si quieres conseguir eso, sigue leyendo este capítulo.

En este capítulo, hablaremos de la "nueva normalidad" y de cómo deberías adoptarla en el futuro. También veremos cómo la disciplina es como un niño. Algo que puedes "dar a luz", nutrir y que será parte de ti por el resto de tus días de vida. También hablaremos de cómo es la vida de una persona disciplinada.

La parte de la disciplina que debes nutrir será muy importante. Así que te mostraremos cómo conectarte con el tipo adecuado de personas que comparten la misma mentalidad y disciplina que tú. Y por último, hablaremos de cómo debes tomar un enfoque proactivo para convertirte en un individuo disciplinado desde la mañana, en que te levantas de la cama, hasta el momento en que te golpeas la cabeza con la almohada para descansar bien.

¡Adelante!

ABRAZA TU NUEVA NORMALIDAD

Las palabras "nueva normalidad" han sido parte de nuestro vocabulario últimamente. Especialmente con la pandemia de COVID-19 cambiando la forma en que vivimos, cómo hacemos negocios, etc. Algunas de las cosas que hemos considerado normales, han sido arrojadas sin ceremonias por la ventana, sin previo aviso. Cosas que podrían haber sido posibles en unos pocos años se han convertido ahora en lo "normal".

Como cualquier persona mentalmente fuerte y disciplinada, lo mejor que puedes hacer, es aceptar y adaptarte al cambio. Incluso en nuestra vida, podemos necesitar cambiar la forma en que vivimos porque no tenemos otra opción que hacerlo. Por ejemplo, puede ser que seas un fanático de las comidas picantes. Pero tienes una condición de salud que te desalentará de disfrutarlas. Por orden de tu médico, no puedes comer tanto como antes (o nunca más podrás hacerlo).

La nueva normalidad puede parecer un shock del sistema para muchos. Y muchos seguirán haciendo preguntas y tendrán pocas respuestas con las que trabajar. Una persona disciplinada, podría estar nerviosa por la nueva normalidad. Pero lo supera con una sonrisa en la cara sabiendo que puede asumir el reto. La incertidumbre de lo que hay en el otro extremo hace que sea aún más tentador para ellos seguir adelante.

Esta nueva normalidad será un desafío para muchos. Aquellos que se eleven por encima de ella saldrán ganando. ¿Serás tú uno de ellos?

DANDO A LUZ A LA DISCIPLINA

La disciplina es como un niño. Lo das a luz y lo crías como si fuera algo tuyo. Debería ser parte de tu vida. Un niño necesita que lo cuiden bien para que pueda crecer y ser fuerte, tanto en cuerpo como en mente. Lo mismo puede decirse de tu disciplina. No debes abusar de ella o descuidarla de ninguna manera. Así es como debes ver la disciplina desde este punto en adelante. Es importante que alimentes tu disciplina y la veas crecer hasta convertirse en algo que te haga más fuerte mentalmente y mejor persona en general.

¿Criar a un niño es una tarea fácil? Si eres padre, ya sabes la respuesta. No es tan fácil como la gente piensa. Pero las recompensas son dulces. Tu disciplina puede no ser fácil de mantener y alimentar. Pero imagina el tipo de beneficios y recompensas que cosechas en el proceso. Lo que puede parecer una tarea inofensiva (como procrastinar), está dañando tu disciplina en más de un sentido.

Ser capaz de disciplinarte a ti mismo y nutrirte de ello, te ayudará a que las cosas sean más fáciles de hacer. Podrás desarrollar una nueva habilidad con facilidad. Podrás hacer las tareas más críticas con más tiempo libre. Podrás resistir el impulso de ser absorbido por cosas que en realidad son una pérdida de tiempo. Si dejas que los contratiempos te afecten, o te involucras en actividades que te "chupan el tiempo", tu disciplina se verá afectada.

El Mito De La "Motivación"

La gente dice que debes hacer una cierta tarea cuando te sientes lo suficientemente "motivado". El problema es que la motivación es esquiva. Si la buscas, irá en la dirección opuesta. La mayoría de la gente se concentra mentalmente en buscarla y olvidarse de las tareas que tienen por delante. Antes de que se den cuenta, pierden un tiempo muy valioso.

Si quieres mejorar tu escritura, algunos te aconsejan que trabajes en ella siempre que te sientas motivado. ¿Por qué no escribir de todos modos? Tal vez escribir cien palabras a primera hora de la mañana. Luego, al día siguiente, puedes subirlas hasta unas doscientas y trabajar en ellas.

Lo mismo puede decirse de la pérdida de peso. ¿Por qué hacer ejercicio si tienes "tiempo libre"? Sabes que tienes un bloque de tiempo que puedes dedicar a hacer ejercicio regularmente. Unos días de la semana durante una hora puede ser justo lo que necesitas. Sólo encuentra ese espacio de tiempo disponible y dedícalo a hacer ejercicio.

Por último, si te tomas en serio el ahorro de dinero, entonces considera reservar una cantidad específica de dinero cada vez que tienes algún ingreso. En "El hombre más rico de Babilonia", de George Clason, una de las reglas es apartar el 10 por ciento de lo que ganas. Sólo toma esa porción y ponla a un lado en una caja fuerte o una caja de seguridad. Úsalo en caso de emergencia, no cuando quieras derrochar (otra prueba de fuerza de voluntad y disciplina, ahora que lo pensamos).

Si necesitas algo para ponerte en marcha, la visualización es la clave. Volviendo a nuestro capítulo anterior, puedes imaginarte en tu situación ideal e inculcarte las emociones que te impulsarán a hacer el trabajo. La visualización es mucho mejor que intentar localizar esa motivación siempre evasiva, ¿no crees?

OBSERVA LA VIDA DE LAS PERSONAS DISCIPLINADAS

En el capítulo anterior, le dimos una mirada profunda a la mentalidad de la gente mentalmente fuerte. Ahora, echaremos un vistazo a la vida de alguien que vive una vida disciplinada. Y no tenemos que ir demasiado lejos, en términos de profundidad, para descubrir el tipo de rasgos que estos poseen. Se puede saber quién es disciplinado y quién no, por la forma en que actúan y cómo llevan su día.

Vamos a repasar una lista de estos rasgos, para que tengas una buena idea de lo que puedes esperar, mientras estás en las primeras etapas para ser más disciplinado. Una vez que empieces a adoptar estos rasgos, se notará. No tendrás que decir una sola palabra para declarar que eres auto-disciplinado. Estos son los rasgos que probablemente desarrollarás con el tiempo:

Resistencia a la tentación: Obviamente, la tentación es el enemigo número uno de la disciplina. No importa cuánto quieras ceder a ella, sabes que dentro de ti está el poder de controlarte a ti mismo. La tentación puede ser poderosa sólo si permites que ocurra.

La tentación llega en los peores momentos (como los puntos bajos emocionales). Mientras seas consciente de su presencia y decidas no ceder, estarás en el asiento del conductor.

Compromiso sin fin: Aquellos que son disciplinados y comprometidos, dicen sus palabras y se apegan a ellas. Cuando declaran una meta que quieren cumplir, se aferran a ella. Punto. Fin de la historia. Cuando se las cuentas a otras personas, algunos de ellos podrán vigilarte para que las cumplas. Así que, cuando te pregunten cómo va, ¿cómo responderás? ¿Conmocionado y horrorizado? ¿O con confianza sabiendo que lo has conseguido?

Serás cuidadoso de ti mismo: Una persona que se cuida a sí misma, no sólo es disciplinada, sino que también tiene un alto nivel de autoestima que no se puede igualar. Se cuidan a sí mismos mental y físicamente y lo hacen con un plan en marcha todos los días.

Establecerás límites y fronteras: Una persona disciplinada conoce sus límites y sus fronteras. Los establecen y nunca los ignoran. En otras palabras, dicen no a las cosas fácilmente. No quieren cruzar una línea que se han fijado. Los límites y las fronteras son una verdadera prueba para la disciplina. Mantente dentro de ellos y sin duda te superarás.

Las emociones estarán en un segundo lugar: Cuando se trata de actuar, tus emociones pasan a un segundo plano (y con razón). Siempre que hay una meta o una tarea que debe ser hecha, lo hacen de todos modos, incluso si no tienen ganas de hacerlo. La tarea de anular tus emociones y realizar una tarea rutinaria, puede ser difícil para la

mayoría de las personas. Por lo tanto, evadirla te llevará a la procrastinación.

Establecerás una fecha límite y la cumplirás: Tienes una
meta a alcanzar y quieres cumplirla en seis meses. No hay que
"retrasarla". Nada de "reprogramar". Nada de nada. Te debes aferrar a
la fecha límite y cumplirla hasta ese día (o antes de ese día). ¿Está bien
completar la tarea antes de lo previsto? Claro que sí. Debes resistir el
impulso de aplazar o esperar un tiempo en el que la motivación
parezca hacer las tareas.

El premio es el enfoque: Hay un montón de frases que puedes
conjurar en el idioma español que serán una pepita de verdad.
"Mantén la vista en el premio" es una de ellas. Ya sea que tengas un
contratiempo o dos, o te hayas caído del vagón y no hayas hecho nada
en días, saber cuál es el premio final y enfocarte en él, es la clave.
Pronto recordarás que tienes una meta que cumplir y harás lo que sea
necesario para lograrla, sin importar lo que se interponga en el
camino.

Te centrarás en las cosas pequeñas: Cuando se trata de lograr
una meta más grande, saben que se trata de centrarse en las cosas
pequeñas. Dividen el objetivo mucho más grande en pequeños peda-
zos. Piensa en ello como un álbum de música. No puedes grabar una
canción y llamarla buena. Puedes grabar diez de ellas y tener un álbum
de éxito que a tus fans les encantará. Una canción equivale a un paso
hacia la consecución de tu objetivo mucho más grande. Lo mismo se
puede decir de un libro. Escribe mil palabras y estarás más cerca de
conseguirlo todo. ¿Entiendes la idea?

HAZTE AMIGO DE PERSONAS QUE SEAN MÁS INTELIGENTES QUE TÚ

Hay un viejo dicho: "Si eres la persona más inteligente de la habitación, busca otra habitación". Esto no solo te ayudará a desarrollar más disciplina y fortaleza mental, sino que también te motivará en el hecho de que pueda haber alguien que sea más disciplinado que tú, más inteligente que tú y que haya logrado más cosas que tú. No permitas que esto sea una acusación personal en tu contra. Estas personas no son tus enemigos. Son personas de las que puedes aprender e inspirarte a ser la mejor versión de ti mismo.

Ahora, la pregunta es: ¿cómo te rodearás de gente más inteligente que tú? Además, ¿dónde puedes encontrarlos exactamente? La respuesta puede parecer algo inesperada, pero las personas que son más inteligentes que tú se pueden encontrar en cualquier lugar. Es cuestión de saber cómo localizarlas.

SEÑALES DE QUE ALGUIEN ES MÁS INTELIGENTE QUE TÚ

No es que haya un lugar específico donde puedas encontrar gente más inteligente que tú. Ser observador es clave cuando buscas gente que es más inteligente que tú. Echaremos un vistazo a los siguientes seis signos que te ayudarán a determinar si una persona es más inteligente que tú. Una advertencia: pueden exhibir una señal y luego ser completamente tontos. Por lo tanto, es importante buscar al menos dos o tres señales antes de hacer una confirmación.

Esto es lo que debes buscar:

Hablan menos y escuchan más: Esto parece una cosa bastante obvia. La mayoría de la gente se volvió inteligente sólo por escuchar a otros y hablar en las oportunidades adecuadas. Pueden hacer preguntas para obtener más información o buscar aclaraciones sobre una declaración que están tratando de entender.

Se especializan en algo: Una persona inteligente es generalmente un especialista en un área determinada. Claro, tienen intereses en temas amplios. Pero siempre hay una cosa de la que hablarán durante veinte minutos seguidos y nunca se cansarán de hacer. Conocen el tema en detalle. Saben cosas de su especialidad que la mayoría de la gente no sabe.

Tienen excelentes habilidades de gestión: Cuando una persona inteligente, es un líder o un gerente, no quiere ser la única persona inteligente del grupo. Quieren que sus subordinados adquieran conocimientos y no perderán tiempo en difundir esa riqueza de conocimientos con otras personas. Mientras encuentren personas que estén dispuestas a aprender, esto puede parecer bastante simple de hacer.

Siguen adelante cuando las cosas van mal: Esto no hace falta decirlo. Pero la gente inteligente suele ser disciplinada y mentalmente fuerte. Un ejemplo que demuestra esto es su capacidad para manejar las cosas que no les favorecen con el menor estrés posible. Se ríen de los errores simples y siguen adelante en lugar de insistir en ellos. Además, cuando las cosas van mal, siempre tienen algunos planes alternativos bajo la manga. Son como magos en cierto sentido. Los conflictos ven que están siendo engañados por una persona inteligente que ya ha "escapado" con una solución alternativa.

Utilizan los medios sociales, pero no de la manera habitual: En algún momento, una persona inteligente confiará en las redes sociales como fuente de información. No se involucrarán en ninguna de las pequeñas cosas tóxicas para las que la mayoría de la gente usa las redes sociales. Podrían estar en las redes sociales con el propósito de comunicarse con la familia y los amigos cercanos. Aparte de eso, a una persona inteligente no le importan mucho las redes.

No hacen que los demás parezcan tontos: Una persona inteligente nunca hará que alguien se vea tonto. Sería fácil de hacer, pero hay una advertencia. Si intentan hacer que una persona se vea mal, eso les devolverá el boomerang y ellos mismos se verán mal también. Estaríamos hablando de una tarea contraria a la intuición. En lugar de eso, tratan de hacerlos ver como una persona inteligente.

Ahora que conoces estas señales, te será menos difícil tratar de detectar a las personas más inteligentes que puedas encontrar. Puedes encontrarlos por completo accidente con sólo tener conversaciones al azar con ellos. Además, conectarte con personas inteligentes y construir una red tomará tiempo y esfuerzo. Pero será agradable tener a mano el saber que tienes una persona a quien preguntar que hacer o a quien acudir para buscar algún tipo de consejo.

En estos tiempos, puedes seguir a personas más inteligentes que tú en los medios sociales. Descubre lo que están leyendo o compartiendo. Encuentra maneras de conectarte con ellos. Si se ajustan a tu perfil ideal de con quién quieres conectarte, entonces añádelos a una lista de personas que quieres conocer. Al principio no tienen que ser personas con grandes nombres. Si te diriges a las personas famosas primero, será muy difícil conectar con ellos ya que tienen muchos guardianes (sin mencionar que sus apretadas agendas serán una molestia para navegar).

CONSEJOS SOBRE LO QUE HACE LA GENTE INTELIGENTE

Si deseas volverte inteligente y realmente conocer el papel, es importante saber qué hacen (además de los rasgos enumerados anteriormente). Aquí hay algunas cosas que sugerimos:

Lee: Eso es lo que estás haciendo ahora, ¿verdad? Además, hay otros libros que quizás desees considerar leer también. Siempre que sean de tu interés, hazlo. Una cosa más, ¿en qué tema estás interesado en adquirir conocimientos? Una vez que tengas una idea, comienza por leer algunos de los mejores libros (junto con algunos títulos relacionados).

Vístete bien: esto puede sonar un poco ridículo. Pero generalmente hay un patrón de cómo se visten las personas inteligentes. Por lo general, están bien vestidos, bien arreglados y se cuidan bien. Si sigues a personas que son más inteligentes que tú, observa cómo están vestidas. Esto no significa que tengas que llevar traje y corbata todo el tiempo. Pero algo que te haga lucir presentable.

Comunícate de manera eficaz: ¿Cuál es la diferencia entre alguien que se apresura mientras habla y alguien que habla despacio, articuladamente y hace una pausa en los momentos adecuados? Uno de ellos es un comunicador eficaz. La persona que habla como si tuviera prisa no se comunica con eficacia. Y a menudo tropezarán por todos lados. Alguien que habla despacio, va al grano y hace una pausa para ordenar sus pensamientos antes de continuar, será percibido como mucho más inteligente.

Aprende a construir una buena relación: cuando te conectes con las personas que deseas incluir en tu red, la clave es la construcción de una relación. Conócelos un poco. Trata de no buscar nada demasiado personal al principio de la interacción.

Hay muchas cosas que las personas inteligentes pueden hacer (y tú también lo harás con la práctica). Las personas inteligentes hacen las cosas, en cierta forma, de manera subconsciente. No nacieron para comunicarse de manera eficaz o no les fue fácil construir una buena relación. Lo han aprendido. Las personas inteligentes saben cómo convertirse en las mejores versiones de sí mismas.

ADOPTA UN ENFOQUE PROACTIVO

Una persona disciplinada e inteligente siempre busca el enfoque proactivo, en lugar del reactivo. Cuando eres proactivo, estás asumiendo la responsabilidad. Los que son proactivos no culpan a otras personas o cosas que están bajo su control. Suena familiar, ¿no? La gente reactiva hace exactamente lo contrario de lo que acabamos de mencionar. Preséntanos a alguien disciplinado y reactivo y te presentaremos a alguien que nunca ha dicho una mentira en su vida.

Entonces, ¿cuál es la diferencia entre ser proactivo y reactivo? Echemos un vistazo al siguiente escenario: Por ejemplo, si un niño te llamara estúpido sin razón aparente, ¿qué harías? Una persona reactiva justificaría que no es estúpido y tal vez incluso molestaría al niño. Una persona proactiva, mientras tanto, tendrá la opción de reaccionar de esa manera o ignorarlo y seguir adelante. En sus cabezas, no les importa la opinión de un niño mocoso. Por lo general, harán lo mismo si un adulto llama a alguien estúpido sin razón.

La única diferencia verdadera entre una persona proactiva y una reactiva es la elección. Una persona reactiva ya ha elegido reaccionar, mientras que una persona proactiva tiene una vía diferente a seguir. Parece algo simple de hacer, pero mucha gente no lo sabe o no lo practica.

La persona reactiva dejará que las cosas que están fuera de su control lleguen a ellos. Una persona proactiva comprenderá que éstas existen y que no hay nada que pueda hacer. Pero saben de algunas alternativas y soluciones provisionales. Por ejemplo, si eres una madre o un padre que está planeando llevar a tu hijo de picnic al parque y llueve, puedes llevarlo a almorzar a tu restaurante favorito. No es gran cosa, siempre hay una alternativa.

Una persona reactiva se sentirá mal por no poder hacer algo con sus hijos y sentirá que ha fracasado como padre (cuando en realidad, no es su culpa). Las cosas que están fuera de su control influirán en su comportamiento o le permitirán actuar en consecuencia, basándose en planes alternativos que podría haber establecido de antemano (o pensado en el momento).

RECAPITULANDO

Cuando se trata de disciplina, ésta debe ser tratada como si fuera tu propio hijo. Quieres dar a luz y criarlo. Lo último que quieres hacer es dañarlo, cometiendo errores que parecen tareas inofensivas (como la procrastinación). Otra cosa de la que no debes preocuparte es de encontrar la motivación. Olvida el hecho de que tal cosa existe. Haz la tarea de todas formas, aunque no tengas ganas de hacerla. Tendrás una sensación de logro y sabrás que tener un día espantoso no te va a impedir completar las tareas del día.

Alguien que vive una vida disciplinada, posee rasgos que pueden ser fácilmente adquiridos. Se compromete a cumplir sus objetivos, a poner sus emociones en el asiento trasero y a mantener la vista en el premio, sin importar lo que pase. Harán lo mejor para conquistar sus metas y hacer el trabajo, sin importar lo que la vida les depare.

Si quieres aprender más sobre cómo vivir una vida más disciplinada, es mejor ir a la fuente: la gente más inteligente que conoces. Normalmente son más disciplinados y mentalmente más fuertes que la mayoría. Haz lo mejor que puedas para conectarte con ellos, ya sea en línea o en persona. Estas serán personas de las que podrás aprender o incluso formar amistades para toda la vida.

Por último, adoptar un enfoque proactivo, en lugar de uno reactivo, será definitivamente un estímulo para tu disciplina y tu fortaleza mental. Te desafiará a manejar las cosas más allá de tu control, de una manera más apropiada. Aprenderás a idear planes alternativos cuando las cosas no salen como quieres. Y aprenderás que es inútil culpar a otras personas o cosas de los resultados negativos que afectan a tu vida.

Una persona proactiva es inteligente, ve algo bueno en lo malo, y siempre saldrá ganando al final. Es una cuestión de cómo eligen reaccionar ante una situación negativa.

6

ALCANZA TUS METAS MÁS ALTAS Y APUNTA HACIA LA VERDADERA LIBERTAD

odos tienen una meta principal, que es la más alta de todas. Y para la mayoría, alcanzarla puede parecer casi imposible. Sin embargo, mientras tengan la mentalidad correcta, pueden lograrlo. En este capítulo, hablaremos de establecer esos objetivos, alcanzarlos y ser capaces de vivir una vida de verdadera libertad.

Hablaremos de las cosas que pueden llevarte en la dirección correcta... Lo que será suficiente para que empieces y te mantengas en esa dirección. Antes de que te des cuenta, serás capaz de moverte en la dirección correcta sin tener ningún problema. Incluso con ligeros contratiempos, sabrás exactamente qué hacer y a dónde ir.

Este capítulo te mostrará exactamente lo que se necesita para alcanzar tus objetivos. Aprenderás que hay muchas maneras de establecer objetivos y alcanzarlos. Pero para simplificar, te mostraremos una forma de acercarte a ellos con facilidad. Si quieres alcanzar tus objetivos y hacerlo fácilmente sin demoras, sigue leyendo.

¿QUÉ ES LO QUE TE MUEVE?

¿Qué es lo que te mueve? ¿Qué te saca de la cama por la mañana? Estas son sólo un par de preguntas que vale la pena hacerte. Siempre hay algo que te encanta hacer hasta el punto de que nunca te cansas de ello. Es lo único que te hará pasar de ser perezoso a ser una persona de acción.

Otra cosa que puede moverte es la influencia. Sin embargo, hay tres tipos de influencia que existen: negativa, neutral y positiva. Afrontémoslo: la influencia y el control, son algo que queremos en nuestras vidas. Y esa es una de las pocas razones por las que estás leyendo este libro ahora mismo. Quieres un control total sobre la mayoría de las cosas en tu vida. Quieres liberarte de las entidades que te atan y limitar el control que tienen sobre ti, en este momento.

También queremos ser un ejemplo para aquellos que buscan nuestra influencia. Lo último que queremos, es ser una mala influencia para los demás. Hablando de buscar influencias, es más probable que las busques tú mismo. El único tipo de influencia que querrás tener, son las de aquellos que están en el lado positivo. No hace falta decir que hay influencias positivas que están observando cada uno de tus movimientos (y puede que ni siquiera lo sepas). ¿Quiénes son exactamente estas influencias positivas? Tus padres, tu cónyuge, tus hijos, cualquiera que juegue un papel positivo e importante en tu vida.

Naturalmente, estas son las personas que serán tus mejores amigos y animadores. Si eres padre o madre, tus hijos te están observando. En todo caso, eres responsable de ser la figura influyente en su vida. Por lo tanto, sería bueno que les dieras el mejor ejemplo posible, para que aprendan de ti.

Lo sepas o no, tus acciones, sin importar cuán grandes o pequeñas sean, jugarán un papel influyente. Puedes influenciar a alguien en tu vida sin decir una palabra. Evita las malas influencias tanto como puedas. Sus acciones (o inacciones) pueden atraerte y puedes imitar lo que están haciendo. Esto es algo que no quieres hacer cuando tu objetivo final es ser el más disciplinado y ser mentalmente fuerte.

¿QUIÉNES SON LOS INFLUENCIADORES QUE TE CAMBIARÁN LA VIDA?

Jesucristo. Madre Teresa. Abraham Lincoln. Elon Musk.

Estos son sólo algunos nombres de personas que pueden ganarse el título de influenciadores que cambian la vida. Estas figuras históricas y grandes nombres, pueden tener un conjunto de palabras y acciones que pueden impactar a la gente de manera positiva. Pero, ¿tienen que ser famosos los que te cambien la vida? No, en absoluto. Pueden ser miembros de tu familia o personas que nunca habías conocido en tu vida.

La verdad es que hay un par de personas con las que te encontrarás en tu vida, que te cambiarán la vida para mejor. Serás afortunado de aprender de ellos, admirarlos, y hablar muy bien de ellos mucho después de que mueran. ¿Quién sabe? Podrías ser esa influencia que cambia la vida de alguien. Podrías estar vivo o muerto y aun así causar algún tipo de impacto en una persona.

Tómate un momento para pensar en tus influenciadores de cambio de vida e ideales. ¿Quién aspiras ser? ¿Qué es lo que te atrae de ellos? ¿Por qué los consideras influenciadores? Estas son sólo algunas de las preguntas que deberías considerar hacerte.

Tiene que haber una persona así en tu vida, incluso en este momento de tu vida. ¿Quién fue uno de tus profesores favoritos en la escuela? ¿Lo consideras un individuo disciplinado y mentalmente fuerte? ¿Qué fue lo que te atrajo de sus clases para que las tomaras como influencia? Recuerda, hay mucho espacio para que incluyas a otra persona influyente en tu vida que te cambie para mejor.

MOVERSE COMO SI TODO FUERA SIN ESFUERZO

¿Has visto alguna vez programas como "Guerrero Ninja Americano" o "Titán"? Estos son programas de televisión donde personas con habilidades atléticas locas, muestran sus talentos pasando por carreras de obstáculos de manera oportuna. Estas no son las usuales carreras de obstáculos como correr alrededor de conos o alternar entre los pies en una carrera de neumáticos.

Estos competidores cruzan a través de puentes desvencijados, suben por las paredes en rappel y caminan por las vigas de equilibrio rápidamente. Si caes en el barro o el agua, pierdes. Para la persona promedio, parece una tarea muy difícil de hacer. Pero los concursantes de estos espectáculos, se han esforzado mucho para asegurarse de que están en la mejor condición física.

Cuando practican para estas competencias, lo hacen sin hacer ningún tipo de esfuerzo. También realizan tareas que pueden parecer imposibles de realizar para la persona promedio (como si fuera casi normal para ellos). Entrenan duro, cambian sus dietas para acomodarse a dicho entrenamiento, y se ponen a trabajar incluso en días en los que no quieren hacerlo. Además, hacen sacrificios para concentrarse más en su entrenamiento. La lección aquí es que tienen un sistema en marcha que les permite lograr sus objetivos. Su objetivo final es competir en "Guerrero Ninja Americano" o "Titán".

Saben que ganar todo sería la cereza de la torta. Pero sólo con estar ahí concursando, es suficiente para ellos. Después de tanto trabajo y dedicación, lo han logrado.

Yendo al grano: la lección es que han puesto la práctica y el trabajo para hacer todo sin esfuerzo. Son conscientes de los errores que cometen y de cuántas veces sucederán. No se quejan ni piensan que son pésimos en lo que hacen. Vuelven a levantarse, lo atraviesan y lo hacen.

¿Qué es lo que hace que el logro sin esfuerzo sea "imposible"?

Para la mayoría de nosotros, nuestro deseo de movernos sin poco o ningún esfuerzo, es lo que buscamos. ¿Qué tan bueno sería para nosotros levantarnos de la cama por la mañana y hacer algo sin esfuerzo o sin fallar? Desafortunadamente, eso parece estar muy lejos de la realidad. Parece que cada vez que queremos hacer algo, no tenemos ganas y preferimos ser vagos todo el día.

Es posible lograr nuestros objetivos con poco o ningún esfuerzo. Pero, ¿cómo podemos llegar allí? La clave para pasar de querer hacer algo a hacerlo de todos modos se puede resumir en estas palabras: comprensión emocional. ¿Cómo abordas la comprensión emocional?

¿Cómo funciona esto? Deber echar un vistazo a la meta que quieres lograr. A partir de ahí, podrás examinar por qué es tan difícil lograrlo. ¿Qué lo hace tan desagradable? Una vez que tengas una buena idea de por qué parece una tarea tan difícil de lograr, solo entonces podrás desconectar las asociaciones negativas. Específicamente, las emociones negativas y las asociaciones de lograr un objetivo, suelen ser el "No quiero hacerlo" o "No tengo ganas de hacerlo". Algunos incluso usarán la excusa de que el trabajo es "demasiado duro". Eso es un signo de resistencia emocional. Y esa es solo otra señal de dejar que tus emociones te controlen en lugar de que tú las controles a ellas.

Lo qué tienes que hacer es aprender cuáles son tus bloqueadores emocionales. Si tu objetivo es escalar el Denali en Alaska, pero tienes miedo a las alturas, entonces tu miedo a las alturas es un bloqueo emocional. Existen tres tipos de bloqueadores emocionales:

Inmediatos: este tipo de bloqueador emocional surge de lo que realmente no te gusta hacer para poder lograr el objetivo en sí. En otras palabras, ¿qué es lo que odias del objetivo que quieres alcanzar? ¿Es algo que odias tener que hacer? Debes realizar la tarea de todos modos, sin importar cuánto la odies. Un ejemplo de esto en la vida real, es no poder pasar tiempo con tu familia debido a que se acerca una fecha límite importante de un proyecto laboral. Si bien no los ignoras en lo más mínimo, necesitas mucho tiempo y atención, para lograr un objetivo que significará un gran logro para tu negocio. Odias tener que sacrificar ese tiempo que de otra manera le dedicarías a tus seres queridos. Pero sin ese sacrificio, tú y tu familia, no estarán mejor.

De identidad: esto se reduce a un diálogo interno negativo. "No puedes hacerlo porque eres terrible en X". Te dices a ti mismo que no eres el tipo de persona que logra una meta que planeas establecer. Puedes ser tu propio yo. Pero puedes ser una mejor versión de ti mismo, si logras los objetivos que te propusiste, incluso si eso no es característico en ti. No hay nada más satisfactorio que alguien te diga que hay algo diferente en ti (y en el buen sentido).

Negarse a recibir ayuda: Son básicamente ciertas creencias que adoptas y que te impiden alcanzar la meta que deseas alcanzar. Por ejemplo, alguien puede estar luchando para lograr una determinada tarea, pero tiene demasiado orgullo para pedir ayuda. No quieren ser percibidos como débiles. Todos somos humanos. Y cuando los humanos luchan, no tienen miedo de pedir ayuda.

Debes tomarte un momento y pensar en el tipo de bloqueadores emocionales con los que te has enfrentado en el pasado. No tiene por qué ser una lista demasiado larga. Piensa en cinco bloqueadores emocionales diferentes con los que hayas lidiado en el pasado. Piensa en las metas que deseas lograr y mira hacia el futuro. ¿Qué tipo de bloqueadores inmediatos ves? ¿Qué estás dispuesto a sacrificar para alcanzar tu objetivo (pero es algo a lo que te resultaría difícil renunciar)?

¿Qué tipo de diálogo interno negativo has tenido? Y, por último, ¿cuáles son los bloqueadores emocionales que se presentan a medida que se acerca al logro de tu objetivo? ¿Eres demasiado orgulloso para pedir ayuda? ¿Te estás diciendo a ti mismo que ese objetivo es imposible?

Ser capaz de evaluar cuáles son tus bloqueadores emocionales y ser capaz de vencerlos te ayudará a ser más capaz de alcanzar tus metas sin el esfuerzo y la motivación necesarios.

CONSEJOS ADICIONALES PARA LOGRAR TUS OBJETIVOS SIN ESFUERZO

A medida que te adentras en tu viaje hacia el logro de tus metas más altas, querrás seguir los siguientes siete consejos que te daremos a continuación. Es comprensible que haya cosas que no quieras hacer. Al mismo tiempo, tus emociones negativas son las principales culpables de tu inacción o de tu lento avance hacia las metas que te has propuesto.

A continuación, se indican algunos aspectos a tener en cuenta:

Delegar, si es necesario: ¿No sabes cómo hacer una determinada tarea? ¿Sabes cómo pero no tienes el tiempo? Delégala a alguien que lo hará por ti. No podemos hacer malabares con todo a la vez. Como seres humanos, tenemos nuestros límites. Hay momentos en los que se necesita alcanzar un objetivo para el que se necesitará más de una persona para lograrlo. Delega en alguien que tenga la habilidad y la competencia y te sentirás mucho mejor.

Elimina las viejas metas: Probablemente tengas una lista de tareas, tienes metas que nunca has logrado o que nunca has intentado alcanzar. Lo único que puedes hacer en este momento es eliminarlas todas juntas. ¿Qué sentido tiene intentar realizarlas cuando se van a quedar ahí y acumular polvo? En cambio, concéntrate en las metas que te interesan y te hacen feliz.

Conoce tus límites: en el capítulo anterior, hablamos sobre cómo establecer límites. Es importante recordar qué son y qué debes hacer para permanecer dentro de ellos.

Elimina las distracciones: ya hemos tratado las distracciones anteriormente en este libro. A estas alturas, deberías tener una idea básica sobre cómo eliminar las distracciones, tanto externas como internas. Si no es así, consulta el Capítulo 3 sobre cómo puedes minimizarlas para tu beneficio.

Encuentra las herramientas adecuadas para el trabajo: según los objetivos que desees alcanzar, es importante encontrar las herramientas adecuadas que funcionen. Si estás usando algo que no está funcionando de manera efectiva, entonces será el momento de encontrar algo nuevo, mucho más funcional, que te permita hacer el trabajo.

Cambia lo que no funciona: si estás haciendo algo que no funciona, ¿de qué sirve hacer lo mismo una y otra vez esperando un resultado diferente (que es una locura, por supuesto)? Cámbialo y ve si funciona. Si es así, bien. Si no es así, repite el proceso hasta que algo funcione.

Duplica lo que funciona: si sabes lo que funciona en términos de lograr tus objetivos, esta es una buena oportunidad para duplicarlo. Si estás trabajando, puedes hacer el doble de trabajo si estás a la altura del desafío. Cuanto más trabajes, más rápido podrás lograr tu objetivo más alto, sin perderlo en el camino, ni reducir su calidad.

3 ES UN NÚMERO MANEJABLE PARA COMENZAR A TRABAJAR

Quienquiera que acuñó el término "es tan fácil como 1, 2, 3" obviamente dio en el clavo. Cuando empiezas a establecer los objetivos que quieres alcanzar, quieres que el proceso sea lo más simple posible. Paso uno, paso dos, paso tres, hecho. Suena bastante bien, ¿verdad? En esta breve sección, te mostraremos una nueva forma de establecer los objetivos que quieres lograr. Más adelante en el capítulo, hablaremos de los diferentes métodos de fijación de objetivos que puedes usar.

Ahora, aquí está el proceso de tres pasos para ayudarte a establecer tus metas para que puedas alcanzarlas con facilidad:

1. **Establece tres objetivos manejables:** Parece bastante simple, ¿verdad? Tres metas simples que puedas alcanzar fácilmente en poco tiempo, sería un buen comienzo. Cinco metas serían un empuje. Diez podrían ser una tortura (especialmente si estás empezando).

2. **Asegúrate de que sean altas, pero alcanzables:** Quieres que las metas sean un poco difíciles. Pero nada demasiado difícil. Quieres que se extiendan un poco. Si no lo haces, es probable que se consideren cosas "para hacer" y no metas.

3. **Junta una serie de "Quehaceres" en una lista:** Puedes

poner las tareas "por hacer" en una lista que puede formar el objetivo que quieres alcanzar. La mejor técnica para algo así es la técnica SMART (que aprenderemos en la siguiente sección).

HAY VARIAS MANERAS DE ESTABLECER TUS OBJETIVOS, PERO DEBES ELEGIR LA QUE MÁS TE CONVENGA.

En esta sección, hablaremos de tres métodos de gestión de objetivos que funcionarán a tu favor. Incluyen los siguientes: SMART, HARD y WOOP. Probablemente te estés preguntando "¿qué diablos son?" Desglosaremos cada método para que entiendas mejor qué son y cómo puedes usarlos. Primero, analicemos SMART:

EL MÉTODO SMART

No perdamos tiempo, echemos un vistazo a SMART, cuyas siglas en inglés significan lo siguiente:

Específico: ¿Cuál es el objetivo específico que quieres lograr? En lugar de ser vago como decir "ganar más dinero" puedes decir "Ganar 10.000 dólares para el 31 de diciembre empezando una agencia de marketing de contenidos para tiendas de comercio electrónico". O en lugar de "perder peso", puedes decir que quieres "perder 10 libras en seis semanas haciendo ejercicio tres veces a la semana durante 15 minutos". Cuanto más específico sea, mejor.

Medible: Obviamente tienes que hacer un seguimiento de tus objetivos. Y una de las mejores maneras de hacerlo es medirlos. No serás capaz de saber hasta dónde has llegado si no tienes las métricas o los datos. Sin ello, no serás capaz de determinar si es posible o no hacer un cambio hacia el logro de tu objetivo.

Alcanzable: Si tu objetivo es realista, puede ser alcanzable. ¿En cuánto tiempo puedes alcanzar el objetivo en sí? No te fijes metas elevadas y piensa que puedes alcanzarlas en el menor tiempo posible. Si quieres ganar 10.000 dólares (por ejemplo), piensa en un plazo realista. ¿Puedes hacerlo en seis meses? Es posible, pero será difícil. ¿Qué tal en un año? Suena bastante realista.

Relevante: ¿Esta meta es relativa a tus valores? ¿Es este el tipo de meta que te hará feliz? ¿Se ajusta a tus creencias personales? Estas son algunas de las preguntas que debes hacerte para asegurarte de que tus objetivos sean relevantes para ti.

Con un plazo determinado: Siempre es una buena idea establecer un plazo para cuando se pueda alcanzar el objetivo. No puedes decir que quieres hacer X e Y sin un marco de tiempo específico. De nuevo, piensa de forma realista aquí. Para objetivos más pequeños, establece un marco de tiempo más corto. Por ejemplo, si quieres perder cinco libras, seis semanas pueden ser un buen plazo. Si quieres perder 20 libras, considera que tres meses pueden ser suficientes.

EL MÉTODO HARD

A continuación, echaremos un vistazo al método HARD. Cuyas siglas en inglés significan lo siguiente:

Sentido: A veces, depositar tus emociones para lograr tus objetivos puede ser necesario. ¿Por qué te importa esta meta? ¿Cuál es tu apego emocional? ¿Es por alguien que amas? ¿Cuál es esa emoción que te impulsa a alcanzar esa meta?

Anímate: Esto te ayudará a pensar en lo que ocurrirá después del hecho. Visualízate en una escena en la que acabas de alcanzar la meta de tus sueños. ¿Cómo te sientes? ¿Qué tipo de emociones estás sintiendo?

Qué requiere: ¿Cuáles son las razones concretas que te están ayudando a lograr esos objetivos? ¿Qué hay que hacer? ¿Qué objetivos hay que hacer urgentemente?

Dificultad: Aquí es donde realmente quieres desafiarte a ti mismo. Intencionalmente quieres dificultar la meta para poder enfrentar los desafíos de frente. Aunque, hacemos hincapié en que no debes hacerlo más difícil de lo que tiene que ser. Establece algunos desafíos que pueden ser difíciles de lograr. Pero sé consciente del desafío que te espera para prepararte a conquistarlo en cada oportunidad.

EL MÉTODO WOOP

Por último, echaremos un vistazo al método WOOP: Esto es perfecto para cuando quieres romper viejos hábitos y formar otros nuevos. Vayamos directo al grano, sus siglas en inglés significan lo siguiente:

Deseo: ¿Qué objetivo te entusiasma alcanzar? ¿Qué es lo que sueñas? Piensa en el objetivo y asegúrate de que sea una meta lo suficientemente realista para alcanzarla.

Resultado: ¿Cuál es el resultado que quieres lograr? Imagínatelo en tu mente.

Obstáculo: ¿Qué obstáculos se interpondrán en el camino de esta meta? Ser consciente de ellos, incluso antes de avanzar, te dará una mayor ventaja para enfrentarte a ellos. Podrás navegar por los obstáculos con facilidad y simplicidad. Sabrás qué es lo que te puede detener. Al mismo tiempo, necesitarás formar un plan de batalla para atacar los obstáculos y avanzar.

Plan: Sin un plan, no puedes hacer nada. Planea los pasos iniciales que necesitas tomar. Planea algunas alternativas en caso de que encuentres algunos callejones sin salida u obstáculos. Planificar con antelación te dará una ventaja aún mayor.

Una de estas técnicas puede funcionar a tu favor. Es importante probarlas y ver cuál será más efectiva. Como se mencionó antes, la técnica WOOP es perfecta para cualquiera que busque formar un nuevo hábito mientras patea los viejos a la acera. Si estás buscando comenzar un nuevo negocio en línea y planeas hacerlo crecer con el tiempo, la técnica SMART podría ser más adecuada para tal cosa.

DEFINE TU LIBERTAD Y SÉ RESPONSABLE

La verdadera libertad es digna de ser alcanzada. Quieres liberarte de la prisión de tu mente, de una mentalidad negativa. El difunto Sean Stephenson dijo una vez que tu mente es como una prisión. Puedes escapar de ella en cualquier momento, ya que no hay guardias ni alambrado de púas. Pero lo que te mantiene dentro de esa prisión es tu limitada autoestima.

La verdad es que puedes adquirir la verdadera libertad con sólo salir de esa prisión. Desde allí, eres libre de moverte en cualquier dirección. Siempre y cuando te lleve a tu destino final (tu objetivo principal). La libertad es posible, pero el único obstáculo que se interpone en nuestro camino somos nosotros mismos.

La libertad es diferente de una persona a otra. Una persona quiere ser libre en espíritu. La otra quiere alcanzar la libertad en el sentido de no estar atada por sus problemas financieros. La libertad no es una especie de término político. Es algo que se puede adquirir en un sentido físico, espiritual y psicológico. Puedes liberarte físicamente de una vida de potenciales problemas de salud perdiendo peso. Puedes liberarte de reveses psicológicos y bloqueos mentales si decides seguir adelante y cambiar tu forma de pensar para mejor.

La única cosa que necesitas para conseguir esa libertad, es tener conciencia. Debes ser consciente de que no serás completamente libre, hasta que no hayas seguido los pasos para lograrlo. Una vez que eres consciente de tu nueva libertad, la misión está cumplida. La conciencia es el primer y último paso.

En este caso, eres consciente de que no estás en la mentalidad correcta. No estás en un estado en el que seas disciplinado o mentalmente fuerte para manejar los desafíos de la vida. La prisión es un infierno (literal y figuradamente). En este contexto, vivir una vida donde la disciplina y la fortaleza mental no existen, podría ser tu propio infierno personal. Puedes liberarte de la comodidad y la complacencia. Puedes escapar de la negatividad con el tipo de plan de escape correcto que se describe en este libro.

Jocko Wilinik lo dijo mejor: la disciplina es igual a la libertad. Para traducirlo en un lenguaje sencillo, mientras tengas control tendrás libertad. Control sobre tu mentalidad, tus hábitos diarios, y todo lo demás. Si aceptas la disciplina, te ganas la libertad. Jocko es lo suficientemente disciplinado como para levantarse cada mañana a las 4:30 AM, permitiéndole más tiempo en el día. No tienes que levantarte temprano en la mañana para lograr esto.

Si quieres libertad financiera, debes inculcar la disciplina financiera. Deja de gastar tu dinero en cosas innecesarias. Puedes ahorrar dinero y tenerlo listo en un momento en que alguna situación financiera no tan agradable se presente en tu vida. Tendrás la libertad de deshacerte de él rápidamente antes de que el problema empeore. Si te haces responsable y te aseguras de tomar decisiones financieras inteligentes, podrás mantenerte al día con tus gastos habituales, para no encontrarte en una situación comprometida (como el desalojo de tu hogar).

CÓMO HACERTE RESPONSABLE

Hacerte responsable es una de las habilidades clave para lograr la verdadera libertad. Si no lo haces, disminuirán tus posibilidades. Aquí hay algunos consejos que deberías seguir para hacerte más responsable ahora y en el futuro:

No reveles tus objetivos: Uno de los errores más fatales que alguien puede cometer es revelar sus objetivos e intenciones a cualquiera. Cuanto más reveles, más presión te pondrás sobre ti mismo (especialmente cuando la gente te pregunte cómo van las cosas). Recuerda, nunca sabes quién te está viendo alcanzar ese objetivo específico que te has propuesto. Contrariamente a la creencia popular, anunciar tus objetivos no es la mejor manera de hacerte responsable. La gente quiere elogios prematuros para un logro que tal vez nunca se materialice. No sólo eso, puede que recibas comentarios negativos incluso antes de avanzar tu objetivo. Y eso solo podría paralizar mentalmente a cualquiera y evitar siquiera comenzar, en primer lugar.

Escribe tus metas: Si tienes una meta que quieres alcanzar, ponla por escrito. Mejor aún, comienza con una meta mayor y haz una lista simple de cómo quieres alcanzarla. Esto incluye tus metas a corto y largo plazo. Asegúrate de tenerla bien escrita y ordenada en una hoja de papel o en un cuaderno.

Prepara una declaración de tu objetivo: Una declaración de misión define quién eres, las metas que quieres alcanzar y los valores que te importan. No es necesario que sea tan larga como una novela. Hazla corta, dulce y al grano.

Revisa tu desempeño general: Echar un vistazo a tu rendimiento general te dará una visión de lo que has hecho bien, lo que has hecho mal, y lo que puedes hacer para mejorar en la próxima oportunidad.

No tengas miedo de pedir opiniones: La retroalimentación es importante. Pregunta a tus compañeros de equipo o a tu red de apoyo. Recibirás una retroalimentación positiva. Pero no toda será positiva en absoluto. Utiliza la retroalimentación negativa como una oportunidad para hacer algunos cambios y ajustes cuando sea necesario.

LA AUTODISCIPLINA PUEDE CREAR MÁS LIBERTAD QUE NUNCA EN TU VIDA

Esto no puede ser lo suficientemente estresante. Ser capaz de disciplinarte a ti mismo te ayudará a crear el tipo de libertad que deseas. La autodisciplina te permite ganar control y por lo tanto te da la libertad de hacer lo que quieras. La libertad te permite flexibilidad, indulgencia y permisividad. Por lo tanto, las dos van de la mano.

En pocas palabras, la disciplina es la que te da la libertad. Nunca es un tomador. Por eso es importante ponerte a ti en primer lugar, hasta cierto punto. Pero en algunas situaciones, ponerse en último lugar es igualmente importante. Si eres padre, siempre pones a tu familia primero. Se trata de tomar la decisión correcta que beneficiará no sólo a ti sino a las personas más importantes de tu vida.

La autodisciplina te obligará a tomar decisiones que pueden ser difíciles, pero que al final, habrán sido buenas decisiones. Por ejemplo, si estás tratando de llevar un estilo de vida saludable, puede parecerte difícil renunciar a la comida rápida. Pero en lugar de optar por el número uno con una Coca-Cola, optas por una ensalada y una botella de agua. Es difícil dejar las cosas a las que estás acostumbrado. Pero al final, vale la pena. Aprende a aceptar este tipo de decisiones y las tomarás luego sin sudar.

La pregunta para ti es simplemente esta: ¿Hasta dónde estás dispuesto a llegar para lograr la autodisciplina? ¿A qué estás dispuesto a renunciar? ¿Qué es lo que más te apasiona de tu enfoque? La recompensa de la libertad es dulce cuando eres consecuente con la autodisciplina,

DISFRUTA DE TUS MAYORES PLACERES Y PASATIEMPOS "LIBRE DE CULPA" Y SIN NINGÚN TIPO DE PROCRASTINACIÓN

Cuando seas autodisciplinado, podrás hacer más en lugar de menos. Podrás disfrutar haciendo las cosas que amas. Los objetivos que deseas alcanzar serán fáciles de lograr. Podrás trabajar en ese proyecto que has estado posponiendo durante tanto tiempo, apasionante. No sentirás vergüenza. Y no sentirás la necesidad de posponer las cosas.

Es importante dejar entrar lo que quieres traer a tu vida y dejar salir a todo de lo que quieres deshacerte. Es difícil dejar de lado las cosas que alguna vez has disfrutado. Pero una vez que te des cuenta de que fue más una pérdida de tiempo que un verdadero retorno de la inversión, te darás cuenta de que dejarlo ir no será tan malo después de todo.

RECAPITULANDO

Ser capaz de alcanzar tus metas más altas y lograr la verdadera libertad en el proceso, es posible. Todo se reduce a ser lo suficientemente disciplinado para lograrlo. Como alguien que está en el camino hacia la disciplina y la fortaleza mental, te das cuenta de que estás dando un ejemplo para aquellos que te vigilan de cerca. Te convertirás en una influencia positiva para alguien importante en tu vida. Además, también te modelas a ti mismo, según las personas en tu vida a las que consideras influyentes para un cambio de vida.

Ser capaz de avanzar hacia tu objetivo sin mucho esfuerzo, se reducirá a una cosa: ser capaz de ser consistente y ponerte a trabajar. No te preocupes por cometer errores o por los contratiempos que ocurran. Mientras seas consciente de esos contratiempos, estarás listo para ellos, aparezcan o no. Piensa en ti como alguien que está compitiendo por el Guerrero Ninja Americano. La meta que quieres alcanzar, está en el otro extremo del camino.

Cuando manejas tus metas, es tan fácil como 1, 2, 3 al planearlas. Sin embargo, querrás considerar un método para establecer tus metas. Ya sea que quieras ser inteligente o que quieras hacerte el listo, hay un método que funcionará para casi todos.

Tu libertad es tu recompensa por ser autodisciplinado y responsabilizarte. Esto te permitirá darte más tiempo para trabajar en un proyecto que te apasione, más libertad financiera y la capacidad de eliminar cualquier problema financiero antes de que empeore, y la libertad de hacer lo que te apetezca. La libertad es posible de alcanzar siempre y cuando estés dispuesto a disciplinarte.

IV

APRENDE A AMAR EL PROCESO, NO PUEDES SALTEÁRTELO

7

DESARROLLO DE LA DISCIPLINA

En este capítulo se cubrirá paso a paso cómo debes desarrollar la disciplina. En todo caso, esta debe ser construida bloque por bloque. Debería ser como una pared de ladrillo o un edificio alto. Cuanto más alto sea, más alto será tu nivel de disciplina. La disciplina te ayudará a concentrarte en las tareas que quieres hacer, mientras que te permitirá desarrollar la capacidad de evitar que te desvíes de tu curso.

Hablaremos de si la motivación es suficiente o no. También hablaremos sobre para qué no debe usarse la disciplina. El poder de la disciplina es útil en muchas situaciones. Pero hay momentos en los que puede no ser tan necesaria. También hablaremos de cómo manejar tus impulsos y de cómo deberías simplemente "montar la ola" en lugar de ser tragado por ella.

Este capítulo te mostrará cómo tomar las decisiones fáciles y difíciles sin transpirar. La toma de decisiones a la que nos enfrentamos regularmente puede ser tan simple como pedir una pizza o tan difícil como cruzar una cuerda floja. A veces, tomar las decisiones más difíciles puede parecer fácil (incluso en situaciones en las que cualquiera de las dos decisiones que podrías tomar, tendrá algún tipo de consecuencia negativa).

Por último, aprenderás el tipo de autodisciplina desarrollada por los atletas profesionales y los Navy SEALs. Este es el tipo de personas que se enfrentan a tareas monumentales de forma regular. Y hacen las cosas difíciles sin fallar o con poco esfuerzo. Este capítulo es algo a lo que realmente quieres prestar atención. Especialmente cuando lo que quieres desarrollar la disciplina. Comencemos:

LA MOTIVACIÓN ES BUENA Y TODO, PERO NO ES SUFICIENTE

Al principio del libro, afirmamos que la motivación es algo que es difícil de encontrar. También dijimos que no es necesario encontrar la motivación para comenzar una tarea. Hazlo de todas formas aunque no tengas ganas. La motivación es como un gato. Llega a ti en los momentos en que menos te lo esperas.

Incluso si la motivación te encuentra, no será suficiente. Por lo tanto, hay algunos eslabones de la cadena que querrás añadir. Hablaremos de aspiración y dedicación. Ambas son lo que necesitas, aparte de la motivación en sí misma, para lograr concretar las tareas establecidas. Si unes las tres, obtendrás de esa mezcla, la disciplina perfecta.

Discutamos cada una de estas cosas empezando por la aspiración:

La Importancia De La Aspiración

La aspiración se define como la ambición o la esperanza de lograr un objetivo o una tarea específica. En un equipo, las metas y objetivos que ustedes como equipo establezcan, pueden lograrse con facilidad si están alineados con sus aspiraciones. Cuando eso ocurre, los niveles de compromiso aumentarán. El equipo trabajará en conjunto como una unidad gigante.

Antes de que el equipo trabaje en conjunto, necesitan saber lo que hay para ellos. ¿Cuál será exactamente el objetivo final del equipo? ¿Cómo serán recompensados por un trabajo bien hecho? Si no hay nada que obtener a cambio, ¿qué sentido tiene trabajar juntos?

Cuando un equipo sabe que hay una recompensa al final del camino, el equipo trabajará en conjunto. Mientras no haya diferencias personales que afecten a la moral del equipo o similares, el equipo puede lograr el objetivo que tienen por delante. Una de nuestras necesidades básicas que deben ser satisfechas, según la Jerarquía Maslow, es el sentido de logro y reconocimiento por lo que hacemos. No importa si trabajas como parte de un equipo o logras algo en términos de esfuerzos individuales. No hay mejor sensación que la de lograr algo de valor y ser reconocido por ello. El problema es que la mayoría de las personas deciden hacerlo pasar desapercibido.

La aspiración es una de las cosas clave que necesitas para ser disciplinado. ¿Cuál es tu mayor aspiración? ¿Cómo la conseguirás? ¿Qué obstáculos se interpondrán en el camino? ¿Y qué harás para superar esos obstáculos y seguir adelante?

¿Por qué la dedicación es igualmente importante?

La dedicación y la motivación no son lo mismo. La dedicación es tomar una decisión y honrarla en cada oportunidad posible. Te comprometes a comenzar la meta o tarea y a llevarla hasta el final. Es la dedicación la que separa a los verdaderos ganadores de los que abandonan cuando las cosas van mal.

La dedicación es lo que sucede cuando la motivación no se encuentra en ninguna parte, pero haces el trabajo de todos modos. Porque cuanto antes termines una tarea o te acerques a tu objetivo, mejor te sentirás, sabiendo que has tomado la decisión correcta. Cuando las cosas van mal, no te das por vencido. Cuando te caes del caballo, te vuelves a subir y vuelves a montar. De eso se trata la dedicación.

Cuando tú o tu equipo se enfrentan a contratiempos, es importante evaluar cuáles son, y manejarlos en consecuencia. Después de eso, sigues avanzando. No te detienes, dejas todo hasta conseguir el objetivo. Cuando el trabajo está medio hecho, no es lo suficientemente bueno. Habrá aquellos en el equipo que pueden renunciar a él a mitad de camino. O sigues adelante y dejas que alguien se encargue de una carga extra. O encuentras a alguien para reemplazarlo, que sea competente y lo suficientemente positivo para asumir los desafíos que aún quedan por delante para el equipo.

La dedicación es una cosa que ninguna persona puede ignorar o excluir para conseguir sus objetivos.

LA DISCIPLINA NO DEBE SER USADA PARA ACTIVIDADES Y TAREAS COMO ESTA...

Una de las cosas en las que no se debe usar la disciplina es cuando se realizan actividades creativas. La creatividad es más un proceso que una disciplina. La disciplina te enseña a mantenerte dentro de tus límites. Con la creatividad, hay un conjunto de reglas que pueden ser seguidas. Sin embargo, puedes romperlas cuando quieras. En su mayoría, las personas creativas, no se preocupan por las limitaciones y es probable que se ramifiquen por diferentes caminos en busca de nuevos descubrimientos. A menudo se ve esto con los artistas y músicos. Odian ser capaces de mantenerse dentro de los límites y reglas normales. Por lo tanto, se atreven a caminar en línea recta y crear algo que lleve las cosas un paso más allá.

Puedes usar la disciplina cuando haces cosas creativas. Pero al mismo tiempo, no tienes que seguir ninguna regla. Suena como una paradoja porque la disciplina y las reglas parecen ir de la mano. La disciplina y la creatividad nunca se encontrarán. Cualquier proyecto creativo parecerá un trabajo si se incorpora la disciplina. La creatividad en un aspecto es como la disciplina: te da libertad. En este contexto, tienes la libertad de dejar correr tu creatividad. Cuando la inspiración te golpea, añades algo a lo que estás creando actualmente o empiezas de cero. De cualquier manera, las reglas no se aplicarán, y la disciplina no es necesaria en este sentido.

MONTAR LA OLA DE TUS IMPULSOS

En esta sección, vamos a hablar de "El surf de urgencia". ¿Qué es exactamente? Básicamente se trata de abordar los comportamientos impulsivos. Específicamente, se asocian mayormente con adicciones como los atracones o el consumo de grandes cantidades de alcohol de forma regular. Cuando sientes la necesidad de beber o comer mucho para lidiar con una emoción negativa, es fácil ceder y hacerlo.

Pero con el surf de urgencia, es una cosa completamente diferente. Esta es una técnica de consciencia plena, o mindfulness, que puedes usar a tu favor cada vez que la necesites. No actúes en ese comportamiento adictivo. En cambio, medita y deja que pase a través de ti. Esto es mucho mejor que tratar de luchar contra él.

¿Cómo se practica esta técnica de consciencia? Primero, cierra los ojos. Imagina que estás montando en una tabla de surf. Esa ola gigante que estás montando es tu impulso. Imagina que estás montando los altibajos de esa ola. Te estás acercando a la costa que te guiará hacia la libertad y la disciplina. Normalmente, las ganas duran de 20 a 30 minutos.

Cualquier surfista profesional puede decirte que puedes montar la ola con facilidad, o que puedes hacer un movimiento equivocado y la ola te caerá encima. Con el impulso de surfear, cualquier cosa que no hagas se debilitará (y cualquier cosa que hagas se hará más fuerte). Cuanto más actúes según tus ganas, más fuerte se hará (y viceversa).

El surfing de urgencia para obtener mejores resultados

Esta técnica de surf de urgencia, te permitirá meditar durante intervalos de uno a cinco minutos. Después de cada intervalo, deberías reevaluar tus ganas. Si todavía las sientes, repite el proceso. Empezarás a notar que las ganas disminuyen poco a poco a medida que avanzas. Hacer esto repetidamente te ayudará a romper esa conexión entre el impulso y tú.

Alternativas a considerar

Aunque montar la ola del impulso es una forma para poder manejarlo, también debes considerar otras alternativas para que pase. Por ejemplo, puedes hablar con un amigo o un miembro de la familia por un tiempo. O puedes ver algo educativo en YouTube. Haz algo que te ayude a olvidarte de las ganas y a concentrarte en otra cosa.

Cuanto más fácil sea hacer esto, mejor podrás manejar cualquier urgencia, sin importar lo repentina que parezca. Puedes realizar estas tareas entre las sesiones de meditación si lo deseas. De vez en cuando, deberías comprobar si el impulso todavía existe.

El surf de urgencia es la forma perfecta para que puedas controlar tus impulsos. Puedes literalmente absorber el poder de tus impulsos y vencerlos con facilidad una vez que le hayas cogido el truco.

TOMA UNA DECISIÓN, YA SEA FÁCIL O DIFÍCIL

Nos enfrentamos a innumerables decisiones cada día. La mayoría de ellas suelen ser fáciles. Algunas de ellas pueden ser difíciles. Pero al final, eres tú quien determina si esa decisión es fácil o difícil. Puedes hacerlo fácil para ti o más difícil de lo que tiene que ser. Es cierto que hay algunas decisiones que tomas que serán difíciles debido a las ramificaciones que le siguen. Por ejemplo, un gerente puede enfrentarse a la tarea de despedir a un empleado debido a los recortes. La compañia está perdiendo dinero, y necesitará despedir a algún empleado, sólo para ahorrar dinero.

A veces, las decisiones difíciles pueden dar algunos resultados positivos, no importa cuán impopulares sean a los ojos de otras personas. En términos de crecimiento y disciplina, tomar las decisiones que odias es algo que probablemente deba suceder.

Cómo tomar mejores decisiones

Tener la capacidad de tomar mejores decisiones, incluso bajo presión, te dará una mayor ventaja en comparación con los demás. A continuación veremos los siguientes consejos para que puedas tomar mejores decisiones. Incluso las decisiones de gran presión pueden tomarse con el menor esfuerzo posible. Echemos un vistazo a estos consejos:

1. **Siempre sigue tu instinto:** Esta debería ser la regla número uno en el libro de reglas para la toma de decisiones de cualquiera. Estarías loco si fueras en contra de tu instinto. Si sigues tu instinto, estarás acertando el 99 por ciento de las veces. Tu instinto será capaz de decirte lo que está bien y lo que está mal, antes de que tu consciencia se dé cuenta. La toma de decisiones inconsciente puede salvar tu pellejo en las situaciones de mayor presión. Si tienes esa sensación "extraña" cuando te enfrentas a una decisión que puede

cambiar tu vida, entonces querrás abordarla. Ni siquiera te atrevas a ignorarla.

2. **No siempre tienes que preguntarle a todo el mundo:** es admirable pedirle a la gente su opinión sobre algo antes de tomar una decisión. Sin embargo, si se trata de una decisión de alta presión, tendrás más problemas cuando escuches dos opiniones diferentes. Una persona te dice que lo hagas y la otra te dice que no lo hagas. Y ahí es donde la presión se eleva a otro nivel. A veces, es mejor no buscar la opinión de los demás en ciertas ocasiones.

3. **Hazte las preguntas adecuadas:** ¿Cómo me beneficiará esta decisión a mí y a los demás? ¿Cuál será el resultado si tomo la decisión A? ¿Y la decisión B? Estas son preguntas que querrás hacerte a ti mismo. Es bueno sopesar cuidadosamente los pros y los contras de cada decisión. A veces, cualquiera de las dos decisiones significaría una pérdida. Es cuestión de ver cuál de las opciones dará un golpe menor, una vez que tomes la decisión en sí.

4. **Considera tus valores:** Es fácil tomar una decisión siempre y cuando esté alineada con tus valores. Sin embargo, puede haber decisiones en las que ninguna de ellas esté a la par con ellos. Es importante saber cuáles son tus valores fundamentales y cómo definen tu vida. Escribe una lista de tus valores más importantes. Asegúrate de que sea clara y fácil de entender. De esa manera, cuando necesites recurrir a ellos como referencia, tendrás una buena idea de en qué crees. Especialmente cuando se trata de tomar el tipo de decisiones correctas.

5. **Se consciente de los efectos:** Cada decisión tiene un efecto que alterará el curso de los acontecimientos futuros. Imagina que estás a punto de hacer una presentación a los inversores con el fin de obtener más capital para tu negocio. Pero hay un problema: tienes miedo de hablar en público. Si te echas atrás ahora por tus miedos, nunca conseguirás el capital que necesitas, y tu negocio sufrirá. Si sigues adelante y lo superas, podrás impresionarlos lo suficiente como para conseguir el dinero. Incluso si los inversores dicen que no, al menos te enfrentaste a tu miedo. Y entendiste el impacto de tomar la decisión correcta, incluso si significa hacer algo que temes. Porque siempre hay algo más grande que tu miedo. En este caso, era un futuro financiero más brillante para ti personalmente y para tu negocio.

6. **Visualiza el futuro con cada decisión:** No podemos enfatizar la visualización lo suficiente. Es importante imaginar en tu cabeza la escena que puede desarrollarse con cada decisión que tomes. Intenta atar la emoción de la misma, mientras estás en ello. Esto te ayudará a tomar una decisión que puede ser dolorosa. Además, si sientes que una determinada decisión no se siente tan mal en comparación con la otra, es entonces cuando sabes que podría ser la correcta, incluso si el resultado es bastante malo para ti y para los demás.

7. **Involucra ambos lados de tu cerebro:** Las emociones y la lógica deben ser tenidas en cuenta aquí. Involucrar un lado de tu cerebro no será suficiente. El objetivo aquí es

encontrar un equilibrio entre la emoción y la razón con las decisiones que tomes.

SECRETOS UTILIZADOS POR LOS NAVY SEAL Y LOS ATLETAS PROFESIONALES PARA DESARROLLAR UNA AUTODISCIPLINA INMEJORABLE QUE HARÁ QUE REALIZAR TAREAS "DIFÍCILES" SEA INCREÍBLEMENTE FÁCIL

Los SEAL de la Marina de los EE.UU. son una de las fuerzas de combate más peligrosas del mundo conocido. Han viajado por todo el mundo y participado en misiones donde cada decisión que toman es dura y compleja. Sin embargo, parecen hacer que parezca sin esfuerzo al decidir el mejor curso de acción, y actuar en consecuencia. Los atletas profesionales tienen una mentalidad similar que les ayuda a tomar decisiones difíciles, sin esfuerzo. Cuando todo está en juego y te enfrentas a una situación de alta presión, debes estar preparado para tomar decisiones rápidas que pueden resultar en ganar o perder el juego.

Necesitas disciplinarte y resistir el impulso de quebrarte bajo presión o rendirte. Querrás liberarte de la incapacidad de seguir adelante. Citando lo que Jocko Wilinik dijo anteriormente, "la disciplina es igual a la libertad". Y el mismo Wilinik era un SEAL de la Marina, así que lo sabe muy bien.

Echaremos un vistazo a algunos de los secretos que tanto los SEALs de la Marina como los atletas profesionales saben, sobre cómo hacer las tareas difíciles lo más fácil posible. Por supuesto, todo se reduce a la autodisciplina. Saben cosas que nosotros no sabemos (hasta ahora). Estos son sus secretos:

Empezar temprano

Dicen que el pájaro que madruga se lleva el gusano. Esas palabras no pueden ser dichas con más verdad. La tarea en cuestión debe hacerse en algún momento del día. No se puede cortar demasiado cerca antes de la fecha límite. Cuanto antes lo hagas, mejor. Sin mencionar que tendrás más libertad para hacer lo que quieras el resto del día. Empezar temprano te dará más libertad, siempre y cuando no lo pospongas y pierdas el tiempo.

Permanece en el momento

Este es un gran secreto. Cuando te quedas en el momento, nunca perderás de vista el premio. No mires atrás y nunca mires de lado. Te distraerás y te desviaras del camino. Cuando te concentras y lo mantienes así, te acercarás más a la meta, sin importarte cuánto tiempo haya pasado y demás.

Cuida bien de ti mismo

Parece bastante simple. Necesitas cuidarte, tanto mental como físicamente. Cuando lo hagas, los dos trabajarán juntos en perfecta armonía. Cuando haces algo que es un desafío físico, tu mente puede jugarte una mala pasada si no está completamente alineada. No serás capaz de manejar el dolor o soportar los desafíos que tardan mucho tiempo en completarse. La clave aquí es seguir empujando sin matarse o volverse loco.

Cuida tu cuerpo, no te rindas a los malos hábitos y vicios, y ciertamente te darás la tranquilidad de saber que puedes cumplir cualquier
tarea que te propongas. Además, mantenerte en buena forma física
puede mantener la mente despierta. No lo olvides.

Comprende la importancia de los detalles

Los SEAL de la Marina son conocidos por su aguda atención a los
detalles. Todo tiene que parecer perfecto a su manera. Haz tu cama sin
arrugas. Cualquier cosa que esté un poco torcida, tienes que volver a
hacerla hasta que la hagas bien. Es importante que te concentres en los
detalles. Incluso en los más pequeños. Esto no significa que tengas que
ser un perfeccionista. Pero tienes que cubrir tantas bases como sea
posible. Nada tiene que estar a medio hacer. Y una calidad inferior no
es suficiente.

Concéntrate en una cosa a la vez

Cuando estés practicando, concéntrate en una cosa a la vez. Por ejemplo, si estás practicando para una presentación, puedes hacer una
diapositiva a la vez. Di lo que necesitas decir. Hazlo repetidamente
antes de continuar. Haz lo mismo repetidamente una y otra vez y
afínalo si es necesario. No te sobrecargues. Concéntrate en una cosa y
pasa a la siguiente. Hazla y repite.

Si estás rodeado de gente indisciplinada, haz lo contrario.

Mira a tu alrededor. Si ves a tu alrededor mucha gente indisciplinada,
entonces haz exactamente lo contrario. Destácate sobre el resto de la
"Manada". Pero cuando estás rodeado de gente disciplinada, es cuando

deben trabajar juntos. Mucha gente decide ser indisciplinada. Pero tú no tienes que serlo. O nadas con la corriente o contra ella.

RECAPITULANDO

La motivación es algo que vendrá a ti, no es algo que tienes que encontrar. Incluso si tienes la motivación, sólo con ésta, no será suficiente. Querrás ser capaz de tener aspiraciones y dedicación para complementar la motivación. Estos son los bloques de construcción que crearán una potente mezcla de disciplina.

Cuando se trata de tu creatividad, la disciplina ni siquiera debería ser parte de la ecuación. Se creativo y disfruta de un tipo diferente de libertad sin someterte a las reglas. Ser creativo es el único momento en el que la disciplina no es necesaria.

Si estás lidiando con los impulsos, es importante montar la ola de impulsos en lugar de ser tragado entero por ella. Utiliza la técnica de atención que hemos descrito en el capítulo. Mientras lo haces, considera hacer otras cosas que desvíen mentalmente tus pensamientos en lugar de mantenerlos atascados en el impulso que estás tratando de evitar. No luches contra ello, móntalo en lugar de ceder.

Tomar decisiones difíciles debería implicarte poco esfuerzo. Sólo tú puedes decidir si la decisión es fácil de tomar o más difícil de lo necesario. Usa tus instintos, considera las potenciales ramificaciones de cada decisión, y elige una que aunque pueda tener efectos negativos, no suponga un golpe devastador para la moral.

Los secretos que usan los Navy SEALs y los atletas profesionales que hemos revelado pueden adaptarse a tu vida cuando te disciplines. Empieza temprano y por delante de la manada. Mantente en el momento y sigue adelante sin importar lo difícil que sea. Cuídate lo mejor posible. Presta mucha atención a los detalles y asegúrate de que las cosas se vean bien. Y siempre concéntrate en una cosa a la vez cuando practiques. Tómatelo con calma y no te sobrecargues con muchas cosas.

Desarrollar la disciplina lleva tiempo. Y se necesita una buena cantidad de fuerza y voluntad para superar los obstáculos que se interponen en el camino. Si aprendes a aceptar la succión, harás que cada "cosa difícil" sea mucho más fácil, incluso si es dolorosa de hacer.

8

FORTALECIMIENTO DE LA RESISTENCIA MENTAL

Ahora que tienes un plan de juego para desarrollar la disciplina, nos centraremos en cómo puedes fortalecer tu resistencia mental. En este capítulo, te daremos la guía definitiva sobre cómo construirla de principio a fin. Cuando se trata de disciplina, debe existir fortaleza mental para complementarla.

La resistencia mental es lo mismo que la resistencia física. En este contexto, se necesitará tiempo y consistencia para desarrollar la fuerza. Cuanto más tiempo dedicas al gimnasio, más fuerte te vuelves. Con fortaleza mental, podrás entrenarte para manejar las situaciones difíciles y de alta presión cuando otros elijan no hacerlo.

Te daremos algunas recetas, no tan secretas, sobre cómo desarrollar la fortaleza mental desde cero. Aprenderás qué ingredientes clave deberás incluir para desarrollar la mentalidad más fuerte y resistente que puedas construir. Puedes desarrollar fortaleza mental, pero no sin una hoja de ruta probada que te lleve del punto A al punto B. Este capítulo es exactamente eso.

Continuemos con tu viaje:

LA RECETA NO TAN SECRETA PARA LA FORTALEZA MENTAL

Lo que veremos a continuación es la receta, no tan secreta, para la fortaleza mental. Estos son los ingredientes para vivir una vida mentalmente fuerte. Siempre que practiques algunos de los siguientes rasgos que se enumeran a continuación, podrás mantener la fortaleza mental durante el resto de tus días. Ya sea que tengas 30 o 60 años, la fortaleza mental vivirá para siempre. Estos son algunos de los ingredientes que componen la fortaleza mental:

- 1 actitud libre de quejas
- 1 parte de Mindfulness
- 1 cantidad total de control
- Decenas de autoestima y atención plena
- 1 parte de talento
- 1 parte de Capacidad
- Sustituir los malos hábitos por hábitos buenos y fuertes
- Reemplazar "sí" por "no"
- Sustituye a las personas tóxicas por tu red de apoyo

Para obtener mejores resultados, mezcla estos ingredientes y cocínalos lentamente durante un período de tiempo no especificado. No te preocupes por cuánto tiempo te llevará esto. Cuanto más "cocines" estos ingredientes juntos, mejor resultará tu fortaleza mental y por lo tanto, durará mucho tiempo.

Echemos un vistazo en profundidad a por qué deben incluirse estos ingredientes.

NO TE QUEJES

Quejarse es un reflejo de una mala actitud. No hay otra forma de decirlo. Especialmente cuando te quejas de las cosas triviales. Alguien que es mentalmente débil se quejará a menudo de los más mínimos cambios. Siempre buscará cosas de las que quejarse en lugar de encontrar lo positivo.

Por no mencionar, que normalmente se quejan de las cosas que no pueden controlar. La realidad es que no hay nada que puedas hacer al respecto ya que está fuera de tu alcance.

SABER QUE TIENES EL CONTROL

Ya lo hemos dicho antes, y lo volveremos a decir. La clave para vivir con fortaleza mental es tener el control. Debes tener control sobre tu actitud, tu miedo, lo que dejas entrar y lo que dejas salir. Puedes ser capaz de controlar las cosas que te definirán personalmente. Incluso si sientes que no tienes control, es mejor actuar como si lo tuvieras.

LA ATENCIÓN PLENA ES LA CLAVE

Estar atento es uno de los componentes clave de la fortaleza mental. Puedes tomarte cinco minutos de tu día para meditar y recordarte a ti mismo que tienes el control de tus pensamientos. Puedes silenciar el ruido de tu mente cuando tomas el control de ella. Cuanto más consciente seas, mejor.

RESPÉTATE A TI MISMO

Los que se respetan a sí mismos suelen ser más fuertes mentalmente que los que no lo hacen. Cuando te respetas a ti mismo, tu auto discurso reflejará eso. Ninguna persona viva en el mundo puede tener un diálogo interno negativo y respetarse a sí misma al mismo tiempo. Cuando se trate de hablar contigo mismo, se positivo y usa las palabras correctas subconscientemente. A veces, lo debes decir repetidamente en forma de afirmaciones, para poder insertarlo en tu mente.

TEN CONFIANZA EN TI MISMO

La confianza es algo que debes tener para ser mentalmente fuerte. No puedes buscarla de fuentes externas (es decir, la opinión de alguien sobre ti). Para construir la confianza en ti mismo, te expones a situaciones en las que puedes ser capaz de afrontar el reto, realizar las tareas necesarias y completarlas. Cuanto más "puedo hacer" tengas, más confianza tendrás. Te pondrá en el camino correcto y pasarás de decir "no puedo" a "sí puedo".

APROVECHA TU TALENTO EXISTENTE

Tal vez tienes un talento existente que quieres aprovechar. Y eventualmente, quieres mejorarlo para mantenerte afilado. Cuando eres mentalmente fuerte, sabes que tienes suficiente talento para realizar la tarea apropiada. Pero no importa lo bueno que seas, normalmente siempre hay ponerlo en práctica, para hacerlo mejor. Piensa en ello como el programa Windows. Se actualiza con regularidad, incluso si es algo menor, como eliminar algunos errores.

SABES QUE TIENES LA HABILIDAD

Ya hemos hablado de tener el "puedo hacer" para realizar una tarea. Si sabes que tienes la habilidad, eso te da un impulso en la confianza. Incluso si no sabes cómo, date la oportunidad de aprender. Cuando aprendes, desarrollas una habilidad que puedes hacer en tu tiempo libre. Cuantas más habilidades tengas, más podrás decir "puedo hacer esto".

ACEPTAR UN "NO"

La mayoría de la gente tiende a ver el "no" como el diablo. Cuando en realidad, puede ser la palabra más poderosa para decir, cuando quieres disciplinarte. Claro, puede haber una emoción negativa cuando dices "no" a las cosas que disfrutas a favor de algo que te beneficiará a largo plazo. Pero al final, sentirás que has tomado la decisión correcta al decir no. Será mucho más fácil decir "no" a las cosas que no son importantes para ti.

DEBES ESTAR DISPUESTO A APRENDER DE TUS ERRORES

Todo el mundo comete errores. Nadie es perfecto. No hay otra manera de decirlo. Y cualquiera que diga lo contrario, te está mintiendo. Pero la verdadera pregunta es: ¿cómo manejarás tus errores? Los que son mentalmente duros, reconocen sus errores, aprenden de ellos y siguen adelante. Lo opuesto a esto es insistir en ellos, quejarse de ellos y desarrollar un miedo a actuar, porque tienen miedo de cometer errores una y otra vez. Los errores ocurren. Sólo hay que estar preparado para cometerlos, abrazarlos y diseccionarlos con el propósito de aprender de ellos.

Asume la responsabilidad de tus acciones, palabras, etc.

Es alucinante ver que mucha gente no se responsabiliza de sus acciones o de lo que dicen. Encuentran la salida fácil culpando a otras personas o cosas que están fuera de su control. Estos son signos de los individuos mentalmente débiles. Pero pueden ser exactamente lo contrario de esto. Cuando metes la pata, es importante abordarlo con la siguiente actitud: "¿Cómo puedo mejorarlo y qué se puede hacer para no volver a cometer el mismo error?"

ELIMINA LAS PERSONAS TÓXICAS DE TU VIDA

Si hay algo que te puede despistar de tu juego, son las personas tóxicas. Ellos vomitarán negatividad hacia ti. Podrían estar hablando mal o burlándose de alguien más (o incluso de ti). No tienes tiempo para eso. Tampoco permitirás que nadie te baje a su nivel. Sácalos de tu vida sin vergüenza. Si se trata de los llamados "amigos", sería fácil deshacerse de ellos. Pero si son miembros de tu familia, aléjate de ellos lo más posible.

DESTRUYE TUS MALOS HÁBITOS

Los malos hábitos controlan nuestra mentalidad para peor. Y es fácil para ellos permitir que nos controlen. No puedes destruir tus malos hábitos si no puedes tomar el control. Usa la técnica WOOP que aprendiste al principio del libro para romper los malos hábitos y reemplazarlos por otros nuevos. Desarrolla buenos y fuertes hábitos en su lugar. Mientras te mantengas motivado y seas consecuente con estos buenos hábitos, lo harás bien.

HECHO: ES FÁCIL DECIRLE A ALGUIEN QUE SEA POSITIVO, PERO ES DIFÍCIL APLICARLO A UNO MISMO

Por cualquier razón, puedes decirle a alguien que sea positivo. Sin embargo, no puedes hacerlo tú mismo, para vivir según tus propios consejos. Es como decirle a alguien que ahorre su dinero para poder hacerse millonario (pero en realidad, su situación económica no es la mejor). Te dicen que seas positivo, pero nunca te muestran cómo hacerlo. Aquí es donde mucha gente termina fallando. No tienen la hoja de ruta para adquirir esa mentalidad positiva.

Por supuesto, encontrarás exactamente eso en este libro (y también en esta misma sección). Lo que también obtendrás al pensar en positivo, son muchos beneficios tanto en el sentido mental como físico. Los que viven una vida positiva, tienen menos probabilidades de desarrollar ciertos problemas de salud más adelante en su vida.

SE PRUDENTE EN LA DISTRIBUCIÓN DE LA ENERGÍA

Distribuir la energía en tareas que son importantes será esencial. Especialmente cuando necesitas hacer varias tareas. Por lo tanto, no quieres centrarte en desperdiciar energía en las actividades que no importan. Por eso la postergación es un asesino del impulso (por no mencionar un drenador de energía). Claro, es tentador jugar a los videojuegos o darse un atracón viendo tus programas favoritos en Netflix. Sin embargo, cuando termines la final de la temporada, te será difícil empezar las tareas que se supone que debías haber terminado el día anterior.

Cuando el día comience, concéntrate en las tareas críticas. Cuando estén terminadas, revisa tu lista de tareas para ver qué más se puede hacer antes de la fecha de vencimiento. Otra cosa, asegúrate de delegar cualquier tarea que no requiera tu energía ya que tienes otras cosas en las que concentrarte.

LA VERDAD ACERCA DE LA FUERZA DE VOLUNTAD Y CÓMO APLICAR ESTE CONOCIMIENTO PARA TU BENEFICIO

Lo que necesitas saber sobre la fuerza de voluntad, es que es algo que estarás ejercitando durante gran parte de tu viaje. La disciplina y la fortaleza mental dependerán de la fuerza de voluntad en la mayoría de los casos. Si puedes resistir el impulso de no distraerte, sólo entonces serás capaz de aprovechar la verdadera fuerza de voluntad que está dentro de ti. Recuerda, muchos de nosotros tenemos fuerza de voluntad dentro de nosotros mismos. Pero la única diferencia es que hay dos tipos de personas: las que están dispuestas a aprovechar ese suministro de fuerza de voluntad y las que no son capaces de hacerlo (porque todavía no lo saben).

En un capítulo posterior, te mostraremos un ejemplo de fuerza de voluntad en lo que se conoce como gratificación retardada. Explicaremos exactamente qué es y cómo se vincula con la fuerza de voluntad.

PERFECCIONA TUS TALENTOS Y HABILIDADES

Tus talentos y habilidades pueden ser mejorados. Cuanto más los practiques para mejorarlos, más podrás utilizarlos para lograr las tareas que se te dan bien. Esto no sólo reforzará tu confianza en hacer las cosas de manera impecable, sino que te asegurará de tener la fortaleza mental para realizar tus habilidades y talentos al más alto nivel. Sabes que aunque haya poco margen para el error, podrás hacer el trabajo sin fallas.

Puedes mejorar tus habilidades y ser mejor. Puede que estés contento con tu nivel de habilidad actual, pero siempre habrá espacio para mejorar, sin importar lo que pase.

TU CONFIANZA EMPIEZA EN TU INTERIOR, NO EN LO QUE DIGA OTRA PERSONA

Cuando se trata de confianza, nadie puede producirla mejor que tú. No es necesario depender de fuentes externas. Lo que queremos decir es lo siguiente: es una completa pérdida de tiempo tratar de buscar la aprobación de otras personas. La opinión de los demás sobre ti, no debería definir tu nivel de confianza. Tus habilidades y talentos sí. Si puedes hacer el trabajo una vez, sabes que puedes hacerlo de nuevo. Tienes la confianza para realizar la misma tarea una y otra vez y producir grandes resultados en el proceso.

La gente hablará bien de ti y tendrá una opinión positiva de ti. Puedes aceptar eso con gracia. Pero si alguien te critica negativamente, puedes elegir entre ignorarlo o dejar que te desanime. Sería inteligente de tu parte ignorar a los detractores y seguir presionando como si nunca los hubieras escuchado.

UTILIZA LA FORTALEZA MENTAL PARA DESARROLLAR HÁBITOS SALUDABLES, POSITIVOS Y DURADEROS EN TODAS LAS ÁREAS DE LA VIDA

La fortaleza mental es necesaria cuando quieres concentrarte en todos los aspectos de tu vida. Ya sea con la aptitud física, tus habilidades y talentos, o siendo un mejor amigo o miembro de la familia, el uso de la fortaleza mental para mejorarte a ti mismo y construir buenos hábitos, será efectivo. Puedes crear hábitos que no sólo se centren en un área, sino que también puedan conectarse con otras áreas de tu vida. Con un estilo de vida saludable, gracias a los hábitos positivos, también puedes permitirte vivir más tiempo y por lo tanto darte más tiempo para pasar con tu familia. Esto por sí solo, también te ayudará a fortalecer tu vínculo con aquellas personas que son importantes en tu vida.

ACEPTA TUS IMPERFECCIONES

Ya sea que hayamos nacido con ellas o no, las imperfecciones son una bendición disfrazada. Algunas de estas imperfecciones son cosas que no podemos controlar. Y eso está bien. Lo mejor que puedes hacer, es ver el potencial positivo en lo negativo. En lugar de dejar que las imperfecciones saquen lo peor de ti, sigue intentando hacer lo mejor. Ahora bien, la gente puede hablar negativamente de tus imperfecciones y decir que no puedes hacer tales cosas debido a ellas. Pero todo esto son habladurías. Y sólo los mentalmente fuertes con imperfecciones, no permiten que esa negatividad les impida sacar lo mejor de ellos.

MÁS SECRETOS DE LOS NAVY SEALS Y DE LOS ATLETAS PROFESIONALES QUE DEBERÍAS PONER EN PRÁCTICA

Como prometí, vamos a echar un vistazo a más secretos de los SEALs de la Marina y los atletas profesionales que te ayudarán a ser más fuerte mentalmente. Antes, hemos discutido que la disciplina es igual a la libertad. Los SEALs de la Marina tienen un lema con el que viven a diario. El lema es "El día fácil fue ayer". Por supuesto, cada día puede ser más desafiante que el anterior. Por esta razón, puedes esperar que el día siguiente te presente retos aún más difíciles. Porque el día siguiente será mucho más difícil comparado con el anterior.

Otro secreto que queremos compartir, es algo que los SEALs de la Marina todavía usan hasta hoy. Esto se conoce como la "regla del 40 por ciento". La regla establece que cuando te sientas agotado después de haber hecho el 40 por ciento del trabajo, debes saber que te queda el 60 por ciento en el tanque. Incluso si estás agotado, está en ti terminar lo que empezaste. No puedes abandonar. Si alguna vez piensas en dejarlo, no lo hagas.

EXISTE UN ESTRÉS BUENO QUE DEBERÍAS USAR

¿Sabías que hay dos tipos de estrés ahí fuera? Hay un estrés bueno (eustrés) y un estrés malo (distrés). Por supuesto, necesitas usar el estrés bueno para tu ventaja. La razón es que te dará un impulso de energía para seguir adelante, incluso cuando la presión está en marcha. Aunque es a corto plazo, será exactamente lo que necesitas para acelerar la recta final. ¿Cuánto tiempo dura? Cualquiera puede adivinarlo. Pero mientras lo uses para hacer las tareas, nada puede detenerte.

El distrés, por otro lado, te hará descarrilar y te hará quebrar bajo presión. Este tipo de estrés puede ser a corto plazo, pero puede ser a largo plazo si sigues arrastrándolo.

9

MANTENGA LA CALMA Y CONTINÚA

La mejor manera de aumentar la disciplina y la fortaleza mental es la capacidad de mantener la calma. Este capítulo estará dedicado a ayudarle a mantener una mente tranquila para que pueda alcanzar un nuevo nivel de atención que es esencial. Cuanto más calmado estés, más disciplinado serás. Tus niveles de calma también serán un barómetro de tu fortaleza mental en general.

Te mostraremos formas de relajarte, cómo puedes incorporar la meditación, y cómo ser más consciente de ti mismo en todo momento. Este es un capítulo que no deberías saltarte (y por una buena razón). Sin una mente tranquila, estarás estresado todo el tiempo. Y te permitirás aplicar más presión de la que necesitas. Aquellos que son indisciplinados y no son mentalmente fuertes se quebrarán en un momento dado.

Al final de este capítulo, tendrás algunos trucos bajo la manga sobre cómo mantener la calma y seguir adelante como dicen. Hacerlo te ayudará a conseguir tantas victorias personales como puedas. Vamos a sumergirnos y comenzar este capítulo hablando de la relajación.

RELÁJATE

Es importante saber cómo relajarse. Cuando te relajes, tu cuerpo no se sentirá tan tenso. Los órganos internos como el corazón y los pulmones no trabajarán demasiado porque no estarás bajo tanta tensión. La gente nos dice que nos relajemos como si supieran hacerlo. Tal vez lo hacen. Pero la realidad es que decirnos a nosotros mismos y a los demás que nos relajemos es bastante fácil. Lo que puede ser difícil para muchos es el hecho de hacerlo realmente.

Las técnicas de relajación son muy necesarias para muchos de nosotros que nos enfrentamos a situaciones estresantes de forma regular. Aprenderás algunas de ellas en esta sección y descubrirás por qué son importantes. Algunas de estas técnicas serán tus opciones de "salida". Si las sigues haciendo de manera consistente, podrás realizarlas como si fuera tu segunda naturaleza. Aquí están algunas de nuestras técnicas de relajación favoritas que recomendamos:

Escríbelo: Llevar un diario es altamente sugerido. Especialmente cuando quieres desarrollar disciplina y fortaleza mental. En este caso, quieres escribir lo que te está molestando. Toma tus pensamientos y problemas y ponlos en el papel (o en un documento de Word si eso es lo tuyo). Tómate unos minutos del día para escribir lo que te venga a la mente. ¿Qué es lo que te preocupa? ¿Qué puedes hacer para resolver el problema? Sólo tú y tus pensamientos. Nadie más que tú mismo lo verá.

Sólo respira: Más adelante en el capítulo, vamos a repasar algunos ejercicios de respiración. Tener estos a mano realmente te separará de la manada. Puedes tomarte un momento para encontrar un espacio tranquilo para que puedas realizar estas técnicas de respiración. Puedes estar en tu lugar de trabajo, en el baño, o en algún lugar tranquilo donde nadie pueda molestarte.

Haz una lista de agradecimiento: Escribe hasta cinco cosas por las que estés agradecido. Esto se puede hacer en un diario o en un cuaderno separado. Al escribir las cosas por las que estás agradecido, tu mente es atraída de vuelta a la Tierra. Te darás cuenta de que estás agradecido por lo que tienes. Además, te permite centrarte mentalmente en lo positivo en lugar de lo negativo.

Estira: Los estiramientos son una de las mejores maneras de mantener los músculos libres de cualquier tensión. Pueden ser estiramientos básicos. O puedes ir un paso más allá y hacer algo de yoga (de lo que hablaremos más adelante en el capítulo). La relajación es mayormente mental, pero también tiene algunos aspectos físicos. Recuerda que el estrés no sólo puede afectar a tu mente, sino también a tu cuerpo.

Sal de paseo: Puede ser un bonito día soleado afuera y también un poco caluroso. Suena como el día perfecto para dar un paseo y tomar un poco de aire fresco. Es uno de los ambientes perfectos donde puedes relajarte y disfrutar. Si vives en una zona fría durante el invierno, puedes dar paseos si te abrigas y puedes soportar las frías temperaturas (pero que sea breve).

La relajación te da muchos beneficios. Uno de los principales beneficios que buscamos es la capacidad de pensar con claridad y tomar mejores decisiones, sin que esto implique un alto nivel de emoción. Puedes ser capaz de resolver problemas con facilidad cuando puedes pensar con claridad. Podrás tener una visión de 10.000 pies de distancia de qué decisión será la mejor de las dos. Si son difíciles con algunos resultados negativos en cualquier extremo, te tomarás el tiempo para evaluar qué opción producirá la menor cantidad de "dolor".

Como se mencionó antes, tu salud física se beneficiará. Cuando estés relajado, podrás disfrutar de beneficios para la salud, como mantener tu presión arterial en niveles bajos. También reducirá el riesgo de ataques cardíacos y enfermedades autoinmunes. La relajación es buena para el cuerpo y la mente. No hay mejor manera de decirlo.

CONCENTRACIÓN

Saber cómo concentrarse (incluso cuando es "a demanda") puede ser difícil. Cuando necesitas realizar tareas que requieren toda tu atención, la concentración será difícil de conseguir. Por suerte, tenemos algunos trucos bajo la manga que te ayudarán a adquirir un nuevo nivel de concentración que tus amigos y colegas te envidiarán.

Cuando hayas mejorado tu nivel de concentración, te encontrarás fácilmente "en la zona" y podrás hacer las tareas. Perder el tiempo será lo último que se te ocurra hacer. En esta sección, te mostraremos consejos sobre cómo puedes mejorar tu concentración y enfoque. Además, te mostraremos algunos de nuestros ejercicios favoritos que te ayudarán a concentrarte, incluso en los días en que las cosas pueden ponerse muy agitadas.

Una vez que seas capaz de concentrarte y enfocarte con la ayuda de estos ejercicios, parecerás imparable. Y serás capaz de mantener el impulso, incluso en los días en que las tareas diarias se te hayan acumulado.

9 CONSEJOS PARA MEJORAR LA CONCENTRACIÓN Y EL ENFOQUE

Sin perder más tiempo, echemos un vistazo a los nueve consejos que debes tener en cuenta para mejorar la concentración y el enfoque:

1. Deshazte de las distracciones

Como si esto no se hubiera dicho suficientes veces. Las distracciones matan la concentración y el enfoque en un instante. En este punto, deberías tener una buena idea de cómo deshacerte de ellas. Si parece que experimentas un "deslizamiento de la mente" (no te preocupes, sucede), entonces vuelve al capítulo 3, donde se habla de las distracciones y de cómo minimizarlas.

2. Concéntrate en una cosa a la vez

Claro, las personas pueden jactarse de que son los mejores multitareas del mundo. Probablemente los envidiemos. Sin embargo, no es inteligente tratar de mantenerte al día con ellos. A veces, los que se jactan de ser grandes multitareas pueden meterse en líos aún mayores.

Pero no tú. Tú puedes concentrarte en una cosa a la vez. Cuando te concentras en una sola tarea, la calidad y el rendimiento serán mucho mejores.

3. Haz un balance de tu concentración mental

Evaluar tu concentración mental no requiere mucho tiempo y esfuerzo. Pero serás capaz de saber la diferencia entre tenerla y no tenerla. Si pierdes la pista de lo que estás haciendo o te distraes fácilmente, está claro que tendrás que trabajar en ello. Si logras mantenerte alerta y tomar descansos cortos sin arrastrarlos por mucho tiempo, tu enfoque mental está justo donde debe estar.

4. Estar en el momento

Cuando estás realmente en el momento, te enfocas mejor. No te enfocas en el pasado o en el futuro. Te enfocas en el aquí y ahora. De hecho, considera las cosas del "pasado" y del "futuro" como distracciones glorificadas. No te preocupes por los "y si". No te concentres en los fracasos del pasado que te despistarán. Cuando no te fijas en esas cosas, no tienes más remedio que concentrarte en lo que tienes delante.

5. Tómate un pequeño descanso

A veces, te mereces un descanso de tus tareas. No quieres trabajar demasiado hasta el punto de que tu concentración se evapore. Si usas un temporizador o utilizas la técnica Pomodoro, establece un temporizador para el tiempo que quieras realizar tu tarea. Cuando el tiempo se agote, toma un breve descanso de 10 a 15 minutos. Una vez que te permitas recuperarte mentalmente, retoma donde lo dejaste. Además, resiste la necesidad de distraerte demasiado en tus descansos. Un descanso de 15 minutos puede extenderse a 30 minutos (que pueden llegar a ser una hora).

6. Haz actividades físicas ligeras

Relacionando este punto al número cinco, deberías usar tu tiempo de descanso como la oportunidad perfecta para hacer algunos ejercicios físicos ligeros. Esto puede ser una caminata rápida alrededor de la cuadra, o encontrar un lugar para hacer abdominales y flexiones. O tal vez hay un tramo de escaleras que puedes subir y bajar para mantenerte en forma. Puedes mantener tu cuerpo y tu mente en buena forma al mismo tiempo. Todo lo que se necesita es de 5 a 15 minutos.

7. Ejercita tu mente

¿Crees que el ejercicio físico es suficiente? Bueno, no sería justo dejar tu cerebro fuera de la lista ahora, ¿verdad? Ejercitar la mente y mantenerla fuerte definitivamente ayudará a la concentración y al enfoque. Puedes considerar hacer métodos probados y verdaderos como los crucigramas o juegos similares que encontrarás en los periódicos o folletos. Antes de que digas nada, esos juegos para el cerebro que ves en línea y en las aplicaciones para móviles pueden ser divertidos de jugar. Sin embargo, el jurado aún no ha decidido si son beneficiosos o no para mejorar tu concentración. Por lo tanto, intenta realizar los ejercicios cerebrales que no requieren mucha tecnología.

8. Di no al ML, NL

Ves ese ML; NL todo el tiempo en línea. "Muy Largo, No Leí" se ha convertido en la norma para la mayoría de la gente en estos días. Así que, la mayoría de la gente prefiere ir por el resumen ejecutivo de las cosas en lugar de leerlo en su totalidad. Pero aquellos que deciden leer, y estudiar largos escritos, tendrán más ventaja en términos de enfoque. Sin mencionar que ayudará a entrenar tu mente para absorber información como una esponja.

9. Siempre sigue practicando

Mejorar la concentración no es algo que se haga una sola vez. Lo haces una y otra vez. Por eso siempre es importante tener un plan. Tomar descansos regulares, reducir las distracciones, concentrarte en una cosa a la vez sin importar el tiempo que tome. La práctica hace la perfección. Y también te ayudará a estar más afinado y concentrado en comparación con la mayoría de la gente.

Estos nueve consejos serán útiles para asegurarte de que tu cerebro esté en el camino correcto en lo que respecta a la concentración y el enfoque. Ser capaz de lidiar con menos distracciones mientras te enfocas en una sola tarea, son sólo dos de las cosas que tienes que incorporar en tu vida si quieres hacer mejoras. Pero eso no significa que tengas que ignorar los otros consejos enumerados.

ESTATE ATENTO Y DESARROLLA LA CONCIENCIA

Últimamente se habla mucho de la atención plena o Mindfulness. Sin embargo, mucha gente parece no entender el mensaje. La atención plena es útil cuando se quiere desarrollar un nuevo nivel de autoconciencia. La autoconciencia es la habilidad de saber plenamente lo que estás haciendo. Y puede ser útil para atraparte a ti mismo cuando estás haciendo cosas que pueden ser consideradas como distracciones.

Vamos a ver las formas en que puedes desarrollar la atención plena todos los días. No sólo podrás detenerte un momento y recoger tus pensamientos antes de seguir adelante, sino que también podrás hacerlo "a demanda" cuando te parezca difícil conseguir concentrarte en algo. Aquí hay algunas cosas que querrás hacer:

Practica la atención plena en el momento en que te despiertas: Ser capaz de practicar la atención plena en el momento en que te despiertas es muy necesario. Puede ser una rápida meditación de cinco minutos antes de seguir adelante con el resto del día. Si por alguna razón te encuentras volviéndote a quedar dormido, puedes considerar tomar una taza de café o té con cafeína antes de hacer tu ejercicio de mindfulness.

Presta atención mientras haces cosas rutinarias: Por ridículo que parezca, prestar atención a cómo haces las cosas rutinarias te ayudará a abrir una parte de tu cerebro a la que no se sueles acceder debido a la función de "piloto automático" de nuestra mente. Concéntrate en la vista, el sonido, el gusto y el tacto de las actividades que normalmente realizas. La función de piloto automático embota estos sentidos. Pero si realmente te concentras en ellos, probablemente descubrirás algunas cosas interesantes sobre ellos.

Haz que tus sesiones de mindfulness sean cortas: Las sesiones de mindfulness cortas te ayudarán a mantener tu mente aguda y flexible. Puedes empezar haciendo un intervalo de cinco minutos. Trabaja hasta un máximo de 15 minutos. No vayas más allá de lo necesario. Cuando tienes sesiones cortas de mindfulness diarias, es mucho mejor que tomarte una semana de descanso para relajarte.

Practica la atención plena en algunas situaciones estresantes: Cuando las cosas se ponen estresantes, nuestros cerebros se ponen en marcha. Mientras que la mayoría se centrará en sacar sus frustraciones sobre algo o alguien, tú estarás un paso por delante de ellos. Si esperas al teléfono durante un largo período (esa música en espera puede ser molesta), puedes practicar ejercicios de atención plena mientras esperas. Lo mismo si estás atrapado en un atasco de tráfico. Hazlo corto y dulce (como te sugerimos en el consejo anterior) y mantente en el momento. Estos momentos estresantes pasarán, estés consciente de ello o no.

La meditación es tu amiga: La meditación es, con mucho, una de las mejores maneras de lograr la atención total. Afortunadamente, hablaremos más sobre ello en la próxima sección. Hacer esto diariamente te ayudará a establecer el tono a lo largo del día. Puede acabar con cualquier duda o conversación negativa que hayas tenido. Una vez que estés presente y seas capaz de mantener la calma, dirás las cosas de forma muy diferente. Así que en lugar de decir "este día va a ser un asco", puedes decir "este día será estresante, pero tengo lo necesario para manejarlo".

MEDITACIÓN

Ahora, llegamos a la parte divertida. Te será más difícil poder lograr una completa y total atención si no meditas. Antes de seguir adelante, la meditación no va a causar ningún tipo de "despersonalización" o algo parecido. Pero te sentirás como una persona completamente diferente una vez que le cojas el truco y experimentes algunos beneficios increíbles a corto y largo plazo.

Te mostraremos cómo meditar de la manera correcta, para que puedas hacerlo durante cinco minutos o incluso media hora. Además, ya que la meditación requiere concentración, querrás prestar mucha atención a estas instrucciones. De esta manera, sabrás exactamente qué hacer sin tener que depender de instrucciones escritas. Alternativamente, puedes grabar los siguientes pasos y hacer una meditación guiada.

Respiremos profundamente... y nos sumergiremos:

1. Ponte cómodo

Lo primero es lo primero, quieres asegurarte de que puedes estar cómodo. También querrás llegar a un punto en el que puedas sentarte quieto durante unos minutos seguidos. En este punto, lo único en lo que tendrás que concentrarte es en tu respiración. Inhala... y exhala.

2. Concéntrate en la respiración

En este punto, querrás concentrarte aún más en tu respiración. ¿Dónde la sientes más? A medida que inspiras y espiras (y continúa haciéndolo), observa si la sientes más en su vientre o a través de tu nariz.

3. Sigue la respiración

Para hacerlo, inspira por la nariz durante el mayor tiempo posible. Mientras lo haces, expande tu vientre. Puedes aguantar un par de segundos antes de exhalar lentamente. Asegúrate de que la salida del aire sea larga y lenta. Asegúrate de contraer el vientre mientras haces esto. Comienza haciendo esto por lo menos durante dos minutos y ve subiendo hasta periodos más largos cuando te sientas cómodo.

Y ahí lo tiene. Ahora ya sabes cómo meditar en tres pasos fáciles. Bastante bueno, ¿no? Cuando lo pruebes, la sentirás como una experiencia única. Puede que no te canses de ello. Sin embargo, deberías considerar hacer esto por un período de tiempo corto (incluso cuando se hace varias veces a lo largo del día).

RESPIRA

Lo creas o no, hay más de una forma de respirar. En esta sección, aprenderás algunos de los mejores consejos sobre las diferentes técnicas de respiración y cómo puedes hacer ciertos ejercicios, tanto si estás sentado como acostado. De cualquier manera, esto te ayudará a estar más en sintonía con tu cuerpo para que puedas prestar aún más atención a la forma en que respiras.

Ahora, vamos a hacer que te conviertas en un "experto" en respiración. Aunque la mayoría de las personas respiran con el piloto automático (porque es necesario), veamos cómo controlarlo para que esté más en sintonía con tu mente. Aquí vamos:

La técnica de respiración de los Navy SEAL para un máximo enfoque: Si hay algo más que podemos aprender de los Navy SEAL, es una técnica de respiración que les ayudará a concentrarse mientras están en misiones que desafían a la muerte. Lo primero que debes hacer es respirar lentamente mientras expandes tu abdomen. En la parte superior, mantén la respiración durante cuatro segundos. Exhala y contrae tu vientre durante cuatro segundos. Luego mantén el aire en la parte inferior, por otros cuatro segundos y repite el proceso.

Usa tu diafragma para respirar: ¿Recuerdas cuando dijimos que deberías inspirar y expandir tu abdomen? Bueno, sigue haciendo eso. Porque acabas de aprender a respirar con el diafragma. Esto no sólo facilita la respiración, sino que también hace que sea más fácil para tus pulmones ayudarte a respirar. También fortalecerás el diafragma en el proceso. Además, es posible que notes que tu voz se vuelve más profunda o más poderosa. Eso por sí solo, puede hacer que seas considerado como una persona con autoridad. Sólo asegúrate de tener la disciplina y la fortaleza mental para complementarlo.

Haz ejercicios de respiración regularmente: Pronto veremos dos ejercicios de respiración. Lo que tendrás que hacer es realizar uno de estos, de cinco a diez minutos por día. Es importante que te concentres en tu respiración y aprendas a respirar por el diafragma en lugar de hacerlo por el pecho.

EJERCICIOS DE RESPIRACIÓN PARA PRACTICAR

Intentaremos dos ejercicios de respiración diferentes: uno mientras estás sentado y el otro mientras está acostado. Puedes empezar con cualquiera de estos. Si eres un principiante total, intenta hacerlo durante al menos cinco minutos. Puedes trabajar hasta diez minutos si te sientes más cómodo para hacer ajustes.

Empecemos con el ejercicio de respiración sentado:

Ejercicio de respiración mientras estás sentado

- Siéntate en una posición cómoda. Asegúrate de que tus rodillas estén dobladas.

- Asegúrate de estar completamente relajado. Esto incluye la cabeza, el cuello y los hombros.
- A continuación, coloca una de tus manos sobre tu pecho. La otra mano deberá ser colocada debajo de tu caja torácica. Esto te permitirá sentir el movimiento del diafragma mientras respiras.
- Mientras inhalas lentamente por la nariz, asegúrate de que tu estómago esté presionado contra tu mano. Mientras lo haces, asegúrate de que tu mano en el pecho permanezca quieta.
- Exhala por la boca (con los labios fruncidos). Asegúrate de que su mano en el pecho permanezca quieta.
- Repite el proceso durante cinco o diez minutos.

Ejercicio de respiración mientras se estás acostado

- Acuéstate sobre tu espalda con las rodillas dobladas. Para asegurar un mejor soporte para tus piernas, coloca una o dos almohadas debajo de tus rodillas.
- La colocación de las manos es la misma. Una sobre tu pecho y la otra sobre tu vientre, debajo de tu caja torácica.
- Inspira por la nariz mientras tu estómago presiona contra tu mano. La mano en el pecho debe permanecer quieta.
- Exhala por la boca (con los labios fruncidos). Mantén tu mano en el pecho quieta.
- Repite el proceso de cinco a diez minutos.

Al comenzar, prueba ambos ejercicios para determinar cuál de los dos es el más cómodo. La técnica de acostarte podría ser un poco más difícil. Prueba cada versión una vez y decide cuál de las dos te funciona mejor. Como probablemente lo hayas notado, la técnica es básicamente la misma.

El objetivo principal de estos ejercicios de respiración es asegurarte de que estás respirando con el diafragma en lugar de con el pecho. Si la mano en el pecho se mueve mientras estás respirando, no estás respirando a través del diafragma. Se necesita un poco de concentración y práctica para lograrlo. Y por eso es que requerimos que practiques esto unas cuantas veces a la semana.

Incluso después de que puedas hacer esto con poco o ningún esfuerzo, nunca está de más seguir haciéndolo, sólo para mantener tu respiración bajo control. Especialmente cuando estás meditando y manteniendo tu atención plena.

PIENSA Y HAZ ZEN

El enfoque de hacer Zen, se define como centrar la atención en la tarea que se está llevando a cabo (que es básicamente lo que pretendemos hacer). Lo creas o no, el Zen es una disciplina. No tienes que ser religioso o comprometerte con el budismo para conocer y usar el Zen a tu favor. La meditación Zen es otra oportunidad para afinar tu mente para mejorarla.

Pero puedes aprender de la disciplina Zen, para lograr una total atención. Puedes meditar regularmente. Concéntrate en tu respiración mientras limpias tu mente. Como se mencionó antes, el Zen es todo acerca de la disciplina. Se trata de contenerte y concéntrate en algo que posiblemente te despiste mental y físicamente.

La filosofía Zen te enseña a estar consciente y en el momento. Y cuando eres capaz de saber que estás en el momento, el pasado y el futuro no parecen importar. Serás capaz de concentrarte en la tarea que tienes entre manos sin preocuparte por tus fracasos pasados o por los futuros.

APRENDE YOGA

El yoga es uno de los mejores destructores de estrés que hay. No sólo ayudará a mejorar tu cuerpo físicamente, sino que también es una de las mejores maneras de mantener tu mente aguda para que seas disciplinado y mentalmente fuerte. Mientras que existen varias escuelas de yoga, el concepto es prácticamente el mismo.

Puedes aprender yoga simplemente buscando en Internet guías y vídeos sobre cómo realizar posturas básicas de yoga. Además, si hay un estudio de yoga en tu zona, asegúrate de ver si hay algunas clases regulares que se aproximan. Una clase de yoga básico puede ayudarte a mejorar tu cuerpo y tu mente.

POSTURAS PARA PRINCIPIANTES QUE PUEDES PROBAR

Si eres un completo principiante en el yoga, te mostraremos algunas poses que puedes probar en casa. Son fáciles de hacer, y no te harán girar y atarte como un pretzel. Puedes hacerlas en cualquier lugar siempre y cuando tengas suficiente espacio y un lugar donde nadie pueda molestarte. Alternativamente, puedes hacer que algunas personas hagan un poco de yoga rápido contigo para que ellos también puedan vencer el estrés que se les presenta durante el día.

Vayamos directamente a la lista:

1. Postura de la montaña

La postura de la montaña es la postura básica del yoga. Es tan simple que cualquiera puede hacerla. Lo que necesitas hacer es pararte derecho con los pies juntos. Los brazos deben estar a los lados. Así que, en otras palabras, básicamente estás de pie.

Sin embargo, aún no hemos terminado. A continuación, debes apretar tus cuádriceps, para que tus rótulas se levanten. También querrás atraer los músculos abdominales mientras levantas el pecho y presionas los hombros hacia abajo. Además, intenta colocar los omóplatos lo más juntos posible. Asegúrate de que las palmas de las manos están mirando hacia adentro y levanta la cabeza hacia arriba, como si la tiraran con un hilo. Mantén esta postura durante cinco respiraciones (trabaja hasta ocho respiraciones cuando te sientas más cómodo).

2. Tablón

El tablón es la postura de yoga perfecta siempre que quieras trabajar en tu equilibrio. Aunque es una postura simple, es un poco difícil físicamente. Para hacer esto, ponte en cuatro patas sobre tus manos y tus rodillas. Coloca los pies hacia atrás con los dedos de los pies hacia adentro de manera que los hombros se alineen con los pliegues de las muñecas. Abre bien los dedos de las manos, como si estuvieras listo para hacer una flexión. Estira de los abdominales inferiores y aleja los hombros lo más posible de las orejas. Baja ligeramente el mentón y mantén la zona cervical alineada con el cuerpo. Presiona el ombligo contra la columna y con energía estírate presionando con los talones, estira las costillas y mantén la postura durante cinco respiraciones.

3. Árbol

Este requiere un poco más de equilibrio. Pero a diferencia del Tablón, estarás en una posición de pie. Sin embargo, este es el desafío: tendrás que pararte en un solo pie. No importa cuál. Levanta un pie y crúzalo sobre la pierna como si estuvieras haciendo un "4". Permanece de pie en esa posición durante cinco respiraciones.

4. Postura del niño

Esta última postura, funcionará a la perfección siempre que necesites deshacerte de la tensión y el estrés. Lo que tendrás que hacer es ponerte de rodillas sentado en tus talones e inclinar tu espalda hacia adelante hasta tocar el suelo con nuestra frente, que quedará apoyada en el mismo, o puedes apoyarla en una almohada, si quieres. Las rodillas deben quedar bajo el pecho y el estómago. Luego estira los brazos hacia adelante. Mantén la postura todo el tiempo que quieras.

Estas son sólo una muestra de las muchas posturas que existen en el yoga. Pero estas cuatro son las básicas que puedes probar ahora mismo si quieres. Además, debes usar una esterilla de yoga siempre que quieras probar estas poses. De esta manera, no tendrás que depender de un suelo que puede ser sucio o desagradable.

RECAPITULANDO

Ser capaz de mantener la calma y la relajación es parte de ser disciplinado y mentalmente fuerte. Especialmente cuando se quiere alcanzar un alto nivel de atención. La atención plena no es sólo la meditación. Puede ser enfocarse en cosas rutinarias y pasar del piloto automático, para sentir las sensaciones tenemos por ejemplo al cepillarnos los dientes.

La meditación es importante y debes hacerla por lo menos unos minutos al día. No sólo te permitirá eliminar el estrés y la tensión que puedas tener, sino que te ayudará a pasar el día incluso cuando las cosas se pongan difíciles. Además, no estaría de más hacer algunos ejercicios de respiración para que puedas respirar mejor y haciéndolo a través del diafragma y no del pecho como estamos acostumbrados a hacerlo.

Es importante aprender algún tipo de disciplina, de la misma manera que lo hacen los que practican el Zen. Puedes hacer esto sin ser espiritual o convertirte a la religión budista. La filosofía Zen tiene un montón de ejemplos que te ayudarán en el camino hacia la atención plena.

Finalmente, toma un poco de tiempo de tu día para hacer algunas posturas regulares de yoga. No tienen por qué ser complicadas. Lo básico estará bien incluso cuando estés empezando. Es posible llegar a ser más consciente de lo que eres ahora. Tener este poder te separará de muchos otros a tu alrededor. La atención plena, lleva a una mente clara, a una mejor toma de decisiones, y a manejar casi cualquier situación estresante de manera exitosa.

10

ROMPE LAS VIEJAS RUTINAS Y CREA HÁBITOS EFECTIVOS

Si quieres vivir una vida más disciplinada, trata de adoptar hábitos efectivos. Este capítulo será la última hoja de ruta para romper los malos hábitos mientras se inculcan los buenos en el proceso. Es cierto lo que dicen: un mal hábito es fácil de crear pero muy difícil de romper. Con los buenos hábitos, es al revés para la mayoría.

Cuando las cosas se ponen difíciles y las cosas se ponen estresantes, ¿qué malos hábitos son los que te "reconfortan"? ¿Fumas? ¿Comes? ¿Cuál es tu respuesta automática al estrés? O mejor aún, ¿cuál es el factor desencadenante que te llevará a responder automáticamente a la realización de una mala rutina que deseas romper?

Aprenderás a formar estos buenos hábitos como si fuera fácil de hacer. Quienes adoptan buenos hábitos, suelen ser más disciplinados y fuertes mentalmente. Porque su actitud "puedo hacerlo" les ayudará a ir del punto A al punto B sin importar el tiempo que les tome. El debate sobre cuánto tiempo puede tardar un hábito en formarse es todavía discutible. Pero mientras mantengas el rumbo y formes buenos hábitos (mientras veas tus viejas rutinas desaparecer en el espejo retrovisor), estarás muy bien.

Ahora, digamos finalmente adiós a esos viejos hábitos que representan una falta de disciplina y fortaleza mental:

LA LUCHA POR MANTENER HÁBITOS VALIOSOS

¿Por qué es tan difícil formar un buen hábito? Esa es la pregunta del millón de dólares. Podemos o no tener finalmente la respuesta a esta pregunta que ha confundido a muchos a lo largo de los años. Una de las principales razones por las que un buen hábito es tan difícil de formar, es porque no es tan "atractivo" como un mal hábito. Atracción no es una palabra que se relaciona con la búsqueda de la otra persona. Cualquier hábito que se considere "atractivo" es algo que probable- mente se pegará a una persona por un período de tiempo más largo. Por no mencionar que la "recompensa" de ejercer ese hábito también justificará aún más la decisión de hacerlo una vez (y luego hacerlo repetidamente cuando surja la necesidad).

Cuando existe poca atracción por un hábito (como algunos buenos hábitos), entonces lo más probable es que ese hábito no vaya a ser muy duradero. De hecho, podría tener un 1% de probabilidades de sobre- vivir. Sin embargo, hay formas de expandir esa región de atracción por los buenos hábitos. Eso es realizar el hábito una y otra vez hasta que se convierta en algo rutinario.

Sin embargo, hay una cosa que hay que señalar: alguien que adopta un buen hábito, espera hacerlo bien en el primer intento. Si esto lo fastidia, levanta las manos y dicen "lo que sea, valió la pena intentarlo". Sin embargo, ser coherente con un hábito hasta un punto en el que se vuelve más atractivo hacerlo, debido a las recompensas a corto y largo plazo, es lo que estamos buscando aquí.

Por ejemplo, echemos un vistazo al hábito de ejercitarnos y entrenar. Sabes que el objetivo es perder peso. Pero quieres mantenerlo tan simple como sea posible. Así que, compras unas mancuernas, aprendes algunos ejercicios, y los haces durante unos 20 minutos al día. Te sentirás genial, tendrás más energía y querrás hacerlo la próxima vez. No hay necesidad de preocuparse por trasladarte a ningún lado o de esperar a que alguien deje la estación de levantamiento de pesas en el gimnasio. Si las condiciones son las adecuadas, puedes formar un buen hábito con poco o ningún esfuerzo.

¿Por qué crees que elegimos las mancuernas en este ejemplo en lugar de decir pesos regulares? Con las mancuernas, solo las levantas y empiezas a levantar. Con las pesas normales, tienes que caminar hasta el portaplatos, añadir las pesas a la barra, levantar, y así sucesivamente. Eso puede parecer un poco complicado para alguien, especialmente si no tiene tiempo ni el espacio.

Además, una desviación de las condiciones iniciales también te desviará del camino. Y eso puede dificultar tus planes de desarrollar un buen hábito. Si ves que los rendimientos disminuyen, podrías rendirte o bajar su intensidad y luego dejarlo de lado. Puedes pasar de unas mancuernas pesadas a unas más livianas o dejar de levantar por completo. ¿Cuál parece ser la mejor opción para ti en esta situación?

Otra clave para formar un hábito es la repetición. Haces lo mismo una y otra vez. Por muy tedioso que sea, sigues haciéndolo. La recompensa de poder hacer lo mismo sin falta, te ayudará a formar ese buen hábito. Claro, habrá desafíos y obstáculos. Así que, mentalmente debes esperar que ocurran. Al mismo tiempo, es importante mantenerte enfocado y recordar siempre la recompensa.

¡NO TE PRECIPITES! PUEDES TOMAR EL CAMINO LENTO PERO SEGURO

¿Recuerdas la legendaria historia de "La Tortuga y la Liebre"? Si la recuerdas, sabes que siendo "lento y constante" puedes ganar la carrera. Claro, la liebre era rápida y tenía una excelente ventaja de velocidad sobre la tortuga. Sin embargo, la complacencia de la liebre es una de las razones por las que perdió. Mientras tanto, la tortuga se tomó su tiempo y siguió adelante.

El punto es que cuando se forma un nuevo hábito, realmente no importa cuánto tiempo tome. Pero una cosa es segura, una vez que se forma un buen hábito no se quiere ser complaciente y olvidarse de él. Además, tampoco quieres apresurarte a formar un buen hábito. Porque la calidad del hábito en sí, será pobre y no durará mucho (y volverás a caer en los viejos y malos hábitos).

Piensa en construir un nuevo hábito como si estuvieras construyendo un nuevo rascacielos. Es un edificio que cambiará el horizonte de la ciudad durante mucho tiempo. Estás compitiendo contra un constructor rival que quiere construir una torre diseñada para ser más grande y mejor. Tu rival dijo que puede hacerlo más rápido que tú (y puede que no tengas oportunidad de vencerlo). Pero tú construyes la tuya de todos modos, ladrillo por ladrillo.

Construyes la torre de forma lenta pero segura, porque las pequeñas cosas se van sumando con el tiempo. El edificio será más alto. Y será más estable a medida que avance. Miras los pequeños detalles y haces algunos cambios cuando es necesario. Cuando el edificio esté terminado, se mantendrá fuerte y se verá majestuoso. Puede que te haya llevado un año hacerlo (lo cual puede no ser el caso para la mayoría de los hábitos), pero lo importante fue que te tomaste tu tiempo y lograste construirlo.

Mientras tanto, tu rival terminó su torre en seis meses. Dijo que lo haría más rápido que tú. Sí, es más grande que la tuya. Pero no es mejor en términos de integridad estructural. Cuando un viento ligero comenzó a soplar, su torre comenzó a desmoronarse y a colapsar. Obviamente, precipitarse en algo, hará que pases por alto algunos de los detalles más pequeños posibles que son críticos para formar un hábito.

La moraleja de esta historia es que al realizar las tareas más pequeñas de a poco, es menos probable que te resistas a la idea de hacerlo una y otra vez. Y esa es la clave para crear un buen hábito. Donde muchos fallan en construir un buen hábito simplemente se reduce a querer obtener los resultados rápidamente y con prisa. Sin embargo, cuando ven que no es así, lo llaman inútil y se rinden. Necesitan aceptar el hecho de que se necesitan pequeños pasos o pequeños bloques para construir un buen hábito. Y no importa cuánto tiempo tome, llegarán allí mientras sigan haciéndolo.

DIEZ ESTRATEGIAS SIMPLES, PERO INCREÍBLEMENTE EFECTIVAS, PARA DESARROLLAR HÁBITOS POSITIVOS EN TODOS LOS ÁMBITOS DE LA VIDA (ES MUCHO MÁS FÁCIL DE LO QUE CREES)

A continuación te presentamos diez de las estrategias simples y efectivas para ayudarte a desarrollar hábitos positivos. Estas serán útiles para todo tipo de hábitos en todos los aspectos de tu vida. Adoptarlas hará que la formación de buenos hábitos sea mucho más fácil. La gente podrá envidiarte y algunos podrán incluso preguntarte "¿puedes enseñarme cómo?" De cualquier manera, es un buen sentimiento saber que estarás armado con un plan de batalla para formar buenos hábitos.

Echemos un vistazo al primero:

1. Empieza con algo pequeño

No se puede decir mejor que esto. Empezar de a poco es mucho mejor que "ir a lo grande o volver a casa". Se necesita un pequeño paso para empezar. Se necesita otro pequeño paso para continuar. Recuerda, los pequeños pasos probablemente te llevarán a dar otros. No sientas que tienes que dar pasos gigantes para ir de un punto a otro.

2. Fíjate un pequeño objetivo

Establecer pequeños objetivos probablemente te pondrá en el camino de formar un mejor hábito. Al principio, debes comprometerte al menos 30 días para formar un buen hábito. Algunos dicen que puede ser todo lo que necesitas para formar un buen hábito para empezar.

Como hemos mencionado antes, el tiempo real es una cuestión de disputa. Un mes puede ser más fácil de mantener para la mayoría. Pero si esto es un poco difícil para ti, podrías salirte con la tuya si lo divides en un marco de tiempo más pequeño como 7 a 14 días. Después de ese marco de tiempo, reajusta el objetivo y hazlo de nuevo.

3. Ponte un recordatorio

Volviendo al último enunciado del número dos, es importante recordarte a ti mismo que tienes que reajustar el plazo que has establecido para formar un hábito. Así que, si te comprometes a treinta días, ponte un recordatorio. Cuando el recordatorio suene, sabrás que es hora de volver a comprometerte a otros treinta días y hacerlo de nuevo. Por muy tedioso que sea, la repetición es la clave para crear un buen hábito.

4. La consistencia es la clave

Una de las verdaderas piedras angulares de la construcción de un buen hábito es la consistencia. Si decides hacer ejercicio durante un lapso de 30 días, establece un tiempo exacto para empezar a hacerlo. 30 días de entrenamiento comenzando a las 6 de la mañana todos los días, será la receta perfecta para crear un hábito. Porque establecer una hora específica será una "señal" para que actúes casi en piloto automático. Hablando de eso... hablaremos más sobre "señales" en el siguiente punto de la lista.

5. Crea disparadores

Un disparador se define como un ritual que se realiza antes de actuar sobre un determinado hábito. Sin embargo, un disparador puede ser también un conjunto de condiciones que se dan, y esto provoca que la situación sea perfecta para realizar un hábito (bueno o malo). No importa lo ridículo que tenga que ser (como chasquear los dedos si necesitas un cigarrillo), un disparador, te ayudará a actuar sobre un hábito bueno o romper uno malo. Mientras lo mantengas, valdrás oro.

6. Encuentra un buen sustituto

Si estás rompiendo un mal hábito, entonces es importante encontrar algo bueno para reemplazarlo. Por ejemplo, si estás tomando un refresco pero quieres depender de la cafeína para pasar la mañana, considera reemplazarlo por café. Recuerda que debe tener en cuenta el tipo de valores que deseas conservar (o que te arriesgas a perder) cuando rompas un mal hábito y lo reemplaces por uno bueno. Si le das un alto valor a la cafeína, no te prives de ella cuando rompas ese mal hábito. Hay más que suficientes maneras de formar un buen hábito mientras mantienes tus valores intactos.

7. No te esfuerces por la perfección

Como se mencionó antes, mucha gente deja de crear buenos hábitos porque esperan hacerlo perfecto la primera vez. Acepta el hecho de que cometerás errores y tendrás algunos tropiezos que superar. Lo que importa es que sigas adelante y corrijas cualquier error en el camino.

8. Consigue un compañero de responsabilidad

A veces, confiar en la tecnología para recordarte que sigas adelante no será suficiente. Así que es importante encontrar a alguien en quien confíes, para que te ayude a ser responsable. Puede ser un padre, un hermano o tu mejor amigo. Cualquiera de estas personas que valoras y en las que confías, son las personas que quieres como compañero de responsabilidad. Puede ser alguien que quiera formar los mismos buenos hábitos que tú.

9. Elimina las tentaciones

¿Estás perdiendo peso pero hay mucha comida basura en tus armarios? Tíralos. ¿Estás gastando dinero en algo que no te está dando un buen retorno de la inversión? Cancélalo. Hay muchas tentaciones que puedes eliminar fácilmente. Hacerlo, te ayudará a mantenerte centrado en ese buen hábito sin tener que recaer en tus antiguos modos.

10. Conoce los beneficios

Saber cuáles son los beneficios en todo momento, te hará seguir adelante. También es importante visualizar lo que sucederá si te mantienes en ello (mientras haces lo mismo intentando imaginar que sucederá si decides no formar un buen hábito). ¿Dónde te verás dentro de seis meses a un año? ¿Te sentirás mejor sabiendo que tienes algunos buenos hábitos? ¿O será lo mismo de siempre?

ENCUENTRA "COMPORTAMIENTOS POSITIVOS" Y HÁBITOS QUE REALMENTE PUEDAS DISFRUTAR Y ESPERAR...

Buscar conductas y hábitos positivos, es lo que siempre hacen las personas disciplinadas y mentalmente fuertes. Para ellos, es tan fácil y sin esfuerzo como pedir su pizza favorita. Veremos algunos de los comportamientos y hábitos que la mayoría de las personas mentalmente fuertes y disciplinadas realizan muy bien. Y tú también lo harás cuando decidas adoptarlos.

Estos son algunos de los hábitos que verás en este tipo de personas (y lo que probablemente tú también harás):

Conocer la diferencia entre dejar ir y rendirte

Dejar ir no es lo mismo que rendirse. Aquí hay un ejemplo de eso. Digamos que tu objetivo final es tener una carrera próspera y exitosa. Decides que ser médico es el mejor curso de acción. Después de que hayas terminado tus estudios universitarios y te inscribas en la escuela de medicina, te das cuenta de que puede ser el momento de volver a pensar las cosas una vez más. Entonces un día, decides que tal vez ser médico no es lo que realmente quieres hacer.

Sin embargo, has tenido un profundo interés en la ley durante años. Te encanta hablar de ello y te obsesionas con los casos de la Corte Suprema de proporciones históricas. Así que decides abandonar la escuela de medicina en favor de la escuela de leyes. Este es un ejemplo de dejar algo, no de rendirse. Acabas de crear otra forma de llegar a tu objetivo final mientras dejas de lado la vieja forma.

Darse por vencido es básicamente dejar de lado la meta por completo. ¿Ves la diferencia?

Tener el control total

Es bastante simple, ¿verdad? Los que son mentalmente fuertes tienen el control, no importa cuán caótica sea la situación. No se centran en las cosas que están más allá de ellos mismos. Se concentran en las cosas que pueden controlar y se preocupan menos por las que no pueden.

Eliminar las cosas que no tienen impacto o valor

Otra vez, otra cosa simple de hacer. Si es una pérdida de tiempo o proporciona un retorno negativo en términos valor, deshazte de él. Esto incluye eliminar a las personas tóxicas, cancelar las suscripciones que son una pérdida de dinero, y eliminar las cosas en las que parece que ya no tienes tiempo para concentrarte.

Concéntrate en impresionarte a ti mismo

Esto puede sonar egoísta o arrogante. Pero centrarse en impresionarse a sí mismo es mucho mejor que tratar de impresionar a los demás (que es algo para lo que varios se esfuerzan). Además, ¿por qué deberías competir por la aprobación de los demás cuando puedes centrarte en algo que tú mismo aprobarás?

CADA VEZ MÁS GENTE ESTÁ USANDO ESTE SISTEMA DE AUTODISCIPLINA Y FORMACIÓN DE HÁBITOS

Por último, echaremos un vistazo a un sistema de formación de hábitos fácil de usar que te ayudará a ser más disciplinado y a ser capaz de formar un buen hábito sin importar lo que sea. Sin perder tiempo, vayamos al grano:

Identifica la rutina

Hay tres cosas en una rutina: la rutina, el detonante y la recompensa. Si es una mala rutina, tendrás que considerar qué es lo que te hace actuar en ella. Además, querrás identificar la recompensa cuando la rutina en sí se complete. Ten en cuenta que los efectos a largo plazo de las recompensas pueden no ser tan buenos como crees.

Identifica la el detonante

¿Cuál es ese detonante que te hace realizar esa rutina? Si tienes más de un detonante, escríbelos en un papel. ¿Es un cierto estado de ánimo lo que lo desencadena? ¿Es una condición ambiental específica (es decir, que estás solo en casa)? ¿Qué hora es? ¿Cuál es tu estado de ánimo actual? Hay varias condiciones y cosas por el estilo que conformarán ese detonante.

Cuando se trata de buenos hábitos, crea un detonante que te ayude a ejecutarlos. Si es un mal hábito, identifica cuál es el detonante y aíslalo. Sabrás exactamente cuáles son las causas de estos malos hábitos por el tiempo, el comportamiento y cosas por el estilo.

Conoce las recompensas

Si estás intentando perder peso, entonces sabes que es la recompensa de llevar un estilo de vida saludable. Pero va más allá de eso. A la gente le gusta ir un poco más profundo en su proceso de pensamiento. Un estilo de vida más saludable significa más tiempo con sus familias, vivir una larga vida sana, y la oportunidad de hacer las cosas que quieren hacer incluso en sus años dorados. Las recompensas son mucho más profundas de lo que piensas.

RECAPITULACIÓN

Romper viejos hábitos y formar otros nuevos puede ser finalmente mucho más fácil. No es necesario que des pasos gigantescos o esperes los resultados perfectos en el primer intento. La clave aquí es empezar de a poco y empezar despacio. No importa el tiempo. Nunca te apresures, ya que aumentarás la probabilidad de abandonar un buen hábito demasiado pronto.

Es importante seguir las estrategias simples y efectivas para crear un hábito. De esa manera, cuando haya un buen hábito que quieras adoptar, podrás hacerlo con facilidad. Además, querrás incorporar algunos hábitos que son usados por individuos mentalmente fuertes y disciplinados. Saber que tienes el control y que eres capaz de distinguir entre dejar ir y renunciar a determinados hábitos, te pondrá muy por encima de los demás a tu alrededor.

Por último, puedes elaborar una fórmula sencilla que te ayudará a formar un buen hábito (mientras eliminas uno malo) simplemente identificando la rutina y los detonantes de tus hábitos. Además, saber cuáles son las recompensas y mirar más allá de ellas, será un factor clave para decidir si el hábito es lo suficientemente bueno para adoptarlo o lo suficientemente malo para hacer cambios.

11

SUPERA LA PROCRASTINACIÓN Y HAZ AMISTADES CON EL TIEMPO

La procrastinación es uno de los peores hábitos que cualquier persona puede tener. Es fácil para nosotros dejar las cosas para más tarde en favor de las cosas que realmente disfrutamos. Sin embargo, en realidad, la postergación añadirá más presión sobre ti cuando el tiempo se te acorte. Cuanto más tienes que hacer cuando está tan cerca de la fecha límite, mayor es la presión. Y eso podría ser suficiente para hacer que te quiebres debido a la presión mental.

Este capítulo te mostrará cómo superar la procrastinación y ser capaz de tener al tiempo como tu mayor aliado en lugar de tu peor enemigo. La verdad es que el tiempo puede hacerte un favor si lo manejas bien. Aprenderás habilidades de manejo del tiempo que puedes adoptar desde hoy mismo. Cuando se trata de disciplina, manejar tu tiempo sabiamente es una de las habilidades indispensables que debes tener. Especialmente cuando no quieres desperdiciarlo.

Si eres una de las muchas personas que postergan las cosas y realmente quieres superar ese mal hábito, entonces este es un capítulo que no querrás saltarte. Hagámoslo ahora:

ES POSIBLE QUE SEA EL EFECTO "DUNNING-KRUGER" O TAL VEZ SÓLO ESTÁS SIENDO PEREZOSO

¿Qué es exactamente el efecto Dunning-Kruger? Para explicarlo de forma sencilla, es cuando las personas que se consideran incompetentes, no pueden reconocer lo incompetentes que son. Explicarlo correctamente puede tardar mucho tiempo, pero digamos que se reduce a que la gente tiende a sobrestimarse cuando se trata de sus habilidades. Podrías ser absolutamente pésimo en algo pero declararte el mejor del mundo (aunque tus acciones demuestren lo contrario).

Una de las cosas clave que podría ser la causa de este efecto es el ego. ¿Las tareas críticas que hay que hacer son demasiado buenas para ti? ¿Crees que no puedes molestarte por hacer esas cosas que hay que hacer? El efecto Dunning-Kruger podría desempeñar un papel importante en la procrastinación.

Cuando dicen "lo haré mañana", es una forma velada de decir "tengo mejores cosas que hacer que eso". Son muy conscientes de que una determinada tarea es importante. Pero el problema es que se niegan a reconocer su importancia. El efecto Dunning-Kruger y la procrastinación van de la mano hasta cierto punto. Procrastinar a propósito es un buen ejemplo.

La pereza y la procrastinación no son lo mismo. Pero se parecen por una razón: ambas tienen en común la falta de motivación. La principal diferencia entre alguien que es perezoso y alguien que procrastina es que este último tiene aspiraciones (que finalmente no se cumplen). La pereza es una inacción en la que no hay aspiraciones.

PRACTICAR LA GRATIFICACIÓN RETARDADA ES DIFÍCIL, PERO DEFINITIVAMENTE VALE LA PENA

La gratificación retardada es el acto de esperar para conseguir lo que se desea. Desde que se tiene uso de razón, ya se ha experimentado en cierta medida. Un ejemplo es la Navidad. Los regalos que están bajo el árbol no se pueden abrir hasta la mañana de Navidad. Estás emocionado por saber lo que vas a recibir, y quieres abrir tu regalo ahora en lugar de esperar más tarde.

Practicar la gratificación retardada puede ser difícil. Y puede ser una verdadera prueba de fuerza de voluntad. Pero la recompensa al final, como cuando por fin abres ese regalo de Navidad, es mucho más satisfactoria. La mayoría de las cosas merecen la pena. Practicar la gratificación retardada mejorará tu autocontrol a pasos agigantados. Al mismo tiempo, también te ayudará a alcanzar tus objetivos a largo plazo con mucha más facilidad y a un ritmo más rápido (sin precipitarte, eso sí).

¿Recuerdas la prueba del malvavisco de la que hablamos antes en nuestro capítulo sobre la fuerza de voluntad? Este es un excelente ejemplo de la gratificación retardada en el trabajo. Es mejor esperar a la recompensa (por muy dulce y tentadora que sea). Aunque la sensación de disfrutar de algo en el momento, puede ser lo suficientemente tentadora como para actuar rápidamente y sin pensarlo, todo se reduce a disciplinarte y contenerte.

Las cosas buenas llegan a los que esperan. Pero al mismo tiempo, esas cosas buenas también llegarán a quienes tengan el autocontrol y la paciencia de trabajar duro y mantener la vista en el premio. Si practicas esto, descubrirás que el tiempo, no es el malvado villano que algunos creen que es.

EL PODER DE SUPERAR LAS COMPULSIONES Y ALEJARTE DE LAS TENTACIONES

La compulsión y la tentación son como un monstruo de dos cabezas con el que muchos se encontrarán, pero que sólo unos pocos lo vencerán. ¿Eres tú uno de los pocos que lo harán? En primer lugar, definamos la compulsión y la tentación. La compulsión es un impulso irresistible de actuar de cierta manera, mientras que la tentación es el deseo de hacer algo, aunque no sea lo más inteligente. Cuando se juntan las dos, es cuando empieza el verdadero desastre.

Las actividades compulsivas como el juego, las compras por Internet o similares, pueden ser algo poco inteligente, incluso si se hacen en exceso. Si un jugador compulsivo no juega a sus juegos favoritos en línea o en un casino, se sentirá incómodo. Pero no sufrirán ningún síndrome de abstinencia físico grave ni nada parecido. Sin embargo, un jugador compulsivo se encontrará en una situación monetaria de la que será difícil salir.

Actuar según sus compulsiones te llevará, sin duda, por el camino de la mala salud o la poca estabilidad financiera. Esto se debe a que no tienes ningún tipo de control sobre ello. Cuando se presenta un disparador de estas compulsiones, esta es una clara señal para que te "vayas". Con la tentación, eres consciente de que la oportunidad de apostar o comer cuando estás estresado está ahí. Pero también eres consciente de que puedes elegir entre hacerlo o no hacerlo. Los que son compulsivos en sus acciones, no se toman ni un nanosegundo para pensar en ello. Esa es la mayor diferencia.

Ten en cuenta que cuando te apartas de las cosas que haces a nivel compulsivo; no te vas a enfermar. Nadie se ha muerto por privarse de los hábitos compulsivos. Pero esos mismos hábitos compulsivos pueden llevar a problemas de salud en los que tu vida podría verse acortada. No estamos tratando de asustarte, pero a veces la verdad sobre esos malos hábitos y comportamientos puede ser dura.

¿Cómo puedes controlar las compulsiones y las tentaciones? Te mostraremos cómo evitarlas antes de que las cosas se salgan de control. Esto es lo que debes hacer:

1. Reconoce tus comportamientos compulsivos

Lo primero que hay que hacer es reconocer cuál es tu comportamiento compulsivo. También es una buena idea saber por qué actúas así sin siquiera pensar. Esto te retará a identificar las señales y los desencadenantes. Descubrirás exactamente por qué actúas a partir de tus compulsiones. Por ejemplo, la ludopatía podría tener su origen en la idea de hacer una apuesta grande y arriesgada con la posibilidad de ganar a lo grande. El deseo de "hacerse rico rápidamente" y de hacer desaparecer tus problemas financieros existentes puede impulsar ese comportamiento compulsivo. Piensa en los sentimientos y los deseos que desencadenan estos comportamientos.

2. Sé consciente en la selección de situaciones

La selección de situaciones es algo a lo que nos enfrentamos todos los días. Especialmente en situaciones en las que tenemos hambre o sed. En cualquier caso, nos encontramos con muchas opciones. ¿Prefieres Burger King o Subway? ¿Coca o agua? Hazte a la idea. En este punto, eres consciente de lo que puedes elegir para satisfacer tu hambre o tu sed. Sin embargo, una opción puede no ser tan buena como la otra. Reconoce qué opción es mejor para ti en términos de beneficios a corto y largo plazo.

3. Practica el aislamiento de la situación

Supongamos que te encuentras en una situación en la que las tentaciones serán bastante elevadas. Si no puedes salir de la situación, lo mejor que puedes hacer es aislar la "tentación". Por ejemplo, si estás en una fiesta en la que sirven alcohol y bebes habitualmente (pero haces de conductor designado), aléjate lo máximo posible de la barra. Opta por opciones más alejadas de tus tentaciones. Aunque sea difícil de hacer, actuar de forma correcta, saliéndote de lo habitual es mucho más gratificante.

4. Conoce la diferencia entre diversión y compulsión

Una cosa es apostar por diversión. Otra es hacerlo compulsivamente. La principal diferencia es el autocontrol. Demasiado de lo que parece ser algo bueno siempre será malo. No hay otra forma de decirlo. Es importante distanciar las cosas divertidas de las situaciones estresantes y similares. La gente utiliza los comportamientos compulsivos para escapar de las situaciones estresantes o de la vida en general.

5. Encuentra una forma de distraerte de la tentación

Sabemos que en este libro hemos sido muy duros con las distracciones. Sin embargo, hay ocasiones en las que distraerse de algo, puede ser algo bueno. En este caso, estamos hablando de alejarse de una tentación. En otras palabras, encuentra algo que desvíe tu atención hacia esa cosa en lugar de hacia algo malo que estás tentado a hacer. Cuanto más te dediques a esta nueva distracción, más te alejarás de la tentación.

6. Encuentra personas afines que hayan conquistado la compulsión y la tentación

Nadie sabe cómo conquistar la compulsión y las tentaciones mejor que las personas que lo han hecho por sí mismas. Es importante que los busques y les pidas consejo. Estarán encantados de ayudarte a encontrar el camino para vencer las compulsiones y las tentaciones. Han pasado por ello y han salido airosos. Lo último que podrían hacer es negarse a ayudar a quienes están pasando por los mismos problemas que ellos han tenido en el pasado.

7. No luches, evade

Quien dijo que la mejor manera de ganar una pelea es no entrar nunca en ella, obviamente acertó. Esto es cierto en el caso de las compulsiones y las tentaciones. Querrás evitar la pelea y desescalarla en la medida de lo posible. Esto no dañará tu ego de ninguna manera.

Luchar contra tus compulsiones y tentaciones será una pérdida de tiempo. Pero puedes encontrar la manera de alejarte de ellas lo más lejos posible evadiéndolas.

ROMPE EL CICLO CONVIRTIENDO LO NEGATIVO EN POSITIVO

Ahora, vas a aprender cómo convertir tu pensamiento negativo en positivo. Hemos llegado a un punto en el que el pensamiento negativo es prácticamente una tarea inútil para alguien disciplinado y mentalmente fuerte. Tener la capacidad de pensar en positivo te ayudará a incorporar un nuevo conjunto de creencias. Si piensas repetidamente cosas buenas y positivas sobre ti mismo, lo más probable es que absorbas esas creencias positivas. Y se notará.

Dicho esto, echemos un vistazo a algunos consejos sobre cómo puedes ser más positivo en lugar de ser negativo:

Nunca te hagas la víctima y asume la responsabilidad: Hoy en día, nos resulta fácil hacernos las víctimas en lugar de asumir la responsabilidad de nuestros propios actos. Depende de ti crear tu propia vida. No esperes a una circunstancia concreta. Tienes la opción de pasar a la acción o quedarte al margen.

Di más cosas positivas que negativas: Es cierto que si dices cosas negativas o positivas, te conviertes en eso. Dilo una y otra vez y se incrustará en tu cerebro. Si tienes una actitud positiva y hablas el mismo lenguaje, poco a poco adoptarás una mentalidad positiva.

Acepta que nadie es perfecto (y tú tampoco): Cualquiera que diga que es "perfecto" en todos los sentidos es un mentiroso. Nadie lo es. Y tú tampoco lo eres. Cuando esperas ser perfecto pero no alcanzas tus propias expectativas, eso te desanimará a ser positivo. Hacer lo mejor que puedas es mucho mejor que no hacer nada.

Evalúa por qué estás agradecido: Tómate un momento y escribe cinco cosas por las que estás agradecido. Centrarse en esto te ayudará a incorporar pensamientos positivos en tu mente en lugar de los negativos.

Sé capaz de atraparte a ti mismo: Algunas personas piensan negativamente y dejan que esa negatividad fluya a través de ellos. Sin embargo, si estás haciendo el cambio entre lo negativo y lo positivo, sorpréndete pensando o diciendo cosas positivas. Por ejemplo, en lugar de decir "soy malísimo" puedes decir "no soy tan bueno, pero sé que puedo mejorar". Suena bastante sencillo, ¿verdad?

TU TIEMPO ES VALIOSO, NO LO DESPERDICIES

Sin duda, el tiempo es un activo valioso en nuestras vidas. Podemos invertirlo sabiamente o desperdiciarlo. Cuando se pierde el tiempo, se pierde para siempre. Nunca podrás recuperarlo. Pero cuando se utiliza en beneficio propio, el retorno de la inversión será aún mayor. Dicho esto, decir que "no tienes tiempo" no es una excusa válida. Es sólo una forma velada de decir "no tengo mis prioridades en orden".

Ten en cuenta que hay 24 horas en un solo día. Todo el mundo tiene la misma cantidad de tiempo al día. Lo más importante es cómo lo gastas. O mejor aún, es cuestión de cómo priorizas tu tiempo. Debes invertir tu tiempo en cosas que consideres prioritarias. La verdad es que el tiempo se le puede acabar a cualquiera en cualquier momento. La persona media vive aproximadamente hasta los 74 años. La gente puede vivir más o menos tiempo. Por eso nunca hay que subestimar el tiempo en lo más mínimo.

Por eso es importante decir "no" a las cosas que son una pérdida de tiempo. Es mejor invertir el tiempo en hacer las tareas críticas. Cuando lo haces, obtienes un gran retorno de la inversión que puedes gastar en lo que quieras (como pasar tiempo haciendo las cosas que más te gustan).

A menos que alguien invente una máquina del tiempo o convierta un DeLorean en una, nunca podremos retroceder el tiempo. Gástalo sabiamente o no lo hagas, la elección es tuya.

ESTRATEGIAS DE GESTIÓN DEL TIEMPO QUE CAMBIARÁN LA FORMA EN QUE VIVES TU VIDA

Ahora, vamos a echar un vistazo a algunas de las estrategias de gestión del tiempo que han sido probadas y se ha demostrado que funcionan. Gestionar tu tiempo de forma inteligente será clave a la hora de inculcarte autodisciplina. Cuando aprendas estas estrategias, algunas de ellas te llamarán la atención en más de un sentido. Incluso puedes utilizar una de ellas para ayudarte a invertir más de tu tiempo en las cosas importantes en lugar de en algo que te dará un rendimiento negativo.

Aquí están las estrategias de gestión del tiempo que quieres probar por ti mismo:

1. Planificar y priorizar

Como se ha mencionado anteriormente, la excusa de "no tener tiempo" se traduce en "no tener tus prioridades en orden". Debes poner al frente las tareas más críticas de tu día, cada día, antes de trabajar en otras tareas. De este modo, inviertes en las verdaderas prioridades que más importan. Esto puede llevar algún tiempo. Especialmente cuando estás aprendiendo a distinguir las verdaderas prioridades de las que no necesitan mucho enfoque en este momento.

2. Empezar el día con un enfoque claro

Cuando te levantas por la mañana, lo último que quieres es tener la mente en marcha con siete mil millones de cosas diferentes. Quieres levantarte con un enfoque claro sobre lo que hay que hacer hoy. Ya lo has planificado la noche anterior. Ahora, es el momento de actuar. Céntrate en una cosa y luego cambia a otra cuando la tarea esté hecha.

3. Eliminar la procrastinación

Obviamente, la procrastinación es el enemigo de la gestión del tiempo. Si vas a decir que vas a hacer algo, hazlo. Se alguien cuyas palabras sean como el hierro. Hazlo firme haciendo lo que dices que vas a hacer. Decir que vas a hacer algo, pero no hacerlo nunca, te hará quedar mal. Cuanto antes lo hagas, mejor.

4. No te preocupes por la multitarea

La multitarea puede en realidad hacer más daño que bien (en oposición a lo que todo el mundo dice). En pocas palabras, centrarte en una cosa a la vez e invertir tu tiempo en eso, definitivamente te pondrá una cabeza por encima de los hombros de aquellos que afirman ser los mejores multitarea del mundo.

5. Reconocer y minimizar las posibles interrupciones

Si eres consciente de algunas de las interrupciones que pueden desconcentrarte, identifícalas. A continuación, debes distanciarte de ellas en la medida de lo posible. Si lo que haces es revisar tu correo electrónico o las redes sociales mientras estás en medio de algo, trata de dejar de hacerlo y espera a que termines la tarea en la que estás trabajando.

6. Dividir los proyectos más grandes

Si tienes un proyecto grande, que no se puede hacer en un día, es mejor dividirlo en etapas pequeñas. Se pueden dividir en fracciones mínimas. Día a día, hora a hora, y así sucesivamente. Lo último que quieres hacer es asumir una tarea gigantesca y sin tomarte ningún descanso en el medio.

7. Delega las tareas en las que no puedas trabajar

¿Hay algo en lo que no puedas concentrarte? ¿Hay algo que no puedes hacer porque no sabes cómo? La respuesta es sencilla: delega. Cuando delegues tareas, aliviarás la presión que puedas tener sobre ti mismo. Dale la tarea a alguien que tenga los conocimientos suficientes para llevarla a cabo.

8. Descansar y recargar

Descansar y recargar las pilas para volver a hacerlo todo es esencial. Sin un buen descanso nocturno, no podrás concentrarte en las tareas del día siguiente. No te tomes toda la noche y sacrifiques el sueño porque tienes que hacer algo. Todo el mundo tiene sus límites... incluso tú.

RECAPITULANDO

La gestión del tiempo es fácil de hacer ahora que sabes cómo hacerlo. La procrastinación puede existir en forma de efecto Dunning-Kruger o de falta de capitalización de tus aspiraciones. La procrastinación no debe considerarse una forma de pereza, ya que los perezosos carecen de aspiraciones. Cuando alcances tus objetivos o completes las tareas que te recompensarán, sentirás una sensación de satisfacción inigualable. Pero cuando el tiempo es más largo de lo habitual, eso puede desencadenar una gratificación retardada. Sabes que la recompensa es satisfactoria, pero esperarás el tiempo suficiente para ganártela. La gratificación retardada es una verdadera prueba de disciplina y fuerza de voluntad que puedes superar con creces (ya lo hiciste de niño días antes de Navidad, eso sí).

Superar las compulsiones y las tentaciones requerirá que te aísles de ellas en lugar de luchar contra ellas. Identifica las razones por las que existen tus hábitos compulsivos y encuentra una manera de disminuir su poder, para no dejarte arrastrar tan fácilmente.

También es importante cambiar tu pensamiento negativo por uno positivo. Cuando pienses en positivo, se notará en tu mentalidad, tu lenguaje corporal, tus palabras, etc. Y recuerda que el tiempo es algo precioso que no puedes perder. Si pierdes un segundo, nunca lo recuperarás.

Por último, la gestión de tu tiempo dará enormes resultados si se hace bien. Si inviertes tu tiempo sabiamente, el rendimiento será mucho mayor. Y podrás dedicarlo a las cosas que más te gustan.

12

ESTÁ A TU ALCANCE, LITERALMENTE

Tener la disciplina y la fortaleza mental a tu alcance es algo que quieres adquirir. Para la mayoría, esto está más lejos de ellos con cada día que pasa. En este momento, la disciplina y la fortaleza mental están literalmente delante de ti. Es como una oportunidad que está esperando a ser aprovechada por la persona adecuada. Y la gente tiende a pasar de largo como si no se diera cuenta.

En este capítulo, vamos a hablar del efecto de progreso dotado. Explicaremos qué es y cómo se relaciona con la disciplina y la fortaleza mental. Cuando recibes una recompensa por tus esfuerzos y tu trabajo duro, es una buena sensación saber que has empezado en el punto A y has terminado en el punto B. ¿Pero qué pasaría si obtuvieras algo más que eso? ¿Cómo te sentirías si la recompensa fuera aún mayor de lo esperado? Hablemos de eso ahora mismo.

ENGAÑA A TU CEREBRO CON EL EFECTO DE PROGRESO DOTADO

El efecto de progreso dotado, se define sencillamente como la recepción de una bonificación, además de su recompensa original, por un trabajo bien hecho. Por ejemplo, digamos que tienes un trabajo de ventas y tu objetivo es vender a un ritmo del 20 por ciento. Consigues duplicar el porcentaje y tienes un índice de incremento de ventas del 40%. No sólo se te recompensa por tu pago normal, sino que también recibes una bonificación por superar tu objetivo.

Otro ejemplo de progreso dotado es un programa de recompensas. Digamos que tu cafetería local tiene una promoción en la que te compras cinco cafés y obtienes el sexto gratis. Tu fidelidad al negocio y el hecho de comprar el mismo artículo una y otra vez puede darte una recompensa. Inculca la recompensa que conlleva el hábito de acudir a la cafetería con frecuencia.

Al engañar a tu cerebro con el efecto de progreso dotado, buscas esforzarte para lograr tu objetivo y obtener una recompensa mucho mayor por completarlo. Esa "recompensa" extra, te motivará a realizar el trabajo aunque al final no ganes nada más que la recompensa original. Además, el efecto de progreso dotado hace que la gente piense que tiene una ventaja para completar las tareas en cuestión.

Dicho esto, es importante tener una ventaja para lograr el objetivo. Además, el uso de medidas abstractas para hacer un seguimiento de tu progreso, te ayudará a mantener el rumbo y a completar el objetivo en el que te estás centrando. Además, querrás centrarte en el tiempo que ya has invertido, en contraposición al tiempo que vas a invertir. Eso te dará la mentalidad de pensar "ya he invertido todo este tiempo, mejor que continúe". Además, céntrate en lo que queda por hacer en contraposición a lo que ya está hecho. La transparencia es la clave cuando se trata de hacer el trabajo.

PRACTICA LA DISCIPLINA Y LA PRODUCTIVIDAD USANDO UN DIARIO DE TAREAS

Si hay algo que deberías considerar hacer mientras estás en el camino de ser más disciplinado y productivo, es usar un diario de tareas. ¿Qué es exactamente un diario de tareas? Un diario de tareas se utiliza para hacer un seguimiento de todo lo que ocurre en tu vida, tanto en el aspecto personal como en el empresarial. Puedes anotar algo como una "lista de tareas" o una lista de planes semanales que puedes escribir y ejecutar. También puedes utilizarla para hacer un seguimiento de cosas como los ingresos y los gastos a lo largo de la semana. Es una lista de tareas, un planificador financiero y una pizarra, todo en uno. Y darle un buen uso puede ayudarte a ser más disciplinado y más productivo en tus tareas. Siempre que lo consultes y lo actualices con regularidad, seguro que te ayudará a largo plazo.

No hace falta que sea un diario de tareas muy creativo. Puede ser organizado y directo. De este modo, encontrarás tu lista de tareas de la semana o un elemento de la lista que puedas hacer al día siguiente en lugar de a los dos días. Los diarios de tareas son divertidos de llevar una vez que se les toma la mano.

SE INTELIGENTE AL USAR TU TELÉFONO INTELIGENTE

Seguro que hemos sido duros con el smartphone durante buena parte de este libro. Pero no queremos que lo abandones por completo. Hay formas de confiar en él. Sobre todo, de forma que te ayude a llevar un control de tus progresos y te recuerde que debes realizar ciertas tareas. Un smartphone puede ser útil en términos de educación. La mayoría de las personas recurren a sus teléfonos inteligentes para acceder a algo educativo, antes que a sus ordenadores.

No sólo eso, sino que también puedes utilizar una gran variedad de aplicaciones diseñadas para muchas cosas, como la gestión de tareas, el seguimiento de tus actividades diarias y semanales, etc.

Las ventajas y desventajas de usar un smartphone

¿Cuáles son exactamente las ventajas y desventajas de utilizar el smart-phone? Aunque el uso de un smartphone tiene algunas cosas buenas, no podemos olvidarnos de las no tan buenas. A veces son útiles y otras pueden ser una distracción. Veamos de cerca cada una de las ventajas y desventajas:

Ventajas

- Puedes mantenerte en contacto con tus amigos y familiares a través de mensajes de texto, llamadas telefónicas y redes sociales
- Jugar a juegos, música y películas en cualquier lugar
- Poder establecer recordatorios para realizar diversas tareas

mediante apps específicas que puedes descargar en tu teléfono

- Lo tienes encima en caso de emergencia
- Puedes consultar tu saldo bancario para saber si llevas dinero encima en cualquier momento gracias a las apps que te proporciona tu banco.

Desventajas

- Puede ser una distracción en momentos en los que necesitas concentrarte en una tarea prioritaria
- El aumento de su uso se ha relacionado con la soledad y otros problemas de salud mental
- Puede provocar falta de sueño debido a la luz azul que emite la pantalla
- Puede causar una falta de conciencia a su alrededor (especialmente en una situación de peligro).

Aunque el uso de tu smartphone puede ser ventajoso, puede haber momentos en los que su uso no sea necesario. Puedes usarlo para ayudarte a formar buenos hábitos (si lo usas adecuadamente). Se trata de autocontrol y de ser capaz de conocer tus límites. Puedes utilizarlo en tu tiempo libre, una vez que hayas completado las tareas y prioridades que hayas planificado para el día.

LOGRA LA EFICIENCIA CON APLICACIONES Y HERRAMIENTAS CONFIABLES

Ahora, hablaremos de algunas de las mejores aplicaciones y herramientas que creemos son esenciales para llevar un control de tus actividades mientras construyes disciplina y buenos hábitos. Se trata de aplicaciones que puedes descargar y acceder desde tu smartphone. A algunas de ellas también puedes acceder en tu ordenador de escritorio o portátil. En cualquier caso, tendrás a tu alcance la mayoría de estas aplicaciones.

Puedes utilizar estas aplicaciones de forma regular, para mantenerte concentrado y hacer un seguimiento de lo que has conseguido y lo que te queda por hacer. También te explicaremos por qué estas aplicaciones pueden ser beneficiosas para ti. Empecemos con la primera app de la lista:

1. Todoist

Si estás buscando la mejor aplicación para ayudar a mantener una lista de tareas bien organizada, no busques más que Todoist. Tanto si te registras por correo electrónico como si utilizas tu cuenta de Facebook o Google, tendrás que configurar tu lista de tareas que puedes hacer a lo largo del día o de la semana. Puedes añadir nuevas tareas o tacharlas de la lista con sólo un par de toques de tu dedo o utilizando el sonido de tu voz. De cualquier manera, hace que las listas de tareas sean muy eficientes.

Lo mejor de esta aplicación es que registra tus "puntos de karma". Por cada tarea que realices a tiempo, ganarás más puntos. Por cada tarea que se retrase o se termine más allá de la fecha de vencimiento, tu "karma" se verá afectado. Es el sistema de recompensas perfecto para una app de listas de tareas.

2. SimpleNote

¿Te gusta tomar notas? ¿Tienes una idea tan genial que tienes que escribirla antes de que se te olvide? Sea como sea, SimpleNote te ayudará a mantener todo ordenado en una pequeña y práctica aplicación. Si odias las aplicaciones para tomar notas que están cargadas de muchas funciones, esta aplicación te gustará. Después de todo, no quieres una aplicación que sea difícil de navegar y que tenga mucho desorden.

Lo mejor de todo es que su uso es gratuito y es compatible con Android e iOS

3. Habitica

Si te gusta jugar a juegos tipo RPG, entonces tenemos buenas noticias para ti. Habitica es la mejor aplicación de creación de hábitos, con características similares a las de un juego, que te ayudarán a crear buenos hábitos con facilidad. ¿Quieres dejar un mal hábito y cambiar a uno bueno? Configúralo y sube de nivel con cada pequeña tarea que realices. Al igual que Todoist, tiene un sistema de recompensas que funcionará a tu favor cada vez que logres algo antes de la fecha límite. También puede "castigarte" por las tareas que se atrasan o se completan tarde.

Otra cosa que nos gusta es la función de comunidad. Puedes conectarte con personas con ideas afines que están tratando de formar buenos hábitos y animarlas mientras están en camino de construir mejores hábitos. No hay mejor manera de formar mejores hábitos más rápido, que tener un sistema de apoyo sólido.

4. Google Tasks

Si eres un fan de las aplicaciones de Google, por suerte hay una aplicación de tareas para ti. Una de las cosas buenas de esta aplicación es que ella prioriza por ti. Si tienes tareas críticas que debes realizar a primera hora, la aplicación te ayudará a organizarlas para que las tareas con mayor prioridad estén en la parte superior de la lista.

Además, se sincronizará con tu cuenta de Gmail y también será accesible en otros dispositivos. Si tu cuenta de Google está vinculada a tus dispositivos, tendrás acceso a tu lista de tareas. Tu calendario de Google se llenará automáticamente con estas tareas de tu lista de tareas. De esta forma, tendrás más o menos un recordatorio de que tienes que hacerlas allá de donde vayas.

5. Zoom

Esta aplicación ha ganado mucha fama en el último año. Especialmente cuando la COVID-19 hizo que la mayoría de la gente se apresurara a encontrar formas alternativas de reunirse sin el contacto en persona. Zoom es perfecta cuando se tiene un negocio, se conversa con la familia o se asiste a una clase.

Gracias a las llamadas de audio y vídeo de alta calidad, mantenerse en contacto con las personas más importantes es más fácil que nunca. ¿Veremos el aumento de las reuniones con Zoom frente a las reuniones en persona en el futuro? Es una posibilidad. Sobre todo si además se reducen los tiempos de desplazamiento de la mayoría de la gente.

6. Asana

Ya hemos visto las aplicaciones que se centran en las tareas individuales. Pero, ¿qué pasa con los grupos pequeños y los equipos? Deja todo eso en manos de Asana. Con ella podrás establecer tareas para los miembros de tu equipo y ayudarles a hacer un seguimiento de su progreso. Podrás establecer y asignar tareas, priorizarlas fijando plazos y establecer detalles específicos para que todos los miembros del equipo sigan y hagan lo que se les asigna. Si estás buscando la aplicación perfecta, de fácil acceso y estupenda para llevar un control del progreso de todos, Asana es la aplicación a la que debes acudir.

7. Cold Turkey Blocker

Si estás buscando algo que reduzca las distracciones mientras trabajas en tu ordenador, Cold Turkey Blocker te será muy útil. Todo lo que tienes que hacer es programarlo para que "bloquee" los sitios web que te servirán de distracción (es decir, Facebook, Twitter, etc.). Cuando esto esté activado, intenta acceder a Facebook o a cualquier sitio web que hayas elegido bloquear. No lo conseguirás. Lo único que tienes que hacer es activarlo o programar la aplicación para que bloquee los sitios web en cuestión y ya está.

RECAPITULANDO

La disciplina y la fortaleza mental pueden estar al alcance de la mano incluso cuando estás trabajando para superarte a ti mismo. Al mismo tiempo, puedes hacer un seguimiento de tus progresos mientras utilizas tu smartphone. Tu smartphone no es tu enemigo cuando lo utilizas para las cosas correctas. Utilizarlo tiene sus ventajas, pero ten en cuenta que hay desventajas que pueden dificultar tu nivel de disciplina y fortaleza mental.

Asegúrate de consultar las numerosas aplicaciones que te ayudarán a gestionar tu tiempo, a mantenerte organizado y a seguir con tus tareas a lo largo del día. Las siete mencionadas anteriormente son sólo una muestra de las docenas de aplicaciones que están disponibles para descargar, tanto en tu smartphone como en tu ordenador.

V

APLICA LA DISCIPLINA Y LA FORTALEZA MENTAL EN TU VIDA

13

DEBES DESATASCARTE

Una de las cosas que la gente dice es "estoy atascado". Especialmente cuando intentan pasar de un punto a otro. Este capítulo te mostrará cómo conseguir "desatascarte". Hemos llegado a un punto en el que estar "atascado" es sólo una excusa para decir que no quieres hacer algo. O quizás estás esperando que algo o alguien te motive.

La verdad es que los que se quedan estancados nunca conseguirán hacer nada. Tenemos una sección dedicada a ello y nos sumergiremos en ella en breve. Como se ha mencionado antes en el libro, cuando se pretende encontrar la motivación, ésta suele ser esquiva. Es como un gato o un perro. Vendrá a ti, si se siente lo suficientemente cómoda como para acercarse a ti. Aunque suene raro, lo que intentamos decir es que lo último que quieres hacer es "perseguir" la motivación.

Cuando consigas hacer el trabajo, sabrás que la motivación ha llegado. No habrá nada que te detenga cuando empieces. Si estás buscando una nueva forma de obtener la motivación sin siquiera pensar en ella, sigue leyendo. Este capítulo te enseñará una nueva forma de motivarte (incluso si nunca antes la has encontrado en el pasado). Pongámonos en marcha:

¿NO TIENES GANAS DE HACERLO? ENTONCES NUNCA ACABARÁS HACIÉNDOLO

Anteriormente, hemos dicho que cuanto más sigas diciendo cosas negativas, más te convertirás en ello. Este es el caso cuando dices: "No tengo ganas de hacer esto o aquello". Por esta razón, cuando repites este proceso, desarrollas este hábito de no querer hacer nada. Así, acabas por no hacerlo. Este es uno de los síntomas de la procrastinación o de la pereza (dependiendo de si tienes o no aspiraciones de hacer algo).

La gente busca esos "momentos perfectos" para ponerse a hacer alguna tarea. Si no, ¿qué sentido tiene hacerla? La cuestión es la siguiente: si estás buscando un "momento perfecto", por fin podemos desvelarlo aquí mismo al mundo. Estamos tan emocionados que no podemos esperar más. El momento perfecto para empezar a hacer algo es... redoble de tambores, por favor... ¡ahora mismo! Sí, no hay "momento perfecto" mejor que "ahora mismo" para hacer algo.

Esperar al momento perfecto es una completa pérdida de tiempo. Y recuerda que el tiempo que pierdes es el que nunca recuperas. Es tan sencillo como eso. Puedes aceptar este hecho y ponerte en marcha o puedes ser un ejemplo del efecto Dunning-Kruger y ser consciente de ello mientras eliges no pasar a la acción. En cualquier caso, la elección es tuya.

Recuerda esta antigua cita: "El mejor momento para plantar un árbol fue hace 20 años. El segundo mejor momento es ahora".

SÓLO MANTÉN LA PELOTA RODANDO

A riesgo de convertir esto en un libro de texto de física, citamos lo siguiente de la Primera Ley de la Física de Newton: "Los objetos en reposo tienden a permanecer en reposo. Los objetos en movimiento tienden a permanecer en movimiento". Obviamente, la cuestión es que hay que moverse para conseguir algo. Hay algunas cosas que obviamente te ayudarán a ponerte en marcha. Evidentemente, la motivación en sí misma no es una de ellas. Tienes que encontrar un punto de partida para asegurarte de que coges el mayor impulso posible para poder pasar de una tarea a otra sin tener problemas.

Empezar a hacer algo puede ser tan sencillo como visualizar la propia acción y el resultado que le sigue. Piensa en la recompensa que obtendrás por un trabajo bien hecho. Piensa también en lo que podría pasar si no consigues hacer el trabajo. Visualizarlo e incorporar la emoción que conlleva, puede ser suficiente para poner en marcha la bola.

Otra cosa es programar tu mente para estar en el momento. Puedes hacerlo concentrándote en las técnicas de respiración de las que hemos hablado en el capítulo sobre mindfulness. Tener una mente clara y centrada en el ahora, te ayudará a conseguir una concentración como ninguna otra cosa. Cuando estás concentrado, es cuando la pelota se mueve. Y cuando se mueve, sigue moviéndose hasta que la tarea está completa. Pero si se trata de una tarea que requiere mucho tiempo, haz una parte del trabajo, tómate un descanso y sigue adelante.

Hay pequeñas tareas que debes completar antes de empezar. Quítate una de encima, y pasa a la siguiente. Y así sucesivamente. Recuerda que las pequeñas tareas te ayudarán a mantener la concentración. Y es un paso más hacia la consecución de lo que tienes que terminar, dicho y hecho. Te garantizamos que no te sentirás abrumado en lo más mínimo.

Una cosa que hay que recordar sobre la motivación. No es la motivación lo que empieza a mover la pelota. Es lo que mantiene la pelota en movimiento. En otras palabras, la motivación es el impulso. Mientras empieces con la visión en tu mente, de tener éxito en tus objetivos, la motivación te encontrará cuando sigas adelante.

HAZ QUE LAS TAREAS EXASPERANTES SEAN SOPORTABLES

En cada tarea que realizamos o en cada trabajo que desempeñamos, siempre hay una cosa que odiamos absolutamente hacer. Por ejemplo, si trabajas en una tienda de comestibles, algunas de tus tareas pueden incluir el cambio de los cubos de basura interiores y exteriores. Otra tarea es limpiar los baños. Son trabajos sucios, pero alguien tiene que hacerlos para mantener el lugar limpio. Te darás cuenta de que mucha gente odia hacer los trabajos sucios, por lo que transfieren la responsabilidad a otra persona. Naturalmente, esto puede enfadarte.

Sin embargo, no debería enfadarte. Debería darte la oportunidad de demostrar a los demás que, a diferencia de ellos, una tarea insoportable no te molesta en lo más mínimo. Es posible que tu jefe se dé cuenta y te elogie por ello. La cuestión es que no todas las personas de la Tierra tienen la fuerza mental ni el marco de pensamiento positivo para hacer los "trabajos sucios".

Pero no todas las tareas insoportables tienen que ser sucias. Sin embargo, requieren que tomes decisiones que podrían cambiar toda la trayectoria de la vida o la carrera de alguien. Incluso podría cambiar la trayectoria de todo un negocio. A veces, te enfrentarás a dos decisiones que tendrán resultados negativos en el otro extremo. Y esto impactará a alguien o a algo de una manera que no quieres ver. Así que, tomar una decisión en la que el impacto no sea tan grave es lo que buscas. Es una decisión que no quieres tomar, pero en el fondo es lo mejor para seguir adelante.

Las tareas insoportables también pueden ser "aburridas". Una forma de hacerlas lo menos aburridas posible es encontrar algo interesante en la tarea. No importa lo ridículo que parezca. Además, no tienes que compartir esa observación con otras personas. Simplemente encuentra algo que haga que la tarea sea menos aburrida de hacer. También puedes aprovechar la oportunidad de realizar una tarea aburrida para agudizar tu atención plena. Siente la tarea, escucha su sonido y haz las más pequeñas observaciones que nadie parece notar. Es mucho mejor que hacerlo en piloto automático mientras te quejas de ello, ¿verdad?

IMAGINA EL FUTURO QUE TIENES POR DELANTE

Visualizar el futuro y lo que puedes lograr, puede ayudarte e impulsarte para empezar a realizar las tareas que tienes entre manos. Imaginar un futuro en el que eres capaz de lograr cualquier cosa sin apenas demora puede ser suficiente para ponerte en marcha. Un futuro satisfactorio y positivo es lo que buscamos. No queremos quedarnos estancados en lo mismo de siempre, seis meses o incluso un año después. Aunque el futuro puede ser brillante para nosotros, hay que centrarse en el ahora para poder verlo en su totalidad.

Una de las técnicas de visualización que te resultará ventajosa cuando pienses en el futuro se conoce como la regla 10-10-10. La forma en que funciona es la siguiente: Imagina una decisión que estás a punto de tomar. Es algo que tendrá cierto grado de impacto en el transcurso del tiempo. Lo que debes hacer es visualizar la decisión como si ya la hubieras tomado. ¿Cómo te afectará 10 minutos después del hecho? ¿Y a los 10 meses? ¿Y a los 10 años?

Parece que hay una especie de efecto dominó que se produce con una sola decisión que has tomado. También puede tener algún tipo de impacto en el resto de las decisiones y eventos de la vida que ocurrirán en el futuro. Especialmente los que ocurrirán dentro de diez minutos. Por eso la visualización es tan importante. Puedes pensar en tomar la decisión y pensar en cómo te sientes al respecto.

Dentro de 10 meses o 10 años, sentirás que podrías haber hecho algo diferente. O puedes sentirte bien sabiendo que fue la decisión correcta y que no te arrepientes de haberla tomado. En cualquier caso, implicará un efecto en ti mucho después de haber tomado la decisión. Antes de tomar una decisión vital, utiliza la regla del 10-10-10 a tu favor al visualizar lo que probablemente ocurrirá una vez tomada.

La lección aquí es que cada decisión tendrá efectos a corto y largo plazo. Que sean negativos o positivos dependerá de lo que hayas decidido. En todo caso, esto te dará la oportunidad de reflexionar sobre tus decisiones y elegir la correcta sin dudarlo.

SAL ADELANTE, INCLUSO EN LOS PEORES DÍAS

En la vida, habrá días buenos y días malos. Y estarán los peores días de tu vida. Incluso en esos días, es mejor superarlos lo mejor que puedas. Una de las advertencias de superar los peores días es que tienes que mantener tus límites en mente. No quieres forzarte demasiado o esto tendrá efectos adversos en tu salud (tanto mental como física).

Trabajar durante tus peores días será una de las pruebas definitivas de tu disciplina y fortaleza mental. Las emociones negativas pasarán por tu mente. Está bien estar triste o enfadado por las cosas. Y recuerda que ser duro mentalmente no significa convertirse en un robot sin emociones. Sin embargo, no quieres que tus emociones te superen hasta el punto de que las decisiones que tomes se basen únicamente en tus emociones sin una pizca de lógica. Es probable que esto desvíe el rumbo de las cosas.

Incluso en tus peores días, la clave está en encontrar lo bueno entre lo malo. Por ejemplo, ¿qué pasaría si respiraras profundamente, te tomaras las cosas con calma y te dieras el tiempo suficiente para ordenar tus pensamientos y tomar una decisión importante que podría afectar a tu futuro? Puede que las cosas salgan mejor porque has reflexionado en lugar de dejar que la emoción te nuble el juicio.

Está bien cometer errores. No pasará nada si sigues adelante cuando el día no va como quieres. Lo único que importa es que las emociones no te afecten. Una cosa que te hará sentir mejor, a pesar de todo lo malo que ocurra en un día, son los sentimientos positivos que obtendrás cada vez que completes las tareas que hay que terminar. Te sentirás mucho mejor diez minutos después de terminarlas. Por no hablar de que te sentirás bien 10 meses y 10 años después. Pensarás en ese día y recordarás lo positivo que pasó, en lugar de lo malo.

LA DOPAMINA PUEDE SER TU MEJOR AMIGA O TU PEOR ENEMIGA

La dopamina es la sustancia química del cerebro que te hace sentir bien con las cosas. Puede ser tu mejor amigo o tu peor enemigo, dependiendo de la situación (o de las decisiones que tomes). En cualquier caso, tienes que pensar en cómo la dopamina puede servirte para mejor. Cuando comes algo poco saludable, la dopamina se libera para hacerte sentir bien por comer algo sabroso. Pero la realidad es que la dopamina en esta situación es como ese amigo que dice cosas sobre la lealtad y el respeto pero que se da la vuelta y te apuñala por la espalda años después. En este contexto, al comer comida basura, sufrirás las consecuencias a largo plazo, como el aumento de peso y los posibles efectos sobre la salud que conlleva.

También puedes conseguir un subidón de dopamina haciendo algo que tendrá un efecto positivo para ti a largo plazo (especialmente para tu salud). Se trata de entrenar tu mente para que libere esa dopamina cada vez que hagas las cosas correctas. ¿Y cómo se hace esto? Puedes hacer lo que se conoce como "ayuno de dopamina". Esto podría significar evitar las actividades habituales que haces para sentirte bien. Esto podría significar eliminar el uso del teléfono inteligente durante un corto período de tiempo. O podría significar no hablar con la gente durante un periodo de tiempo determinado (lo que puede ser arriesgado para aquellos que tienden a ser más sociables). Se trata de encontrar esa tarea que libera una buena cantidad de dopamina y eliminarla de tu vida temporalmente para restablecer tu cerebro.

Todavía no se sabe si funciona o no. Pero puedes probarlo durante un periodo corto, como una semana. Después de ese periodo, puedes decidir hacerlo durante otra semana. Hazlo hasta que sientas que hay un cambio en tu cerebro en el que puedes obtener el subidón de dopamina que necesitas de las cosas que puedes hacer en lugar de las que te dan pereza o te hacen estar inactivo.

Incluso si terminas una tarea en la que te costó empezar, la sensación de haberla hecho de todos modos te garantizará ese subidón de dopamina. Y será el primero de muchos si sigues haciéndolo.

RECAPITULANDO

Si estás atascado, la mejor manera de desatascarte es ponerte en marcha de todos modos. No tiene sentido esperar al momento adecuado o buscar esa motivación. Visualiza el futuro de la realización de la tarea y lo que ocurrirá después. Recuerda que cada decisión que tomes tendrá un impacto en ti dentro de diez minutos, diez meses y diez años. En esos plazos futuros, ¿te sentirás bien por ello? ¿O desearás haber actuado diferente cuando se te presentó la oportunidad?

También te enfrentarás a tareas que a nadie le gustará hacer. Depende de ti dar el ejemplo de que, aunque la tarea no sea algo que te guste, alguien tiene que hacerla de todos modos.

Visualizar el futuro será clave para lograr algo. Especialmente si estás teniendo el peor día de tu vida. Habrá días peores. Y te tocará poner a prueba tu disciplina y tu fortaleza mental para superarlos. Te sentirás bien y tendrás ese momento de positividad cuando consigas hacer algo.

Ese subidón de dopamina sin duda te hará sentir que las tareas que tienes que hacer no suponen ningún esfuerzo. Sin embargo, la liberación de dopamina puede seducirte a tomar malas decisiones, pero esto es sólo si permites que ocurran.

14

MANTENTE SALUDABLE Y EN FORMA

Aunque la disciplina y la fortaleza mental se extienden por todos los aspectos de tu vida, también debes recordar utilizarlas cuando quieras llevar un estilo de vida saludable y en forma. Sin duda, el camino hacia una vida en la que estés más sano y en mejor forma será accidentado. Sin embargo, en este punto deberías tener la conciencia y el conocimiento de que necesitarás incorporar disciplina y fortaleza mental para iniciar el viaje, continuar en él y llegar al destino.

Cada persona tiene objetivos únicos cuando se trata de llevar una vida sana. Algunos pueden querer perder 20 libras, mientras que otros querrán perder sólo 10 libras. En cualquier caso, hay un objetivo que puedes establecer y alcanzar. Además, será mucho más fácil llegar a él siempre que seas consciente de los posibles contratiempos que puedan surgir de la nada en el camino.

Hablaremos de la disciplina y de cómo debería ser tan rutinaria como lavarse los dientes. También hablaremos de una rutina de ejercicios que te beneficiará. También hablaremos de otros hábitos que se relacionan con la salud y la forma física, como la dieta y el descanso nocturno. Aunque no somos expertos en fitness en lo más mínimo, este capítulo te ahorrará mucho tiempo y te ayudará a entender mejor porqué vivir una vida sana y en forma, se relaciona con la disciplina y la fortaleza mental.

Sigue leyendo si estás buscando enmendar tu vida en lo que respecta a tu estado físico general:

LA DISCIPLINA HARÁ QUE DOMINAR LOS FUNDAMENTOS DE LA SALUD Y LA FELICIDAD, SEAN TAN RUTINARIOS COMO LAVARSE LOS DIENTES

La verdad es que la disciplina será uno de los bloques de construcción clave para asegurarte de que te mantiene en la cima de tu salud y estado físico. Es importante incorporar la autodisciplina, ya que te ayudará a tomar decisiones con una mejor comprensión de las consecuencias o resultados (dependiendo de la magnitud de los mismos). Con esto nos referimos a lo siguiente: si tuvieras hambre y tuvieras que elegir entre McDonalds y Subway, ¿con cuál te quedarías? Sobre el papel, la elección es obvia. Subway tiene opciones mucho más saludables que McDonalds (a pesar de que este último sirve ensaladas como única opción saludable).

Si comes basura (aunque sea de forma constante), eso afectará negativamente a tu salud y tu forma física en general. Sin embargo, si decides abstenerte de comerla y optar por algo más saludable en su lugar, es una buena señal. La autodisciplina es la capacidad de contenerse y ceder a la tentación de algo que puede tener buen sabor, pero que realmente puede perjudicarte a largo plazo.

Con disciplina, puedes decir fácilmente "no" a la comida basura y sí a los alimentos que te ayudarán a ganar músculo, a rendir mejor en el gimnasio y a alejar cualquier dolencia que pueda agravarse en un momento. Además, la autodisciplina te mantendrá en el camino correcto en cuanto al uso del alcohol. En lugar de beber en exceso o emborracharte, puedes usar la moderación. La autodisciplina también puede ayudarte a mantenerte alejado de las drogas, que algunas personas utilizan para "escapar" de la vida en general.

Con una autodisciplina constante, es menos probable que tomes decisiones impulsivas. Podrás pensar con claridad y usar la cabeza a la hora de tomar una decisión. Por supuesto, las decisiones impulsivas no requieren que pienses en tus elecciones y acciones. Cuanto más se arraigue la disciplina en tu mente, más rutinaria se volverá.

La disciplina te ayudará a establecer una rutina que te asegure mantenerte en forma el mayor tiempo posible. Imagina que te levantas por la mañana y te preparas para hacer una carrera rápida de una milla antes de empezar el día. O salir de la cama, hacer un par de series de pesas y darla por terminado en 10 minutos. Con la disciplina de la rutina, será como una segunda naturaleza para ti.

TU RUTINA DIARIA DE EJERCICIOS

En primer lugar, tu rutina diaria de ejercicios puede realizarse en un momento del día en el que dispongas de una buena cantidad de tiempo para ti. Normalmente es en las primeras horas de la mañana. Para algunos, puede ser más tarde. Sin embargo, lo primero que hay que hacer antes de establecer una rutina de ejercicios, es elegir el bloque de tiempo que mejor se adapte a ti. Tenemos 24 horas en un día. Hay al menos un bloque de una hora al día que se considera "libre".

Recuerda que si "no tienes tiempo", lo que quieres es ordenar tus prioridades. Entonces, ¿cuál es exactamente tu rutina diaria de ejercicios? ¿Tiene que ser en el gimnasio? La buena noticia es que no tienes que ir al gimnasio para incorporar una rutina de ejercicios diaria. Puede ser tan sencillo como hacerlo en casa utilizando una esterilla de yoga, una pesa rusa o ambas cosas. Quieres que tu rutina de ejercicios sea lo más sencilla posible (aunque tengas un poco de tiempo libre).

La clave aquí es que no sólo quieres que sea simple, sino que también requiere pequeños pasos. Obviamente, con el fitness habrá momentos en los que harás lo mismo una y otra vez. Tres series de 12 repeticiones de un ejercicio (y lo mismo para los demás ejercicios que hayas planificado para el día). Cuanto más lo hagas, más fuerte y más en forma estarás.

EJERCICIOS SIMPLES QUE PUEDES PROBAR HACER

Si nunca has tenido una rutina de ejercicios y quieres empezar, te mostraremos cómo armar una con la ayuda de estos simples ejercicios que enumeraremos a continuación. No sólo podrás elegir un par para empezar, sino que podrás armar una rutina en la que puedas hacer una combinación de algunos ejercicios por día que se enfoquen en áreas específicas del cuerpo.

Estos son algunos ejercicios sencillos que deberías considerar probar por ti mismo (incluso si no tienes ni idea de cómo montar una rutina de fitness):

1. Estocadas

Si buscas un ejercicio que te ayude con el equilibrio y la fuerza de las piernas, las estocadas son uno de los ejercicios más fiables que existen. Para realizar las estocadas, esto es lo que tendrás que hacer:

- Ponte de pie con los pies paralelos al ancho de los hombros y los brazos abajo a los lados
- Con la pierna derecha, da un paso adelante y dobla la rodilla. Detente cuando tu muslo esté paralelo al suelo. Asegúrate también de que el pie no sobrepase la rodilla
- Con el pie derecho, empuja y vuelve a la posición de pie. Esto es una estocada. Ahora, haz lo mismo pero esta vez con la pierna izquierda.

2. Flexiones

Una de las formas más populares de calistenia que se practican hoy en día son las flexiones. Esto te ayudará a desarrollar la fuerza de la parte superior del cuerpo. Además, hay algunas variaciones que puedes probar una vez que las domines. Pero por ahora, vamos a ceñirnos a lo básico. Para realizar las flexiones, hay que hacerlas de la siguiente manera:

- Empieza en la posición de plancha. Tu cuerpo debe estar mirando hacia abajo con los brazos en posición estirada, apoyándote sobre las palmas de las manos y los pies que deben estar juntos o separados por un pie de distancia
- Dobla los codos y baja el cuerpo hasta el suelo. Asegúrate de que tu pecho apenas toque el suelo o al menos a un centímetro de él. Asegúrate de que los codos estén cerca del cuerpo al hacer esto
- Vuelve a la posición de plancha. Esto es una flexión. Repite todas las veces que sean necesarias. Puedes empezar con cinco, diez o quince. A medida que las domines, puedes intentar realizar tantas como tú quieras.

3. Sentadillas

Lo bueno de las sentadillas es que puedes hacerlas con pesas o simplemente utilizando tu propio peso corporal. Para mantener lo básico, este y otros ejercicios no requerirán pesas. Con eso en mente, aprendamos a hacer sentadillas:

- En posición de pie, asegúrate de que tus pies están separados a la anchura de los hombros
- Coge los brazos y levántalos por detrás de la cabeza. Puedes juntar las manos detrás de la cabeza o levantar los brazos hacia adelante a la altura del pecho
- Apoya tu cuerpo y mantén la cabeza y el pecho rectos. A continuación, baja las caderas y dobla las rodillas. El movimiento será como si te estuvieras sentando. Mantén la posición baja durante un segundo y vuelve a la posición de pie. Eso es una sentadilla
- Haz tantas sentadillas como sea necesario o haz un número determinado.

4. Burpees

Ahora, aquí es donde las cosas se pondrán realmente desafiantes. Y si te gustan los desafíos (probablemente lo hagas en este punto), es posible que quieras probar los burpees. Estos pueden ser lo más cercano a un entrenamiento de cuerpo completo (con un poco de cardio involucrado). ¿Cómo se hace un burpee? Vamos a mostrarte cómo:

- Empieza en posición de pie con los pies a la anchura de los hombros
- Dobla las rodillas como si estuvieras haciendo una sentadilla. Cuando llegues al punto más bajo, pasa a la posición de plancha apoyando tus manos sobre el piso y haz una flexión de brazos

- Después de realizar la flexión, vuelve a la posición de sentadilla y salta en el aire. Eso es una repetición
- Si eres un completo novato, realiza tres series de 10 burpees. Haz ajustes una vez que las domines y quieras más reto.

5. Planchas

Este puede ser uno de los ejercicios de abdominales más desafiantes que hay, a pesar de parecer tan simple de hacer. Para hacer una plancha, esto es lo que tienes que hacer:

- Ponte en posición como si estuvieras haciendo una flexión de brazos. O puedes apoyar los brazos en el suelo en una posición de 90 grados (apoyando los antebrazos en el suelo)
- Mantén la posición y tensa los músculos abdominales. Mantén la posición durante 30 a 60 segundos.

Estos cinco ejercicios son sólo una muestra de algunos de los ejercicios más básicos que puedes hacer a diario. No es necesario levantar grandes pesos para empezar a construir una rutina de fitness fiable que pueda realizarse casi todos los días. Además, sería conveniente que elijas un día de descanso para que tus músculos puedan recuperarse y reponerse.

ERES LO QUE COMES

Es cierto lo que dicen: somos lo que comemos. En este contexto, o eres sano o no eres sano. Entonces, ¿qué puedes hacer para asumir una identidad saludable? Además de hacer ejercicio con regularidad, llevar una dieta sana, será la clave para llevar una vida más saludable y en forma. Es aún más importante conocer algunos de los impresionantes beneficios que puede aportar una alimentación sana.

Todas las vitaminas y minerales esenciales que existen están relacionadas con diversos beneficios para la salud, como huesos fuertes, aumento de los niveles de testosterona, piel más clara y muchos otros. Así que es importante saber lo que comes si quieres obtener beneficios específicos, como reducir el riesgo de padecer enfermedades cardíacas o cánceres (sobre todo si te viene de familia).

Con la cantidad adecuada de cereales integrales, frutas y verduras (entre otros) como parte de tu dieta, estarás comiendo mucho más sano que la mayoría de la gente. Si estás pensando en comer de forma saludable, considera añadir algunas frutas y verduras frescas de la sección de productos agrícolas a tu lista de la compra la próxima vez. Además, opta por el pan integral en lugar del blanco. Además, considera la posibilidad de elegir opciones sin grasa o reducidas en grasa para la mayoría de los alimentos.

MEJORA TU SALUD EN GENERAL

Lo creas o no, la autodisciplina es un salvavidas. Mejorará tu salud en general, tanto en el sentido físico como mental. Si no estás en un nivel con el que te sientas satisfecho, es importante que te plantees hacer mejoras ahora y no más tarde. Lo primero que debes hacer siempre es consultar con un médico. Puedes empezar por programar una revisión (que deberías hacerte cada año). Tu médico podrá evaluar tu salud y ayudarte a emprender el camino hacia un estilo de vida saludable. Si se descubren algunos problemas de salud, tu médico puede recomendar medicamentos u otras alternativas para tratarlos.

Si se trata de problemas de salud mental, no hay que avergonzarse de buscar la ayuda de un profesional del campo de la salud mental. Puede ser un terapeuta o un psiquiatra. De este modo, podrás hablar con alguien sobre tus problemas. No te preocupes, todo se mantiene con estricta confidencialidad. Pero ten en cuenta que está bien hablar con alguien de confianza siempre que tengas problemas de salud mental. Además, ten en cuenta que puedes adquirir así fortaleza mental y disciplina aunque las cosas no vayan bien mentalmente para empezar.

¿CUÁNTO TIEMPO DE SUEÑO AFECTARÁ A TODO EL DÍA?

Dicen que se necesitan de 7 a 9 horas de sueño por noche para poder funcionar plenamente. La verdad es que un buen descanso nocturno será beneficioso para tu concentración. Por no hablar de que es saludable para ti tener un buen descanso nocturno. Si duermes lo suficiente, te despertarás renovado y con una mayor capacidad para concentrarte y utilizar esa energía para realizar el trabajo del día.

Pero dormir bien no sólo sirve para concentrarte. También te ayudará cuando quieras mejorar tu forma física por completo. Al dormir, tus músculos se repararán más rápido y te ayudarán a fortalecerlos. Además, quienes duermen una cantidad constante de horas por la noche serán menos propensos a consumir más calorías a lo largo del día. Por lo tanto, esto hará que la pérdida de peso sea mucho más fácil para la mayoría. Los que duermen mal tenderán a comer más a lo largo del día.

RECAPITULANDO

La disciplina es una de las piedras angulares para llevar un estilo de vida saludable y en forma (tanto mental como físicamente). No sólo debes mantenerte en buenas condiciones físicas, sino también adoptar una dieta que ayude a complementar ese estilo de vida saludable. Incluso si nunca has hecho ningún ejercicio, puedes probar algunos de los elementos básicos enumerados en el capítulo.

En términos de salud general, eres lo que comes. Así que haz lo posible por cambiar eso si estás comiendo alimentos que no son buenos para ti. Está bien darse un capricho siempre que sea con moderación. Pero llevar una dieta sana, en la que se obtengan muchas vitaminas y minerales, tendrá sus recompensas a largo plazo.

La mejora de tu salud general puede empezar por visitar a un médico y quizá a un profesional de la salud mental (si tienes problemas de salud mental). Se trata de personas que viven para ayudar a las personas a tomar el rumbo correcto para que puedan llevar una vida sana y más satisfactoria.

CONCLUSIÓN
COSAS QUE NO DEBES OLVIDAR

Antes de terminar, vamos a repasar algunas cosas que no debes olvidar. En primer lugar, te recordamos que este libro no es uno de esos libros de "una sola lectura". Te animamos a que tengas este libro a mano para que puedas utilizarlo como guía de referencia. Construir la disciplina y la fortaleza mental llevará tiempo. Y necesitarás algo a lo que recurrir en caso de que te atasques con algo. Este libro tendrá siempre a mano las instrucciones que te permitirán desatascarte.

Tu viaje hacia la disciplina y la fortaleza mental será una de las cosas más interesantes y desafiantes que hayas hecho en tu vida. Pero ten por seguro que la recompensa al final será aún más dulce. Vivirás una vida satisfactoria en la que podrás realizar las tareas en un momento dado y decir "no" a las cosas que te distraigan.

Ahora, echemos un vistazo a las cuatro cosas principales que no debes olvidar hacer:

HAZ UN MANTENIMIENTO CONSTANTE

Siempre tendrás que mantener la disciplina y la fortaleza mental. Al igual que la construcción de los músculos, que hay que mantenerlos con regularidad mediante una dieta rica en proteínas y un entrenamiento regular. ¿Cuáles son algunas de las mejores maneras de hacer el mantenimiento? En primer lugar, debes hacer un seguimiento de todo y revisar los datos una y otra vez. ¿Con qué frecuencia estás cumpliendo tus objetivos? ¿Cuánto tiempo te está llevando? ¿Hay algún dato que te indique que debes hacer cambios y mejoras?

Además, no debes dar por sentada tu red de apoyo. Debes hacer todo lo posible por mantenerte en contacto con ellos y apoyarte en los momentos en que te sientas inseguro o atascado con algo. Te darán consejos, ánimos y te recordarán que, pase lo que pase, tienes lo que hay que tener para llevar a cabo la tarea. Si hay personas en tu red que tienden a ser más negativas que positivas, es tu responsabilidad encontrar un sustituto adecuado y eliminar las actitudes tóxicas dentro de tu grupo de apoyo.

Tu red de apoyo no tiene por qué ser siempre la de tus amigos y familiares de confianza. Pueden ser personas afines en línea que compartan los mismos objetivos y aspiraciones que tú. En cualquier caso, siempre tendrás personas a las que recurrir cuando las cosas se pongan difíciles.

Uno de los últimos elementos para mantener la disciplina y la fortaleza mental es ser persistente. En otras palabras, seguir adelante. Mantener el impulso, sin importar lo que se interponga en tu camino. Imagina que eres un tren que va a toda velocidad y no tiene frenos.

Hay paredes de ladrillo en el camino. Y tú vas a una velocidad tan rápida que esos muros no tienen ninguna posibilidad. Los atraviesas y sigues avanzando a toda velocidad.

NUNCA ESTÁS SÓLO

Por supuesto, no eres el único que está viajando en el viaje. Sin ellos, no tendrás una red de apoyo de personas con ideas afines a la que recurrir. Hay más personas de las que crees que quieren inculcar la autodisciplina y la fortaleza mental. La buena noticia es que habrá un puñado de personas que alcanzarán el éxito. La noticia no tan buena es que algunos de ellos harán unos cuantos intentos más antes de poder conseguirlo finalmente. No importa el tiempo que le lleve a alguien desarrollar la disciplina y la fortaleza mental. Mientras lo intente, estará bien.

Sin embargo, lo que hay que saber, es que la cima puede ser solitaria. Eso es porque hay mucha gente que empezará a intentar un objetivo final. Pero pocos lo conseguirán realmente. Aunque en la cima haya unas cuantas personas, te sentirás solo y sentirás que eres el único que lo ha conseguido. Pero no dejes que ese pensamiento incorpore ningún sentimiento negativo. Puedes seguir conectando con las personas afines que lo han conseguido junto a ti.

Como ya hemos dicho, tu sistema de apoyo también te ayudará a ser más disciplinado y más fuerte mentalmente. Siempre tendrás personas a las que recurrir cuando tengas preguntas que hacer o si tienes problemas con algo. Recuerda que no hay que avergonzarse de pedir ayuda. Y nunca debes ser demasiado orgulloso para pedir ayuda. Sólo tienes que saber que tu sistema de apoyo siempre estará ahí, tanto si empiezas de cero como si ya te has vuelto más disciplinado y duro mentalmente.

MANTÉN LA HUMILDAD Y LA COMPASIÓN

Cuando las personas alcanzan por fin algún tipo de éxito, es habitual ver cómo cambian su comportamiento. Cuando alguien gana la lotería (por ejemplo), puede dejar que el dinero le cambie fácilmente y, por lo tanto, se comporta de una manera que puede afectar sus relaciones personales. En resumen, las personas que encuentran el éxito, a menudo dejan que se les suba a la cabeza. Pueden empezar a actuar con superioridad y pensar que son mejores que los demás. La verdad es que les falta disciplina y humildad. Claro, puede que tengan fortaleza mental. Pero eso es sólo una fachada que puede venirse abajo.

Cuando alcanzas nuevas metas y el éxito en tu vida, es importante seguir siendo humilde y compasivo. Incluso si eres disciplinado y mentalmente fuerte, siempre es una buena idea recordar a los que te han ayudado a levantarte. Tendrás que reconocer el mérito de quienes han sido capaces de acompañarte desde el primer día y más allá. Cuando seas mentalmente fuerte y disciplinado, tendrás que seguir mostrando compasión por aquellos que puedan estar luchando por alcanzar sus objetivos (o con la vida en general). No tienes que ayudar a todos los que están en apuros. Pero puedes hacer todo lo posible para indicarles la dirección correcta si te lo piden.

La humildad te permitirá no perder nunca de vista lo que agradeces. Con disciplina y fortaleza mental, es probable que seas más compasivo porque has lidiado con tus propias luchas en el pasado. Y puedes ser la persona que ayude a otros. Que la otra persona acepte o no esa ayuda depende de ella, así que no la fuerces.

Es muy probable que tú vengas de orígenes humildes. Y entiendas mejor lo que es no tener nada. Pon de tu parte para escuchar a los que tienen dificultades y ayudarles a resolver el problema. Puede que no tengas que resolverlo tú mismo. Pero puede que conozcas a alguien que sí lo haga. Además, no te matará formar parte de la red de apoyo de alguien también.

RECOMPÉNSATE

Por supuesto, te mereces una recompensa por todo el trabajo duro que has realizado. Cuando se trata de fomentar la disciplina y la fortaleza mental, es una buena idea recompensarse después de haber alcanzado un hito importante. Incluso el más pequeño de los pasos dados merece una pequeña recompensa. Si quieres pasar a la siguiente tarea sin apenas esfuerzo, es mejor que te recompenses para poder seguir adelante.

Cuanto más grandes sean las tareas, más dulce será la recompensa. Es como el viejo truco de la "zanahoria en un palo". Con la zanahoria colgando delante de ti, puedes ser el conejo que la persigue. Sólo después de un cierto periodo de tiempo en el que hayas realizado las tareas que te acercarán al objetivo, podrás disfrutar de esa zanahoria para ti.

Además, querrás recordar que habrá veces en las que no harás una tarea por accidente. Puede ocurrir debido a un olvido. Lo importante es no ser duro contigo mismo. Es fácil hacerlo cuando cometes un error que es trivial y no tiene mayor importancia. Así que, si metes la pata, acéptalo y sigue adelante. Recuérdate a ti mismo que está bien cometer errores. La verdadera disciplina consiste en evitar ser negativo tanto en tus pensamientos como en lo que te dices a ti mismo.

RECAPITULANDO

Cuando se trata de disciplina y fortaleza mental, es mejor construirla y mantenerla durante toda la vida. La vieja filosofía de "hazlo y olvídalo" no funcionará, ya que esto solo desarrollará tu autocomplacencia y borrará todos los progresos que hayas conseguido hacer. Es un trabajo duro, pero será mucho más fácil mantenerlo durante todos los días de tu vida.

Otra cosa que debes tener en cuenta es que nunca estarás solo en tu viaje. Habrá personas con ideas afines que compartirán los mismos objetivos y aspiraciones que tú. Se enfrentarán a retos similares. Y se encargarán de cumplir esos objetivos contra viento y marea. Estas personas también pueden convertirse en una red de apoyo distinta de la que forman tus amigos y familiares más cercanos. No te sentirás solo en tu viaje, aunque haya menos gente en la cima de la montaña.

Cuando por fin consigas el éxito, lo último que querrás hacer es que el éxito se te suba a la cabeza. Teniendo en cuenta que has empezado de cero y que entiendes las luchas por tener falta de disciplina y fortaleza mental, conserva esa humildad y compasión para que puedas usarla como una forma de posicionarte como la persona que ha estado allí antes. Especialmente cuando estás ayudando a alguien.

Por último, recompensarte a ti mismo es clave cuando quieres seguir adelante con la consecución de los objetivos que te has fijado. Recompénsate, ya sea por las pequeñas cosas o cuando hayas alcanzado un hito importante. Son las recompensas las que te harán seguir avanzando. Y antes de que te des cuenta, será misión cumplida.

SUPERA LA PROCRASTINACIÓN Y EL PENSAMIENTO EXCESIVO 2 EN 1

DESARROLLA TU AUTODISCIPLINA, FORTALEZA MENTAL Y HÁBITOS SALUDABLES DE ATENCIÓN PLENA PARA ALCANZAR TU POTENCIAL Y SUPERAR TUS METAS

I

DIAGNÓSTICO DE LA CAUSA RAÍZ

1

LO QUE DEBE SABER SOBRE LA PROCRASTINACIÓN Y EL PENSAMIENTO EXCESIVO

NO ESTÁS SOLO EN ESTO

La procrastinación se define como el aplazamiento de tareas, ya sea a sabiendas o no. Se deriva del latín pro-crastinus, que significa pertenecer al mañana. Por supuesto, no hay mucho que se pueda lograr en un día, y algunas cosas deben dejarse para el día siguiente. Pero cuando estas cosas se posponen habitualmente, se trata de algo más que de la gestión del tiempo.

La gente pospone haciendo diferentes tipos de cosas, y lo hacen todo el tiempo, se den cuenta o no. Se estima que aproximadamente el 20% de los encuestados se consideran procrastinadores crónicos. Obtener una extensión para presentar las declaraciones de impuestos es un ejemplo clásico de simplemente postergar una tarea desagradable. Desafortunadamente, el cuidado de la salud es a menudo objeto de procrastinación. Pero la gente también pospone los planes para escribir una novela, tomar unas vacaciones y otras actividades agradables.

¿Por qué es esto así? ¿Nuestra vida cotidiana es tan ajetreada que simplemente no nos podemos hacer tiempo, o hay otras cosas en juego? Y aunque no podemos añadir más horas al día, podemos reconocer cuando hemos caído en un ciclo de aplazamiento y cómo salir de él, de modo de aprovechar al máximo las horas y los días que tenemos a nuestra disposición. El viejo refrán dice, "sólo te arrepientes de las cosas que no has hecho". Y la razón por la que la mayoría de la gente no hace estas cosas es la procrastinación y el pensamiento excesivo.

En nuestra sociedad cada vez más clamorosa, es cada vez más fácil postergar las cosas. Internet por sí solo, proporciona innumerables formas de perder el tiempo; desde videos en YouTube hasta chatear con amigos en Facebook o publicar cosas en sus cuentas de Instagram o Twitter. Incontables canales de cable y streaming proporcionan más contenido del que cualquier persona podría ver en toda su vida. Por lo tanto, es fácil posponer las cosas, demasiado fácil.

Lo que es importante recordar es que prácticamente cualquier cosa en la vida es más importante que un video de un bebé panda o una repetición de algún programa de televisión. La vida es corta, y la procrastinación sólo te roba el poco tiempo que tienes. Por eso es tan importante reconocer esta peligrosa práctica y aprender a controlarla. Es muy fácil, pero requiere un poco de conciencia y una cabeza clara sobre lo que estamos tratando.

La gente tiene una variedad de razones para procrastinar y pensar negativamente. A menudo establecen estándares que son imposibles de alcanzar, y por lo tanto, nunca tratan de estar a la altura. Pueden convencerse a sí mismos de que es mejor no arriesgarse y fracasar, o que todo en sus vidas debe ser fácil y sin desafíos. Cuando el desafío se presenta, el procrastinador se da margen de maniobra para hacer cualquier otra cosa. Otras inseguridades, como el miedo al rechazo personal, también pueden ser factores.

Para entender mejor lo que es la procrastinación, es útil recordar lo que no es. Descansar no es postergar. Nadie puede trabajar sin parar; todos necesitamos recargar nuestras baterías. Eso es parte de una vida bien equilibrada. Del mismo modo, la procrastinación no es pereza. La gente perezosa carece de las metas o la motivación para alcanzarlas. La procrastinación ocurre cuando una persona quiere o necesita lograr un objetivo, pero no logra hacerlo. A menudo se trata de una cuestión de motivación.

Una forma de ver la procrastinación es examinar el concepto de motivación. Si estamos muy motivados, es más probable que logremos lo que necesitamos y menos probable que lo pospongamos. Las multas y otras responsabilidades penales, son grandes motivadores para conseguir que se presenten esos impuestos a tiempo, ¿verdad?

Pero hay diferentes tipos de motivación, y algunos han demostrado ser menos exitosos que otros. La motivación extrínseca, o una motivación basada en la recompensa, demuestra estimular menos dopamina en el cerebro y, por lo tanto, resulta en un menor rendimiento. La motivación basada en el objetivo es más fuerte, pero puede tener una tendencia a perder su potencia después de alcanzar el objetivo. La motivación intrínseca, tiene en su núcleo una visión interna, que se traslada de una meta a otra, una que expresa los verdaderos objetivos del creador en la vida. Algunas personas solían decir que la presión es un gran motivador, pero ahora sabemos que el estrés que crea, es casi siempre contraproducente.

Algunas personas están motivadas negativamente para postergar, un sentido de rebelión contra el tener que hacer tareas desagradables en primer lugar.

Sin embargo, uno puede caer en el hábito de la procrastinación, reconociendo que el ciclo es una buena manera de romperlo. Generalmente, la procrastinación comienza con la inacción, luego la culpa que te lleva a dudar de ti mismo, que genera a un sentimiento de impotencia. Básicamente, el protagonista puede decir de sí mismo, "*No lo hice, debería haberlo hecho, tal vez no puedo hacerlo, tal vez no puedo hacer nada*". Aquí vemos el peligro de pensar demasiado, ya que fijarse mentalmente en este ciclo sólo hace que el ciclo sea más fuerte. Más pensamiento en esta línea sólo empeora el problema.

No es una forma muy agradable o productiva de pensar, ¿verdad? Sin embargo, es bastante común y está dentro de tu capacidad el poder de resolverlo. Una cosa a tener en cuenta es que el ciclo puede romperse en cualquier etapa simplemente haciendo lo que uno no hizo en primer lugar.

Muchas personas superan la procrastinación creando una visión personal, una que crea prioridades que motivarán e iluminarán el enfoque, no sólo de una tarea, sino de todas las tareas, ya que todas sirven a la visión personal general, de una manera u otra. Las listas de tareas son también una forma popular y efectiva de organizar varias tareas y asegurar su cumplimiento. Los mejores hábitos también reducen las demoras, y muchas personas mantienen una lista de hábitos para ayudar a desarrollar nuevos y mejores hábitos a medida que reemplazan los viejos. Muchos procrastinadores reservan tiempo para reuniones con ellos mismos, en las que consideran y reconsideran su visión personal y se centran en sus prioridades.

LAS CONSECUENCIAS DE LA PROCRASTINACIÓN Y EL PENSAMIENTO EXCESIVO

Los resultados de la procrastinación y el exceso de pensamiento pueden ser de gran alcance y perjudiciales. Se trata de algo más que de no hacer algunas cosas, se trata de los efectos duraderos que esto puede tener en tu vida.

Ya hemos considerado la pérdida de tiempo que la procrastinación crea, años que pasan improductivamente, quizás décadas o incluso toda una vida. Esto causa vergüenza, depresión, y el espiral descendente sólo empeora. Esto hace que se pierdan oportunidades de cambiar de vida, ya sea por la depresión, un sentimiento de impotencia para tener éxito, o simplemente por la falta de preparación. La procrastinación y el exceso de pensamiento son a menudo la raíz de las tres. La procrastinación también puede impedir que se alcancen los objetivos a largo plazo, ya que bloquea a la persona que la sufre, que entonces, no puede dar los primeros pasos cruciales para mejorar su vida y lograr sus objetivos. El fracaso en el logro de estos objetivos, puede tener consecuencias en la carrera profesional, como la falta de formación o desarrollo que impide ciertos ascensos. Esa falta de éxito profesional, puede fácilmente causar depresión y disminución de la autoestima. Esto puede preparar el terreno para tomar decisiones equivocadas y alcanzar objetivos menores en lugar de objetivos más inteligentes y a largo plazo. Esto puede ser perjudicial para tu reputación, perjudicando aún más las perspectivas profesionales, inspirando una mayor depresión, etc. Como podemos ver, la procrastinación es un espiral descendente.

Los ejemplos concretos del efecto corrosivo de la procrastinación en la vida de cualquiera son claros y es muy sabio de tenerlos en cuenta. Aplazar una visita al médico o al dentista, tendrá casi seguro efectos adversos en tu salud. Posponer el pago de las facturas de los servicios públicos hará que le corten esos servicios. Si no se cumple el plazo de pago de los impuestos, habrá multas y quizás persecución criminal. Al posponer las tareas del trabajo o la escuela y puedes ser sancionado con un descenso de categoría o con una calificación reprobatoria.

Los estudios también muestran que los procrastinadores son más propensos a realizar actividades peligrosas como fumar, tomar sustancias controladas, sexo sin protección, abuso de alcohol y malos hábitos de conducción.

Al mismo tiempo, puede ser beneficioso postergar y pensar demasiado. Tomarse un poco más de tiempo antes de hacer una tarea permite la reflexión y la consideración y puede evitar una actuación precipitada y evitar algún mal menor. A menudo, la procrastinación es en realidad sólo priorizar. Podrías hacer primero las tareas más fáciles de tu lista de tareas, posponiendo las más complejas hasta que las más simples estén hechas. Y a menudo, la procrastinación no tiene efectos obvios a largo plazo cuando el trabajo finalmente se hace, incluso si fue en el último minuto. Muchos procrastinadores lo ven como una situación *sin daños ni faltas.*

Veamos más de cerca el exceso de pensamiento por sí mismo. Si la procrastinación es el impedimento de una cierta acción, el exceso de pensamiento es a menudo la causa. Los ejemplos de exceso de pensamiento son bastante comunes, y es una trampa fácil de caer en ella. Puedes concentrarte tanto en un proyecto de trabajo que te mantiene despierto por la noche. O podrías estar reviviendo una discusión que tuviste con un miembro de la familia y ser incapaz de sacártela de la cabeza. Si es así, probablemente estés pensando demasiado.

Recuerda que los pensamientos causan emociones, y pensar demasiado puede crear emociones difíciles de manejar e incontrolables.

Muy a menudo, la ansiedad está en el centro de la procrastinación y el exceso de pensamiento. La ansiedad es la reacción normal al estrés, pero la ansiedad continua suele ser una condición o conjunto de condiciones peligrosas: trastorno de ansiedad generalizada, ansiedad social o trastorno de pánico. Cerca de 40 millones de adultos estadounidenses sufren de un tipo u otro de trastorno de ansiedad.

Pensar demasiado puede llevar a una parálisis de análisis, en la que se puede gastar tanto esfuerzo considerando diferentes opciones o escenarios, que nunca se hace una elección inicial, y, por lo tanto, no se hace nada en absoluto.

Analizar demasiado algo puede interferir con el descubrimiento de la solución. Muy a menudo, nuestro enfoque puede llegar a estar tan fijado en el problema, que lo perdemos de vista. Caminar o ducharse puede a veces romper este ciclo, ya que tu enfoque se convierte en algo simple y mundano que requiere poco pensamiento, y tu mente se desbloquea para reexaminar el problema original. Pensar demasiado, a menudo interrumpe los patrones de sueño, lo que a su vez puede tener una variedad de efectos perjudiciales tanto en su salud física como mental. ¡Pensar demasiado puede desencadenar enfermedades mentales e incluso el suicidio!

Hay una variedad de formas de combatir el exceso de pensamiento, incluyendo el ser consciente del momento y tratar de no vivir demasiado en el pasado o en el futuro, y ser más indulgente contigo mismo. Hay algunas cosas que no puedes controlar, después de todo.

Y no estás solo. Un estudio de la Universidad de Michigan encontró que el 52% de las personas de entre 45 y 55, años piensan demasiado, y el 73% de los adultos entre 25 y 35 años también lo hacen.

Un estudio reciente del Reino Unido, demostró que ciertas partes del cerebro humano son más creativas cuando el proceso cognitivo se calma. De acuerdo con el estudio, el exceso de pensamiento se frustra naturalmente con el cerebro tranquilo y creativo.

Pensar demasiado también consume una cantidad sorprendente de energía y puede dejar a cualquiera exhausto e incapaz de salir del ciclo de aplazamiento. Y el estrés de pensar demasiado puede producir la hormona del estrés llamada cortisol. Esta hormona puede agotarse, causando una especie de agotamiento mental.

El cortisol también puede aumentar el apetito, lo que crea un patrón de alimentación por estrés. Esto puede causar un gran número de condiciones y enfermedades perjudiciales, incluyendo obesidad, diabetes, insuficiencia cardíaca, derrame cerebral, cáncer y cualquier otro tipo de enfermedades que pongan en peligro tu vida. El aumento de peso también puede tener efectos psicológicos, creando depresión, pérdida de autoestima, aislamiento y soledad, y esto sólo contribuye al ciclo de aplazamiento y exceso de pensamiento.

Una escuela de medicina de Harvard, realizó un estudio sobre el cerebro de personas de entre 60 y 70 años de edad y los contrastó con los cerebros de aquellos de 100 años o incluso más. Los resultados fueron que aquellos que murieron antes tenían menos de la proteína que calma la actividad cerebral. Otros estudios indican que esta proteína, RE1 (REST), puede proteger contra la enfermedad de Alzheimer. Pero puede agotarse por el uso excesivo, que los expertos creen que puede crearse, en estos casos, por pensar demasiado.

El cortisol y otras hormonas, pueden elevar los niveles de azúcar en la sangre y las grasas en la sangre llamadas triglicéridos. Esto puede llevar a una serie de enfermedades, incluyendo mareos, fatiga, aceleración del ritmo cardíaco, dolores de cabeza, dificultad para tragar, incapacidad para concentrarse, sequedad de boca, tensión muscular, irritabilidad, náuseas, respiración rápida, energía nerviosa, temblores y sudoración.

Si estas hormonas no son utilizadas adecuadamente por el cuerpo, los resultados pueden incluir trastornos digestivos, pérdida de la memoria a corto plazo, ataque cardíaco, enfermedad coronaria prematura, tensión muscular y supresión del sistema inmunológico.

La meditación y el ejercicio son buenas formas de combatir el exceso de pensamiento, como lo es un registro de preocupaciones, o un diario de las cosas que son preocupantes o que tienen que ser tratadas, una especie de lista de cosas por hacer para tu cerebro. Los expertos están de acuerdo en que el acto de escribir, es una forma de purgar los temas de tu mente subconsciente y detener el ciclo de pensamiento excesivo. A menudo se recomienda la terapia, y una fuerte red de amigos y familiares para el apoyo, puede a menudo hacer la diferencia.

LA PROCRASTINACIÓN ES UN CICLO, DEVORA TU VIDA SIN QUE TE DES CUENTA DE ELLO

Ya hemos echado un breve vistazo a la procrastinación y el exceso de pensamiento como un ciclo, alimentándose de sí mismo. La procrastinación puede comenzar con la inacción que lleva a la culpa, que luego puede llevar a dudar de uno mismo, resultando en un sentimiento de impotencia.

El ciclo también puede asumir aspectos fisiológicos; los malos hábitos alimentarios, pueden provocar un aumento de peso que se suma a la depresión, y esa depresión puede desencadenar el exceso de pensamiento que estimula las hormonas cerebrales que motivan la sobrealimentación.

Pero el ciclo de aplazamiento y exceso de pensamiento va aún más profundo que eso. Muy a menudo, la procrastinación comienza con la esperanza y la determinación (*"Esta vez empezaré pronto"*) que se convierte en presión después de la consiguiente inacción (*"¡Tengo que empezar!"*). Aquí es donde intervienen la ansiedad y la parálisis, y sólo empeora cuando el procrastinador entra en una falsa esperanza (*"¡Todavía puedo hacerlo!"*) y luego la vergüenza y la auto-recriminación (*"¿Por qué no puedo hacer esto?"*) y luego a menudo la desesperanza (*"¡No puedo hacer esto!"*) o una repetición del ciclo con un optimismo renovado (*"Empezaré temprano la próxima vez"*). Al día siguiente, todo empieza de nuevo.

Para romper este ciclo, simplemente hay que ir al segundo paso. El primer paso es el mismo, esperanza y determinación (*"Esta vez empezaré temprano"*). Pero remplaza la inacción con la acción en el segundo paso. Hacer un plan, hacer una lista de cosas por hacer (*"Así es como lo haré"*). Luego usa un poco de disciplina para evitar la demora (*"¿Por qué me estoy resistiendo a esto?"*) y luego actúa, aunque sólo sea un paso del proyecto (*"Lo haré"*).

Pensemos en ello de otra manera: Las diversas razones que tiene la gente para postergar, como el miedo al fracaso o la presunción de facilidad de la vida, pueden ser consideradas como reglas o suposiciones inútiles. Entrar en una tarea con tales reglas, sólo crea rechazo por la tarea, lo que conduce a distracciones y otras actividades de procrastinación. Soportas las consecuencias, como el estrés o la socialización negativa, y luego terminas postergando de nuevo la próxima vez.

Pero un simple cambio en esas reglas poco útiles lo cambia todo. En lugar de un sentido de derecho, podrías asumir que la mayoría de las cosas que valen la pena hacer en la vida, van a ser un desafío, que nada que valga la pena es realmente fácil. En lugar de temer al fracaso, tolera el riesgo. El fracaso puede ser corregido, después de todo, y la falta de acción es el verdadero peligro en estos casos. El simple hecho de actuar, es una victoria en gran medida. Cambiar de esas reglas inútiles a reglas útiles, cambia la emoción resultante, que será el orgullo por el progreso en lugar del disgusto por la tarea. Esto significa descartar las prácticas de distracción y procrastinación y completar la tarea en cuestión. Las consecuencias negativas de la procrastinación, la vergüenza y la duda, son reemplazadas por el orgullo en el logro y la nueva confianza para hacer tales cosas. Eso te inspirará a hacer el trabajo la próxima vez, y no aplazarlo en absoluto.

Voilà, el ciclo se ha roto.

¿POR QUÉ ES TAN IMPORTANTE SUPERAR EL EXCESO DE PENSAMIENTO Y LA PROCRASTINACIÓN?

Ya hemos visto las consecuencias de la procrastinación y el exceso de pensamiento; los obstáculos sociales, el costo físico, mental y emocional que puede tener. Pero echemos un vistazo a la otra cara de la moneda, y preguntémonos cuáles son los beneficios de no postergar y no pensar demasiado.

De la misma manera que postergar y pensar demasiado puede limitar severamente lo que una persona puede lograr a lo largo de su vida, también es cierto que no postergar creará una vida mucho más productiva. Puede que no tengas ni idea de las cosas de las que eres capaz o de los éxitos que podrías obtener, simplemente haciendo unos pequeños cambios en tu perspectiva y tus hábitos personales. La única manera de sondear completamente las profundidades de tu potencial, es actuar, y eso significa romper el ciclo de la procrastinación y el exceso de pensamiento.

Ser más productivo impacta en más vidas que la tuya. Te conviertes en un ejemplo para que otros actúen y se esfuercen por alcanzar sus propias metas, y ellos continúan inspirando a otros. Ese es un ciclo positivo que no querrás romper, y continuará sin fin, si sigues siendo productivo.

También te las arreglarás para lograr algo; tal vez algo pequeño y privado, como crear una pieza de joyería o tal vez algo grande y de gran alcance, como crear una empresa de joyería.

Un logro llevará a otro, las oportunidades crean oportunidades. Pero sólo podrás pasar al siguiente proyecto, una vez que hayas completado el actual. Por lo tanto, termina este y podrás pasar al siguiente. Será útil si no piensas demasiado en otros proyectos también. Céntrate en el momento y concéntrate en lo que estás haciendo, en lugar de lo que hiciste o no hiciste en el pasado, o lo que podrás o no podrás hacer en el futuro.

De esta manera, nunca te encontrarás en una rutina mental, porque tus nuevos objetivos y proyectos te mantendrán estimulado mental y físicamente. Y el hecho de tener más cosas que hacer, fomentará una mejor gestión del tiempo.

Tal vez lo más importante, es que aprenderás a tomar riesgos y a conquistar tus miedos. Franklin Delano Roosevelt dijo: *"A lo único a lo que debemos temer, es al miedo mismo"*, y es una forma perfecta de pensar en la procrastinación y el exceso de pensamiento. La ansiedad se acumula y crea duda y miedo, impidiéndonos lograr las cosas que queremos y necesitamos hacer. Pero al sofocar al miedo con una medida de aceptación, encontrarás el coraje para seguir adelante y hacer lo que hay que hacer. Las metas y los sueños se harán realidad, y te librarás de los espirales descendentes de la procrastinación y el exceso de pensamiento.

Pero ningún libro resolverá este problema para ti. Esta guía te ayudará a dar estos pasos por ti mismo, a crear la vida que realmente quieres. A ver la necesidad de una nueva y mejor perspectiva, y a dar el primer paso vital en tu viaje hacia una vida más feliz. Pero hay un camino por recorrer y poco tiempo para llegar a él, así que pongámonos a trabajar y analicemos más de cerca los efectos de tu entorno en la procrastinación y el exceso de pensamiento. Eso puede marcar la diferencia entre perder más de tu valioso tiempo y lograr todo lo que siempre has querido conseguir.

2

TU ENTORNO PODRÍA ESTAR AFECTANDO DRÁSTICAMENTE SUS NIVELES DE PRODUCTIVIDAD SIN QUE USTED SE DÉ CUENTA

ESTÁS MOLDEADO POR LA INFLUENCIA DE LAS PERSONAS QUE TE RODEAN

La gente, los lugares y las cosas que te rodean pueden tener una poderosa influencia sobre ti, así como tú puedes tener una poderosa influencia sobre ellos. Vale la pena notar aquí la diferencia entre influencia y control. El control, es a menudo un esfuerzo inútil; tantas cosas caóticas pueden suceder en el curso de un día, una semana o un mes, que no podemos controlar todo, no importa cuánto lo intentemos. ¡A menudo ni siquiera podemos controlarnos a nosotros mismos!

La influencia, por otro lado, ocurre virtualmente sin esfuerzo. Generalmente, influenciamos a los más cercanos a nosotros más fuertemente que a otros, y también estamos más influenciados por los más cercanos a nosotros. Piensa en la crianza de los hijos; los niños no siempre pueden ser controlados, pero siempre están influenciados, por sus padres más que nadie, en las primeras etapas de la vida. Del mismo modo, un niño no puede generalmente controlar a sus padres (esto no siempre es cierto), aunque, pueden influir en ellos de muchas maneras. Los amigos y los compañeros se convierten en una gran influencia una vez que empiezan a pasar más tiempo con ellos (en la escuela, por las tardes y los fines de semana) que el que pasan con sus propios padres (a menudo restringido a unas pocas horas durante la cena, si eso es así).

Una de las diferencias cruciales, es que la influencia ocurre automáticamente, mientras que el control, requiere de un esfuerzo increíble.

Por lo tanto, al tratar con la procrastinación y el exceso de pensamiento, debes saber primero que lo mejor que puedes hacer, es influenciar las cosas, no controlarlas; y en muchos casos eso es mucho más fácil y efectivo.

Pero debido a que la influencia ocurre sin un esfuerzo concertado, hay que tener cuidado de no convertirse inadvertidamente, en una mala influencia. Esto requiere un poco de disciplina mental, pero vale la pena para ti y los que te rodean.

Nuestros estados de ánimo pueden influir en otros, por ejemplo. Si alguien está muy bien anímicamente, mientras que otro se siente deprimido, es probable que se atraigan mutuamente hacia un punto medio. Algunas personas en sus sentimientos, de una forma u otra, tienden a ser menos afectados y mover a otros más hacia su propio estado de ánimo. Esto puede ser beneficioso cuando la persona es optimista o positiva, pero cuando es constantemente negativa la situación puede ser tóxica para la otra persona.

Para complicar aún más las cosas, una sola persona puede ser más fuerte y resistente un día, y menos en otro. Por ejemplo, durante las vacaciones, algunas personas se encuentran en un terreno menos estable. Por lo tanto, si tú eres una de ellas, y las fiestas se acercan, es prudente ser consciente de tus tendencias para poder controlarlas mejor. Lo mismo ocurre si conoces a alguien a quien le sucede esto, para que puedas evitarlo en estos momentos vulnerables.

Cuando una persona representa una influencia negativa constante, hay poco que puedas hacer para controlar su perspectiva. Pero puedes influenciar siendo un mejor ejemplo y esperar elevarlo a tu nivel. Esto no suele ser una tarea fácil, ya que significa enfrentar y superar tu propia negatividad personal, algo a lo que todos podemos estar sujetos de vez en cuando. Pero esa negatividad, es algo que hay que conquistar de todas formas, ¡así que este es un momento tan bueno como cualquier otro para hacerlo!

Limpiar tu psique y elevar tu influencia positiva, es una buena manera de lidiar con las influencias negativas, pero no siempre será suficiente, y lleva bastante tiempo.

Los efectos de la negatividad, desde dentro o fuera, pueden ser peligrosos, y no deben ser simplemente tolerados. Los estudios muestran que incluso pequeñas cantidades de actividad cerebral negativa, pueden debilitar el sistema inmunológico y provocar un ataque al corazón o un derrame cerebral. Según el Dr. Travis Bradberry, la negatividad puede comprometer la eficacia de las neuronas del hipocampo, la parte del cerebro que maneja la memoria y el razonamiento.

Por lo tanto, muchos recomiendan simplemente eliminar a esas personas de tu vida. Si no puedes controlarlos o influenciarlos, simplemente remuévelos de tu entorno. Un principio del budismo de Nichiren (la unicidad de la vida y su entorno) establece, a grandes rasgos, que nuestro yo interior se refleja en nuestro entorno. Cuando cambiamos nuestro entorno, influimos en nuestro yo interior. Si eliminas a esas personas tóxicas de tu vida, limpias tu entorno y, por lo tanto, limpias tu interior.

Eliminar a esas personas de tu vida te liberará para pasar más tiempo con mejores influencias y crear un ambiente más fuerte y enriquecedor.

Encuentra tales influencias positivas en grupos de voluntarios, que elevarán la autoestima de cualquiera. En el trabajo, los mentores son siempre una influencia positiva a pesar de las personalidades negativas con las que te puedes encontrar en casi cualquier ambiente de trabajo.

Si no puedes evitar a esas personas, establece parámetros. Distancia física si puedes. Mucha de la negatividad proviene de la autocompasión. En lugar de dejar que un quejoso siga y siga, pregúntele qué medidas positivas piensa tomar para corregir su queja. Resístete a involucrarte en un debate sobre sus sentimientos; no podrás influir en ellos y sólo parecerás autoritario o argumentativo. Nadie gana nunca una discusión.

En lugar de afirmar tus perspectivas o deseos, que son básicamente irrelevantes para estas personas, considera dirigirte a ellos en una serie de preguntas: *"¿Cómo te hace sentir eso? ¿Qué crees que puedes hacer para cambiar las circunstancias de manera que te sientas diferente?"*

Una vez más, considera establecer un nivel más alto de positividad, de manera que esta, pueda influir en tu entorno y en ti mismo. Lleva algunos bocadillos al trabajo, hazle un cumplido a alguien. Eso elevará la positividad de todos los que te rodean y eso te ayudará a mantener una alta positividad a cambio.

Los investigadores generalmente están de acuerdo en que la negatividad puede ser contagiosa. Una investigación en la Universidad de Indiana, recientemente encontró que las opiniones negativas de los demás ejercen una influencia más fuerte en las personas, que las opiniones positivas. Incluso aquellos con opiniones positivas fueron más fácilmente influenciados por aquellos con opiniones negativas, y la discusión sólo aumentó la incidencia de la influencia negativa sobre la positiva.

El psicólogo Shilagh Mirgain, Doctor en filosofía, lo expresa de esta manera: "La felicidad no es sólo una experiencia personal, sino que se ve afectada por los individuos que te rodean". La negatividad de una persona, por ejemplo, puede irradiarse a otros en ese entorno, afectando a todo el grupo.

La investigación de Mirgain, también indica que la felicidad de un solo individuo, puede tener un efecto dominó de hasta tres grados de separación (nosotros, nuestros amigos, y luego los amigos de nuestros amigos). Mirgain también encontró que las emociones negativas tienen un impacto mayor que las positivas, a menudo de cuatro a siete veces mayor.

Para combatir toda esta negatividad externa, considera la posibilidad de compartir tus sentimientos con aquellos que son comprensivos (incluso con ti mismo, si es necesario), rodearte de personas positivas siempre que sea posible y dormir mucho. Eso te ayudará a elevar tu propia positividad y, por lo tanto, la positividad de las personas que te rodean.

Toda esa energía negativa puede tener una conexión directa tanto con la procrastinación como con el exceso de pensamiento. Porque las investigaciones indican, cada vez más, que la procrastinación, no es el resultado de una mala gestión del tiempo, sino de un conflicto emocional. De hecho, el mal manejo del tiempo se ve a menudo como un síntoma de un problema emocional, no como un problema en sí mismo.

Rachel Eddins, una consejera profesional licenciada y miembro de la Asociación Americana de Consejería, lo expresa de esta manera: "No hay una sola respuesta a lo que es la procrastinación, porque [hay] muchas cosas que conducen a ella". Por lo tanto, la mejor manera de lidiar con la procrastinación, es saber primero cuáles son los principales factores que contribuyen a ella. Cambia esos factores, cambia tu entorno, y podrás cambiar tu estado mental, entender mejor y superar la tendencia a aplazar las cosas.

La procrastinación es una estrategia de evasión (literalmente), y estas pueden crear dolor psicológico que crea depresión, ansiedad y otras condiciones a menudo debilitantes.

En 2007, Piers Steel, Psicólogo de la Universidad de Calgary, describió cuatro causas de la procrastinación en lo que él llama la ecuación de la procrastinación. Las cuatro causas ya deberían sonarte familiares:

Baja auto-eficacia: La confianza de una persona en ser capaz de cumplir la tarea. La baja autoeficacia contribuye en gran medida a la procrastinación.

- **Bajo valor:** El placer de la tarea. Incluso las tareas aburridas o ligeramente dolorosas, son de menor valor que las extremadamente difíciles.
- **Impulsividad:** Capacidad para mantenerte concentrado y resistir las distracciones.
- **Retraso:** Cuánto tiempo hasta que la tarea deba ser cumplida. Cuanto mayor sea el retraso, más probable es que se pospongan las cosas.

Steel combina estos cuatro elementos en una ecuación que puede ayudar a cualquiera a calcular la probabilidad de aplazar, y se ve algo así:

Probabilidades de superar la procrastinación = Autoeficacia x Valor / Impulsividad x Retraso

Así, nuestra confianza en nosotros mismos y el valor de la tarea, se divide por nuestra impulsividad y el tiempo de retraso. Es difícil, pero puede ayudar a casi todos a descubrir en qué punto de la ecuación se encuentran. ¿Es la autoeficacia la razón de tu particular práctica de la procrastinación? Auméntela. ¿Eres demasiado impulsivo? Disminuye eso de acuerdo a la cantidad de retraso que tengas, y la ecuación debería funcionar.

Aquí hay algunas formas específicas de tratar con cada una de las cuatro:

1. Si la autoeficacia es la causa, considera dividir la tarea en bloques más pequeños y manejables para crear una serie de pequeñas victorias en tu camino a la culminación. Esto debería aumentar tu confianza y asegurarte de que puedes hacer el trabajo.

2. Si el problema es el bajo valor de la tarea, encuentra una manera de aumentar su valor. Haz que la aburrida tarea sea más agradable cambiando tu entorno, lleva tu computadora portátil a un parque público o a una cafetería y hazla más agradable, aumentando su valor.

3. Si eres impulsivo, elimina esas distracciones. Apaga Internet, guarda tu teléfono, elimina cualquier cosa que te distraiga. Pero no te sientas mal por esto, ya que las investigaciones indican que el cerebro humano en realidad requiere de distracciones periódicas, está programado para trabajar de esa manera. Piensa en cómo un pequeño animal comprobará periódicamente si hay peligro en su entorno, sin importar lo que el animal esté haciendo: comer, beber, limpiarse. Es un impulso de supervivencia, y está conectado al cerebro del mamífero.

4. Si el retraso es tu problema, crea una serie de mini plazos, piensa en ellos como objetivos a cumplir. El tiempo en sí mismo ayudará a hacer el trabajo.

Pero fuera de la famosa ecuación, hay otros factores que contribuyen a la procrastinación, y eso nos lleva de vuelta al entorno. Porque algunas postergaciones son comportamientos aprendidos, heredados de las personas más cercanas a nosotros y por lo tanto tienen gran influencia sobre nosotros. Tal vez un padre, un jefe, un amigo o compañero de trabajo tiene la tendencia, y esta influencia ha afectado tu comportamiento también. No podrás hacer mucho por esta persona, pero puedes recordarte a ti mismo que puedes tomar tus propias decisiones, y que no todas las influencias son influencias positivas. Usa un poco de disciplina para ser una mejor influencia para ti mismo.

Otra palabra sobre el control de tu entorno antes de que éste te controle a ti. El término "cebado" se refiere al concepto de desencadenantes. Pasar por delante de Starbucks, puede desencadenar tu deseo de una delicia cremosa y alta en calorías. O pasar por el gimnasio puede desencadenar su deseo de hacer ejercicio y estar más saludable. Tu puedes elegir pasar por el gimnasio en lugar de Starbucks si cambias de ruta. Controla los factores desencadenantes de tu entorno y podrás controlar mejor tus factores desencadenantes y los deseos que estos inspiran. Esto se aplica a los teléfonos inteligentes, las notificaciones por correo electrónico, etc.

Si realmente quieres derrotar estas pequeñas distracciones, prueba con el paquete de tentaciones. En lugar de ser tareas de bajo valor, considera cómo se relacionan con tus objetivos a largo plazo. Eso las convertirá en tareas de alto valor y serán instantáneamente más agradables. En lugar de temer recoger los registros bancarios para tu contador, piensa en cuánto dinero te ahorrarás en tu declaración de impuestos este año. En lugar de posponer el corte del césped por la monotonía de la tarea, piensa en lo bien que huele el césped recién cortado y en lo bien que se verá tu césped.

Recompensarte por pequeñas victorias es otra buena manera de mantenerte motivado. ¿Recopilaste y presentaste tus registros bancarios? Entonces, ¡Toma un trozo de pastel! Cortaste el césped, ¿verdad? Entonces, ¡Siéntate y disfruta del juego de pelota! Esta serie de recompensas no sólo refuerza tu sentido de autoestima y logro, sino que también te da un incentivo para hacer las que las tareas menos agradables sean más agradables. ¡Es lo que llamamos: ganar/ganar!

NO PERMITAS QUE DEMASIADA PRESIÓN TE ARRASTRE HACIA ABAJO

La procrastinación y el exceso de pensamiento propios o de alguien cercano a ti, crea presión. La pérdida de tiempo significa un trabajo más duro que debe hacerse más rápido y, por lo tanto, mejor. Y aunque algunas personas afirman trabajar mejor bajo presión, no tienen en cuenta el hecho de que hay diferentes tipos de estrés por presión. Los atletas y los artistas pueden soportar el estrés por presión, pero esto sólo les ayuda a concentrarse. El estrés puede incluso ayudar al resultado general. En este tipo de estrés, la persona se fija en el rendimiento y ese estrés a menudo crea resultados trascendentales.

El estrés destructivo, pone el foco en la persona, no en la tarea, y generalmente produce resultados mucho menores. El estrés destructivo, a menudo, da lugar a errores. Por lo tanto, debes saber qué tipo de presión estás enfrentando y cuál debes evitar.

La presión de la procrastinación y el exceso de pensamiento puede venir de dentro o de tu entorno. Las opiniones de los demás, las críticas, el rechazo, las presiones externas, a menudo fomentan la tendencia a pensar demasiado y a posponer, como ya lo hemos discutido. El pensamiento negativo a tu alrededor también puede ser una fuente real de presión externa. Pero puedes usar eso como motivación para hacerlo mejor, tener éxito y ser promovido a un mejor entorno. La forma en que tratas con los que piensan demasiado y los que procrastinan, determinará tu éxito. No puedes controlarlos, como hemos visto, e incluso influenciarlos puede ser arduo. Pero si no puedes evitarlos, tendrás que tratar con ellos de alguna manera, algo que discutiremos con más detalle en la siguiente sección de este libro.

DISTRACCIONES Y TENTACIONES; SERÁ DIFÍCIL DERROTARLAS

Y hay más en nuestro entorno que sólo la gente que lo habita. Hay básicamente cuatro tipos diferentes de distracciones; las que puedes controlar, las que no puedes controlar, las que son molestas y las que son divertidas, pero todas se originan en nuestro entorno.

Algunas distracciones están fuera de tu control, y pueden ser molestas (una reunión de oficina) o divertidas (una invitación a cenar). No puedes prevenirlas, pero puedes volver rápidamente al trabajo después de cualquiera de ellas con un poco de autodisciplina. Las distracciones que puedes controlar también pueden ser molestas (revisar los correos electrónicos) o pueden ser divertidas (ver videos de YouTube o publicar en Twitter). Considera la posibilidad de programar el tiempo para estas distracciones para que no interfieran con tareas más impor-

tantes. Reserva algunas horas por la mañana o por la noche para aquellas distracciones que puedes controlar para hacer sitio a las
distracciones que no puedes controlar.

Un estudio sobre los focos de las distracciones, incluyó dos grupos; los
individuos que estaban enfocados en la promoción y buscaban resultados positivos, y los individuos estaban enfocados en la prevención,
que trataban de anular los resultados negativos. El estudio encontró
que las distracciones, como la música, tenían poca influencia en los
resultados. Los individuos centrados en la prevención, obtuvieron
peores resultados y disfrutaron menos de la tarea, que los sujetos a
prueba centrados en la promoción.

Pero eso no significa que las distracciones no sean todavía costosas.
Puede que pases un minuto en el teléfono, pero los estudios indican
que puede llevar más de 23 minutos de tiempo perdido volver a la
tarea en cuestión.

Aunque las distracciones no siempre son externas. La corteza
prefrontal lateral izquierda del cerebro puede estar dañada, lo que hace
que las personas sean más propensas a sucumbir a la tentación de la
satisfacción inmediata en lugar de la ganancia a largo plazo, que es
justo lo que una distracción a menudo es.

VIVIR CON SOBREPENSADORES Y PROCRASTINADORES

A menudo, el problema de pensar demasiado y postergar, es parte de
la influencia negativa de los demás y tu problema es tener que lidiar
con ellos. Cuando no puedes limitar tu exposición, o tratar de rediri-

girlos en una dirección positiva, todavía hay buenas maneras de lidiar con esa influencia negativa, y de evitar que te afecte.

No minimices su perspectiva. Los que piensan demasiado se obsesionan, es cierto, pero decirles eso no ayuda. Uno podría ser movido a tratar de reducir el alcance del problema para aliviar el exceso de pensamiento, diciendo básicamente, "No es gran cosa". Pero la procrastinación y el exceso de pensamiento, son tanto problemas emocionales como cualquier otra cosa, como hemos visto. Por lo tanto, tratar de abordarlo lógicamente no funcionará, e incluso puede hacer que la fijación empeore a medida que el que piensa demasiado se ofende. Entonces ellos también pensarán en ello demasiado.

Del mismo modo, no reduzcas la potencia de sus sentimientos. Alguien que piensa demasiado en algo no puede superarlo. Están emocionalmente encerrados, y al igual que decirles que no tienen nada de qué preocuparse, decirles que no tienen derecho a sus sentimientos legítimos, sólo empeorará las cosas.

La ansiedad es irracional, así que no tiene sentido preguntarle a alguien por qué piensa demasiado las cosas. De nuevo, no se trata de la razón, sino de la emoción. Intenta hablarles de las emociones que están procesando en vez de los pensamientos que están teniendo.

Tampoco ayuda a comparar el dilema del pensador excesivo con el de cualquier otra persona. Estos desafíos son diferentes para todos y no todos los manejan de la misma manera. El dilema de otro no va a ser de mucha utilidad.

Curiosamente, los que piensan demasiado no suelen buscar soluciones o recomendaciones, por mucho que parezca que buscan eso mismo.

Debido a que no se trata de la razón sino de la emoción, pensar demasiado y obsesionarse con algo, es a menudo una cuestión de liberación emocional. A veces, una persona solo quiere desahogarse. Están más obsesionados con el problema que con la solución. Puede parecer irracional, y muy a menudo lo es. Pero pensar demasiado y postergar las cosas, se basan en las emociones, después de todo.

De la misma manera, la tranquilidad puede ser de poco valor para el que piensa demasiado. No piensan tanto como sienten, recuérdalo.

Los que piensan demasiado no piensan demasiado en todo, solo en algunas cosas. Si conoces a un pensador excesivo en particular, reflexiona sobre el patrón de lo que está hablando constantemente. Eso te indicará cómo responderle.

Las emociones tienden a agravarse para el que piensa demasiado, lo que tiene sentido. Muy a menudo, buscan una forma de procesar toda esa emoción. Pero como resultado de toda esa emoción y confusión, los que piensan demasiado, a menudo están agotados, nerviosos y agitados. Ten esto en cuenta al tratar con ellos o evítalos por completo.

Pero por ahora, echemos un vistazo más de cerca para ver qué puedes hacer para mejorar tu propia productividad y tranquilidad.

3

¡DETÉN EL AUTOSABOTAJE! TÚ MISMO ERES EL PROBLEMA

El autosabotaje, o la práctica de impedir activa o pasivamente el propio éxito, puede tomar una variedad de formas. Puede ser activa, como el abuso de sustancias. Puede ser pasiva, como con la postergación. Pero a menudo es peligroso y puede ser devastador.

Curiosamente, las mismas cosas que motivan a la gente a procrastinar, también motivan el comportamiento de auto-sabotaje en general; la falta de autoestima, el miedo al éxito y al fracaso, el deseo de control.

El auto-sabotaje se indica a menudo con las mismas banderas rojas que indican la procrastinación y el exceso de pensamiento; priorizar la gratificación instantánea sobre los beneficios a largo plazo, evitar las tareas necesarias, no priorizarse a uno mismo, centrarse en los pensamientos autodestructivos.

Y las mismas técnicas que se pueden usar para postergar y pensar demasiado, son compatibles con las técnicas que se usarían para lidiar con todas las conductas auto-saboteadoras: el pensamiento positivo, las metas alcanzables para reforzar la autoeficacia, ajustar el ambiente para limitar las distracciones y las influencias negativas.

TU CABEZA ESTÁ LLENA DE MUCHOS PENSAMIENTOS, Y NO TE AYUDA NI UN POCO

Nuestros días están llenos de todo tipo de distracciones y cosas que requieren nuestra atención. Esto ciertamente no hace ningún bien para aquellos que tienden a pensar demasiado o a aplazarlo todo. Y todo ese desorden en nuestro entorno seguramente se infiltra en nuestra psiquis. Recuerden que nuestros ambientes reflejan nuestros estados psicológicos.

Pero, ¿qué tipo de pensamientos fluyen en nuestro cerebro y cómo los controlamos? El primer paso es identificar un tipo de pensamiento de otro y tratar cada uno de ellos de la manera apropiada.

Básicamente hay tres tipos diferentes de pensamientos: Los pensamientos necesarios se relacionan con tu rutina diaria ("¿Qué voy a cenar?" o "¿Cuál es la contraseña de mi sitio web?"), mientras que los pensamientos de desecho, no tienen ningún uso constructivo ("¿Y si esto sucede?" "¿Por qué esa persona me dijo tal cosa?") A menudo se relacionan con eventos pasados o futuros, no con eventos del momento actual, y concentrarse en el pasado o en el futuro en lugar del presente es una gran parte tanto de la procrastinación como del exceso de pensamiento.

Luego están los pensamientos negativos, que son perjudiciales para ti y para los demás. Tal vez no sea sorprendente que los pensamientos negativos se centren principalmente en cinco vicios comunes: la ira, la lujuria, la codicia, el ego y el apego.

El cerebro humano exhibe signos de un sesgo de negatividad, una tendencia a centrarse en los pensamientos negativos. Esta fue una táctica de supervivencia para nuestros antiguos antepasados, pero en la era moderna, esto produce, a menudo, una fuente de ansiedad y depresión.

Los pensamientos negativos están generalmente inspirados por expectativas insatisfechas en desacuerdos, en la pereza, el racismo, la crítica, los celos, el odio y el exceso de poder. Nacen de la amargura, la frustración y la insatisfacción.

Los pensamientos positivos, por otro lado, redirigen nuestra atención lejos de esos vicios comunes y hacia las virtudes como priorizar el amor, la paz, la pureza, la alegría y el poder. Estos son los pensamientos que nos impulsan a ser mejores personas e inspiran nuestros mayores logros.

Pero de todos los diferentes tipos de pensamientos, los pensamientos positivos pueden ser los más difíciles de perseguir, ya que requieren una tolerancia a la incomodidad, enfrentarse a los problemas y a las tareas de bajo valor, y una considerable autodisciplina y paz interior. La persona debe ser consciente de estos retos y recompensarse con elogios por los pequeños logros, tranquilizando su propia psique de autoeficacia y del alto valor de las tareas a veces desagradables. Es una cuestión de voluntad en gran medida, pero eso no lo hace tan difícil como parece. Recuerda felicitarte por las pequeñas victorias, recuerda cómo las pequeñas tareas se suman a los grandes logros, eso no es tan difícil.

O considera los pensamientos como si estuvieran en tres clases. Los pensamientos perspicaces se usan para resolver problemas, los pensamientos experienciales se centran en una tarea a mano, y los pensamientos incesantes son el tipo de pensamiento que nos distrae y nos hace pensar demasiado en los eventos del pasado o del futuro.

El Doctor Albert Ellis, creó un enfoque A-B-C para derrotar el pensamiento incesante. Según el Dr. Martin Seligman, considerado el padre de la psicología positiva, un bucle de pensamiento negativo tiene tres componentes; adversidad, creencias y consecuencias. Un evento desfavorable crea adversidad, que inspira narraciones que luego se convierten en nuestras creencias. Esas creencias influyen en nuestras acciones, y esas acciones tienen consecuencias naturales.

Pero se puede añadir un cuarto componente, la disputa, en la que se disputan las creencias y se corrigen, antes de que conduzcan a sus consecuencias naturales. En otras palabras, siempre puedes hablar de ti mismo desde el punto de vista de tus creencias negativas.

Tu adversidad, por ejemplo, podría estar en la presentación de tus impuestos. Hay un montón de miserable papeleo involucrado, incluso si contratas a un contador. Puede que te digas a ti mismo que es demasiado con lo que lidiar, con una narrativa, y luego creer esa narrativa. Pero puedes disputar esa creencia en cualquier momento del ciclo simplemente asegurándote de que puedes recoger los documentos y que tus impuestos serán presentados a tiempo. Créelo y hazlo y entonces eso se convierte en la narrativa.

Otra forma de interrumpir el pensamiento incesante es reemplazarlo con un tipo de pensamiento diferente; intenta en cambio el pensamiento experimental, o el pensamiento perspicaz.

Saber qué tipo de pensamientos tienes te ayudará a controlarlos mejor y a resistirte a ser controlado por ellos.

La taxonomía de Bloom enumera seis tipos de habilidades de pensamiento clasificadas de simples a complejas: Conocimiento (recordar y memorizar), comprensión (interpretar el significado y la comprensión), aplicación (usar información antigua en situaciones nuevas), análisis (categorizar, diferenciar y examinar), síntesis (combinar diferentes aplicaciones según sea necesario) y evaluación (análisis crítico).

Los pensamientos negativos también pueden estar influidos por consideraciones culturales (cómo se expresa un grupo), genéticas (cómo se expresa una familia) y físicas (cómo se expresa un individuo). El racismo, puede ser un ejemplo de pensamientos negativos culturales, por ejemplo; una disputa familiar, puede ser un pensamiento negativo genético, y una deficiencia mental, como el trastorno bipolar, puede estar creando pensamientos negativos nacidos de una consideración física.

Pero hay formas de contrarrestar estos pensamientos negativos. Cambiar una situación externa (como divorciarse de un cónyuge abusivo), cambiar la atención (para centrarse en lo positivo en lugar de lo negativo en una situación determinada) o volver a evaluar una situación (para ver el beneficio en lugar de la desventaja de un determinado evento).

Los investigadores han descubierto que la genética determina el 50% de la felicidad, las circunstancias como la riqueza y la salud representan el 10%, el cambio o reevaluación, los esfuerzos internos e intencionales para lograr la felicidad, representan el otro 40%.

También está el triángulo cognitivo, que sostiene que nuestro estado mental depende de la interacción de tres componentes principales de nuestra psique: sentimientos, pensamientos y comportamientos. Cada uno influye en el otro, y se requiere una base sólida para cada uno para un estado mental y físico equilibrado.

Puede que pienses que tienes hambre de una deliciosa, pero no saludable hamburguesa con queso, porque te la mereces, y eso puede animarte a sentir que la necesitas por pura hambre, y tu comportamiento va a ser comer esa hamburguesa con queso. Así que, usa un poco de disciplina mental y reemplaza la poco saludable hamburguesa con una deliciosa hamburguesa vegetariana y deja que tus sentimientos y pensamientos continúen como están.

Una gran manera de combatir los pensamientos negativos, es ser consciente de ellos y emplear la descentralización cognitiva, lo que significa que ves un evento problemático como sólo eso, un evento, y no un reflejo del yo. Los eventos son a menudo independientes del yo, ya que ocurren externamente y no internamente. La clave es no internalizarlos y dejar que permanezcan externos.

DIAGNÓSTICO DE TI MISMO: ¿ERES UN PROCRASTINADOR? SI ES ASÍ, ¿DE QUÉ TIPO?

Como hemos visto, la procrastinación es uno de los métodos clásicos de autosabotaje. Pero no todos los retrasos en el desempeño son postergación, sólo el retraso crónico y habitual de las tareas. Pero también hemos visto que hay diferentes maneras de procrastinar, diferentes razones para hacerlo, y por lo tanto hay diferentes maneras de interrumpir el ciclo de procrastinación.

Pero veamos más de cerca las diferentes maneras en que una persona puede procrastinar, y esto se reduce a los tipos de personalidad. Diferentes personas pueden formar diferentes personalidades postergantes, si se quiere. Por ejemplo:

Algunos procrastinadores pueden ser descritos como *amantes perpetuos*. Esta persona-complaciente puede estar atrapada en un lugar de inacción por miedo a herir a otros o a ser juzgada por ellos. Ya hemos notado que el miedo al rechazo es una gran parte de la procrastinación, después de todo. Esta persona se preocupa por la forma en que es percibida, busca no perturbar, teme no ser amada o deseada.

Algunos procrastinadores son más bien como *oficiales del error*. Estos son los procrastinadores perfeccionistas que prefieren no hacer nada antes que hacer algo incorrecto.

También está el *pequeño jugador* que es tímido, temeroso de los efectos adversos del cambio, y la procrastinación lo hace posible. La *gema oculta* o el *impostor* procrastinador puede ser inseguro (como una adolescente o un trabajador incompetente o un mentiroso) y el *pensador pobre*, que posterga las cosas y puede estar confundido sobre las normas sociales (un cristiano rico quizás). Un procrastinador también puede ser un soñador y no un hacedor.

Ahora que sabes quién eres y por qué lo estás postergando, pasemos a algo que todo el mundo tiene, y nadie quiere tener... malos hábitos.

¿HAS DESARROLLADO MALOS HÁBITOS DE LOS QUE NO PUEDES DESHACERTE?

El autosabotaje es básicamente una colección de malos hábitos; abuso de sustancias, exceso de pensamiento, postergación, inacción. Todos comprenden diferentes conjuntos de malos hábitos. Si piensas demasiado o pospones demasiado, las posibilidades de que hayas desarrollado algunos malos hábitos son muchas. Y el hecho de que estés leyendo este libro significa que quieres deshacerte de ellos.

Así que, vamos a ello.

Algunos malos hábitos son muy comunes en los procrastinadores de todo tipo, así que cuidado con estas banderas rojas.

Hábitos adictivos como comer, beber o usar drogas, tienen un efecto calmante inmediato, pero sólo contribuyen a la postergación. Los procrastinadores envidian a los trabajadores, y por una buena razón. También son muy poco fiables, incluso para ellos mismos.

La falta de condición física y el aumento de peso son síntomas del estilo de vida del procrastinador, ya que comer por estrés y no tener tiempo para hacer ejercicio es un doble problema para la química del cuerpo.

Siempre tienes prisa porque dejas las cosas para el último minuto, creando una prisa constante para hacerlas. Sólo limpias cuando tienes una tarea aún más aburrida que hacer. Puedes estresarte fácilmente. Puedes estresarte limpiando solo cuando una tarea más estresante necesita ser hecha.

Demasiados medios sociales son una gran bandera roja.

Los días de semana y los fines de semana se confunden, ya que pasas los fines de semana terminando las tareas que pospusiste en la semana laboral. Pero los fines de semana son importantes para prevenir el agotamiento.

Dormir en exceso; es una clásica táctica de dilación, incluso aunque no te des cuenta... porque estás dormido.

¿Cuántas veces te ha llamado tu jefe por llegar tarde y estabas durmiendo? Tú lo sabes mejor.

Redondeas la hora para posponer una tarea, aunque sea por unos minutos preciosos. En lugar de empezar una tarea a las 7:52, esperas hasta las 8:00. A las 8:05, esperarás hasta las 9:00.

Puede que estés coleccionando aplicaciones para smartphones, los clásicos dispositivos de distracción.

Puede que estés dando consejos que tú mismo no sigues. ¿Por qué no? Has dominado a través de la investigación, lo que no conoces en la práctica. Y eso nos lleva al Efecto Dunning-Kruger.

Aquí hay un ejercicio útil: Haz dos listas; una de los números de tus planes no completados y otra de los episodios de tu programa de TV favorito. Si la primera es más larga, sabrás que lo estás procrastinando.

Antes de pasar al efecto Dunning Kruger, hablemos de dejar los malos hábitos. Hábitos fáciles de adquirir, pero difíciles de dejar, son el fumar y el beber. Hay un número de razones para esto; algunas químicas y otras psicológicas.

Cuando quieras dejar un hábito, considera tomar el hábito opuesto. En lugar de dejar de fumar, toma el hábito de convertirse en un no fumador. Reemplaza ese hábito por otro; caminar, hacer malabares, cualquier cosa.

EL EFECTO DUNNING-KRUGER

Tal vez hayas oído el viejo dicho: "Cuanto más aprendemos, menos sabemos". Se trata de cómo la humildad viene con la sabiduría. El matemático y premio Nobel, Bertrand Russell, lo dijo así: "La causa fundamental del problema en el mundo moderno hoy en día, es que los estúpidos son cabezas duras, mientras que los inteligentes están llenos de dudas."

Así, los investigadores David Dunning y Justin Kruger se propusieron hacer un experimento sobre la certeza de la propia opinión y cómo se correlaciona con la capacidad real de la persona. Lo que encontraron fue que la certeza sobre un cierto hecho o circunstancia estaba en su punto máximo cuando el sujeto de prueba estaba en el nivel mínimo de competencia. El aumento de la competencia creó un nivel más bajo de certeza al principio, pero que aumentó con el aumento de la competencia. Cuanto más aprendemos, menos sabemos.

La razón de esto es una tendencia a sobreestimar la capacidad de uno. Sólo la educación y la sabiduría pueden corregir esta sobreestimación. Muchos creen que los que son competentes esperan competencia en los demás y, por lo tanto, estiman sus propias habilidades como meramente promedio. Los menos competentes esperan igualmente que los demás sean igualmente incompetentes, y por lo tanto pueden asumir que son superiores en su conocimiento o capacidad.

Además, el estudio demostró que, cuando se les da la oportunidad de autoevaluarse, los incompetentes, no tienen conciencia de su incompetencia. Así pues, los incompetentes no sólo sobreestiman sus propias capacidades, sino que son inmunes a cualquier argumento en sentido contrario. No se puede explicar a una persona incompetente su propia incompetencia. En gran medida es una falla de la lógica. No pueden usar adecuadamente la lógica, ya que son incompetentes, por lo tanto, no pueden entenderla ni aceptarla.

Así que lo primero que hay que hacer es asegurarse de que tú mismo no sufres este efecto generalizado. ¿Eres lo suficientemente humilde para saber que podrías estar equivocado, o que podrías estar actuando desde un lugar emocional en lugar de racional? ¿Qué tan seguro estás de su posición? Cuanto más seguro estés, más débil serás el terreno en el que estés parado.

Y en el trato con los demás, si puedes reconocer el efecto Dunning-Kruger, sabrás cómo tratar con aquellos que lo están exhibiendo. No intentes razonar, ya que esta persona carece de una posición racional.

Puedes intentar educarlos, ya que el aumento de los conocimientos es la única manera de combatir esa confianza del ignorante, pero no esperes que digieran los hechos y se informen. No se dejarán mover por los hechos o la lógica, porque su posición no se basa en ninguno de los dos y su capacidad de ver la realidad, es casi nula.

¿LO ESTÁS PENSANDO DEMASIADO? ¿SABES POR QUÉ?

Pensar demasiado tiene dos formas: reflexionar sobre el pasado y preocuparse por el futuro. Pensar demasiado también tiene su propio conjunto de malos hábitos, así que cuanto mejor los reconozcas más rápido podrás revertirlos.

Si eres un pensador excesivo, no puedes dejar de preocuparte o de inquietarte por cosas que no puedes controlar. Constantemente reflexionas sobre tus errores y revives los momentos desagradables una y otra vez en tu mente.

Los que piensan demasiado tienden a preguntarse "qué pasaría si..." y tienen dificultades para dormir porque sus cerebros no dejan de dar vueltas alrededor de estos pensamientos negativos.

Repites las conversaciones en tu cabeza, lamentando las cosas que no dijiste. Pasas mucho tiempo libre pensando en el significado oculto detrás de las cosas que dice la gente o los eventos que ocurren.

Te preocupas cuando alguien dice algo o se comporta de una manera que no te gusta. También puedes guardar rencor y empezar a sentirte paranoico de que otros estén trabajando activamente en tu contra.

Pasas tanto tiempo pensando en eventos pasados o preocupándote por el futuro que a menudo echas de menos lo que está pasando en el presente.

Los que piensan demasiado, a menudo están demasiado confiados en sus propias opiniones y se fijan en las opiniones de los demás, y a menudo sus pensamientos son pesimistas en cuanto a dichas opiniones.

Los que piensan demasiado también se obsesionan con el significado profundo de algunos eventos, incluso cuando no hay ningún significado profundo o personal. Los que piensan demasiado tienden a querer un control estricto de los pensamientos y acciones y tienen poca tolerancia a la espontaneidad.

Algunas formas útiles de derrotar el exceso de pensamiento, pueden utilizarse también para otros patrones habituales, como conocer y evitar los factores desencadenantes, ser consciente de cuándo se está haciendo, y ser consciente de lo esencialmente inútil que es el exceso de pensamiento. Una distracción forzada es otra forma útil de descarrilar el exceso de pensamiento. Sólo aplica tu atención a otra cosa... cualquier otra cosa.

Ya que el exceso de pensamiento se centra en el pasado o en el futuro, concéntrate en el presente. La meditación puede ayudar, como ya lo hemos discutido.

¿UNA BUENA NOCHE DE SUEÑO O SÓLO UNAS POCAS HORAS? DE CUALQUIER MANERA, ESTO AFECTARÁ TU DÍA.

No dormir lo suficiente es una forma común de auto-sabotaje y muy común para los procrastinadores y los que piensan demasiado. A menudo es el resultado de pasar largas horas de "último minuto" completando tareas no terminadas, o de dar vueltas y vueltas mientras se piensa demasiado en un evento u otro. Pero es muy perjudicial para tu salud mental y física y sólo fomenta cualquier espiral descendente.

La mayoría de los adultos requieren entre siete y nueve horas de sueño por noche, los adolescentes y los niños un poco más, ya que gastan mucha más energía durante el día. Mientras que las distracciones como la televisión, los videos e Internet pueden robarnos el sueño, una buena dieta y el ejercicio pueden contribuir a un ciclo de sueño saludable.

Se ha demostrado que un ciclo de sueño saludable tiene efectos beneficiosos sobre el metabolismo, el bienestar mental, el deseo sexual y la fertilidad.

Por otro lado, se sabe que la privación de sueño hace que las personas sean vulnerables a la reducción de la cognición, lapsos de atención, cambios de humor y reacciones retardadas. También está relacionada con la diabetes tipo 2, la obesidad, las enfermedades cardíacas, la hipertensión arterial, los accidentes cerebrovasculares, la mala salud mental general y la muerte prematura. La privación del sueño también se asocia con el comportamiento impulsivo, la ansiedad, la paranoia, la depresión, el trastorno bipolar y el suicidio. Los signos y síntomas incluyen somnolencia excesiva, bostezos frecuentes, fatiga durante el día e irritabilidad. La privación de sueño también puede debilitar el sistema inmunológico.

El sistema digestivo también es vulnerable a los daños causados por la falta de sueño.

El sueño afecta a los niveles de las hormonas grelina y leptina, que controlan las sensaciones de plenitud y hambre del cuerpo. La leptina es un supresor del apetito y la grelina es el estimulante natural del apetito del cuerpo. Dormir muy poco reduce la leptina y aumenta la cantidad de grelina. El resultado es que a medianoche se come en exceso, se gana peso y se producen problemas de salud.

La privación de sueño también reduce la cantidad de insulina, que ayuda a reducir los niveles de azúcar en la sangre, liberada por el cuerpo después de las comidas. También se asocia con la disminución de la producción de hormonas, como la testosterona.

El cuerpo humano tiene un reloj corporal interno que regula el ciclo del sueño. El ciclo de 24 horas se denomina ritmo circadiano. El ritmo incluye un impulso de sueño que se hace más fuerte a medida que el ciclo avanza. Ese impulso de sueño, llamado homeostasis, puede tener vínculos con un compuesto orgánico producido en el cerebro llamado adenosina. La adenosina aumenta a lo largo del día y se descompone durante el sueño.

La luz también juega un papel importante en el ritmo circadiano. El hipotálamo del cerebro tiene un grupo de células conocido como núcleo suprachiasmático. Estas células procesan las señales de los ojos al cerebro durante la exposición a la luz natural. Esto es lo que le dice al cerebro si es de día o de noche.

Con la pérdida de la luz natural, el cuerpo libera la hormona melatonina, que induce al sueño. La luz natural de la mañana estimula al cuerpo a crear la hormona cortisol, que ya hemos visto. El cortisol promueve el estado de alerta y la energía.

Así que, si tus hábitos de sueño son irregulares, considera el efecto de la luz en la habitación, demasiada o muy poca. Mejora tu dieta y régimen de ejercicio y duerme al menos ocho horas por noche.

Pero hay una variedad de consejos y trucos para ayudar a asegurar un buen descanso nocturno. Puedes considerar establecer un horario para dormir realista y no variar. Acuéstate a la misma hora todas las noches, y a una hora razonable también. Esto establecerá un patrón de sueño saludable y consistente.

La temperatura y la luz tienen un gran efecto en los patrones de sueño, así que mantengan las luces bajas y una temperatura razonable. Algunas personas no permiten televisores, ordenadores y teléfonos inteligentes en sus dormitorios para evitar distracciones y luz no natural.

Dado que el cuerpo tiene que trabajar para digerir la comida y la bebida, muchos expertos recomiendan mantenerse alejados del alcohol, la cafeína o las comidas copiosas antes de dormir. Abstente de la cafeína, el alcohol y de las comidas copiosas en las horas previas a la hora de acostarte. Los expertos recomiendan evitar el tabaco por la noche, ya que la nicotina es un estimulante.

El ejercicio durante el día es bueno para gastar energía extra y preparar el cuerpo para un sueño profundo. Tomar un baño caliente o meditar antes de acostarse, puede ser una buena estrategia para dormir mejor.

Algunas personas en nuestro frenético mundo moderno, no tienen ese lujo. Algunos pueden ser trabajadores por turnos, por ejemplo, y deben despertar y dormir al contrario del ciclo de la mañana y la noche. Estas personas todavía pueden tomar medidas, incluyendo siestas, limitando los cambios de turno, y manteniendo una iluminación saludable.

La otra cara de la privación del sueño es dormir demasiado, y eso también puede ser perjudicial.

La hipersomnia es un trastorno médico que hace que los que la padecen, duerman durante largos períodos de tiempo por la noche y permanezcan cansados durante el día. Esta condición hace que las personas sufran de somnolencia extrema a lo largo del día, que no se alivia normalmente con una siesta. La hipersomnia se asocia con problemas de memoria, baja energía y ansiedad.

La depresión, el abuso del alcohol y algunos fármacos también pueden provocar que se duerma demasiado.

El dormir de más puede llevar a una serie de condiciones peligrosas.

El dormir de más puede contribuir a la obesidad. Según un estudio reciente, las personas que dormían nueve horas o más por noche tenían más de un 20% más de probabilidades de volverse obesas que las que dormían las siete u ocho horas estándar.

Dormir demasiado tiene un cierto efecto en los neurotransmisores del cerebro, incluyendo la serotonina. Esto puede hacer que las personas propensas a sufrir dolores de cabeza los padezcan como resultado de dormir demasiado.

El quince por ciento de las personas con depresión duerme demasiado, y esos hábitos irregulares de sueño sólo pueden contribuir al problema.

Un estudio demostró que las mujeres que dormían entre 9 y 11 horas eran casi un 40% más propensas a las enfermedades cardíacas que las mujeres que dormían las ocho horas estándar por noche. La inflamación también es más común en las personas que duermen demasiado.

La dieta puede tener una fuerte conexión con el exceso de sueño. Si duermes demasiado, considera cambiar tu dieta para aumentar las cantidades de estos importantes nutrientes de los que puede carecer: Teobromina, que se encuentra en el chocolate; ácido dodecanoico, que se encuentra en el aceite de coco y de palma; colina, que se encuentra en el pescado, los camarones, el pavo, la soja, los huevos y algunas verduras de hoja verde; selenio, común en el pescado, el pavo, los camarones, la carne vacuna, el pollo, las nueces de Brasil y algunos granos enteros; el licopeno se encuentra en la sandía, la col roja, los tomates cocidos, los pimientos rojos y la guayaba; el fósforo se encuentra en los huevos, las semillas de girasol, las carnes magras, las lentejas, el tofu, el pescado y las semillas de calabaza y girasol.

El sueño es crucial para una vida feliz y saludable, y tanto el exceso como la falta de sueño, pueden causar problemas que pongan en peligro la vida y ser también un síntoma de ellos. Pero los patrones de sueño pueden ser mejorados con unas pocas cosas básicas y fáciles de realizar. Y una vez que estés más alerta y bien descansado, podrás hacer frente a los miedos que hacen descarrilar tus mejores esfuerzos durante las horas de vigilia y de sueño.

4

EL MIEDO INTERIOR QUE NI SIQUIERA TE DAS CUENTA DE QUE EXISTE

Ya hemos echado un vistazo a la parálisis de análisis, o lo que sucede cuando una persona está tan engañada por sus elecciones que no hace ninguna decisión en absoluto. En gran medida, esto se basa en el miedo a tomar la decisión equivocada. El miedo está en el corazón de muchas condiciones como esta, y es una emoción que vale la pena comprender.

FRACASO, TODOS LO TEMEN, PERO ¿TÚ DEBERÍAS TEMERLE?

Nadie se propone fracasar. Pero sucede, incluso a pesar de nuestros mejores esfuerzos o intenciones. George Washington y Abraham Lincoln se enfrentaron a un fracaso tras otro en su camino hacia los éxitos cruciales que aseguraron la supervivencia de su país. Todo el mundo se enfrenta a los fracasos en grandes y pequeñas medidas;

perder un ascenso laboral, recibir un mal informe del médico, perder una luz verde o incumplir un plazo. Por lo tanto, el fracaso es algo que esencialmente estamos programados para aceptar.

Lo que realmente tememos, sin embargo, es la vergüenza asociada con el miedo; la ira de los demás que pueden estar decepcionados, el rechazo que puede ocurrir como resultado de ese fracaso. Es la vergüenza lo que nos atrapa.

A diferencia de la culpa, que nos hace sentir mal por nuestras acciones, o del arrepentimiento, que nos hace sentir mal por nuestros esfuerzos, la vergüenza se refiere a lo que somos. Aborda el tema de la autoeficacia, que está en el centro de la procrastinación y el exceso de pensamiento. Nuestro ego y autoestima pueden sentirse amenazados por la vergüenza en particular.

Los adultos demasiado críticos a menudo hacen que los niños interioricen estas mentalidades perjudiciales. Las reglas basadas en el miedo y el ultimátum, hacen que muchos niños pidan consuelo y permiso, y esta necesidad de validación a menudo se lleva a la edad adulta.

El miedo a fracasar puede a menudo inspirar inseguridades e incertidumbres sobre cuáles son las impresiones o intereses de otras personas, cuáles pueden ser las posibilidades futuras, o limitarse a ellas, hace que te preocupes por lo que otras personas piensan de ti. Aborda las cuestiones de confianza en ti mismo y alienta una reducción general del nivel de exigencia para evitar el riesgo de intentar y fracasar en algo verdaderamente difícil y que, por lo tanto, sería gratificante si lo consiguieras.

El fracaso también tiende a llevar a pensar demasiado, encerrando a una persona en un ciclo de imaginar un resultado diferente basado en otras cosas que podrían haberse dicho o hecho. El miedo al fracaso (o a la vergüenza, como se quiera) puede manifestarse físicamente, creando dolores de cabeza de última hora, dolores de estómago, sudor, fiebre y otras dolencias que pueden impedir la acción y, por tanto, la posibilidad de fracaso. Las distracciones y las excusas para quedarse sin tiempo son otros dos síntomas clásicos del miedo al fracaso.

Una buena manera de lidiar con todo esto es simplemente ser conscientes de ello. Aceptar que el fracaso y la vergüenza son el riesgo que cualquiera corre cuando intenta lograr algo. Conocer la diferencia entre el fracaso y la vergüenza; aceptar el fracaso y rechazar la vergüenza. Hay un viejo dicho que mi propio padre compartía a menudo conmigo: "Haz siempre lo mejor que puedas. Es todo lo que puedes hacer, y todo lo que cualquiera puede pedirte". Entonces, si hiciste lo mejor que pudiste y fallaste, ¿qué razón para la vergüenza debería haber en el fracaso? El fracaso es un paso hacia el éxito, después de todo. Otro dicho popular entre los artistas, dice: "Si nunca fallas, no lo estás intentando de verdad". Así que, adelante, fracasa y no te avergüences. La verdadera vergüenza viene de no intentarlo en absoluto.

Curiosamente, a menudo son las personas más exitosas las que tienen miedo al fracaso, ya que su identidad está tan estrechamente relacionada con su éxito. Para ellos, el fracaso es la antítesis de la vida. También puede aturdir a los artistas, creando bloqueos mentales que impiden la creatividad que necesitan para tener éxito.

Mientras que esos bloqueos mentales pueden ser debilitantes, otros no tienen por qué serlo. Hay cosas en la vida que puedes controlar y hay cosas que no puedes controlar. Concéntrate en ellas. Si tu objetivo es conseguir un nuevo trabajo, pero no conoces a las personas adecuadas, ¡céntrate en conocer a las personas adecuadas!

Todos hemos oído hablar de fobias, miedos irracionales y debilitantes. Alturas, serpientes, espacios cerrados y abiertos, todas sus fobias asociadas. También existe la fobia al fracaso; la atiquifobia.

La atiquifobia es más que una simple inquietud por el fracaso o una preocupación por lo que otros puedan pensar, o incluso pensar demasiado en lo que podría ser o haber sido. Es un miedo paralizante que puede sobrepasar a tu cuerpo o mente. Los síntomas físicos de tales fobias incluyen aceleración del ritmo cardíaco, dificultad para respirar, opresión o dolor en el pecho, mareos o vértigo, sensación de calor o frío, problemas digestivos, temblores y sacudidas, o sudoración. Los síntomas emocionales incluyen ansiedad intensa, pánico o ansiedad, un impulso de huida abrumador, pérdida de control y desapego de uno mismo, miedo a la impotencia o a la muerte.

Los fracasos anteriores o el miedo aprendido a fracasar pueden contribuir a desarrollar un caso de atiquifobia. La fobia también puede ser una condición aprendida o heredada si es transmitida por un padre o amigo en un proceso llamado experiencia de aprendizaje observacional. Incluso el simple hecho de leer o escuchar sobre ella puede desencadenar un aprendizaje informativo y fomentar la manifestación de la fobia (o de cualquier otra fobia).

TODOS CONOCEMOS EL MIEDO AL FRACASO, PERO ¿TIENES MIEDO AL ÉXITO?

Es casi un cliché, y uno que es difícil de digerir. ¿Quién tiene miedo de ser rico y exitoso? Bueno, es como el miedo al fracaso, que es más sobre la vergüenza. El miedo al éxito es más sobre el miedo al cambio.

Los introvertidos tienden a tener miedo al éxito, ya que rehúyen la atención extra que el éxito trae consigo. El éxito puede engendrar desprecio y costar a una persona amistades. El éxito puede ser fugaz y corrupto y rara vez es todo lo que parece ser. Este es un tipo de evasión de la reacción que está detrás de muchos casos de miedo al éxito. Se trata de un miedo al cambio y a lo que ese cambio podría traer.

Uno también puede temer no merecer el éxito, y revelarse como impostor y ser humillado.

Los signos de temor al éxito incluyen metas bajas, postergación, perfeccionismo, abandono, comportamiento autodestructivo, que en este punto debería ser bastante familiar para el lector. Las formas de combatirlo deberían ser igual de familiares.

Explorar los orígenes del miedo, el tipo de miedo, las razones del mismo. Adueñarse de él y comprenderlo. El ejercicio, la dieta, tener un ciclo de sueño profundo, socializar, incluso escribir un diario puede ayudar. Algunos recomiendan visualizar el éxito, otros usan tableros de imágenes para compilar las imágenes de los objetivos que desean lograr.

Si estás teniendo, lo que a veces se llama un ataque de pánico, hay maneras de volver a la Tierra. Sal a caminar, haz algunos ejercicios de respiración, llama a un amigo para que te apoye.

Escribir un diario es muy recomendable para el miedo al éxito. Se recomienda tomarse media hora más o menos al día, preferiblemente a la misma hora todos los días, para anotar cualquier pensamiento que puedas tener sobre el miedo al éxito; recuerdos del pasado, problemas en el presente, o planes para el futuro.

El miedo al éxito, como todas las fobias, es una estrategia de evasión. Si tienes miedo a las ratas, las evitarás. Evitando los elogios u oportunidades o incluso los romances es como el miedo al éxito puede manifestarse.

El miedo al éxito puede tomar formas familiares, existen seis diferentes arquetipos del miedo al éxito. Saber cuál de ellos refleja tus propios sentimientos y comprender ese arquetipo te ayudará a superarlo y a superar tu miedo al éxito.

- El *Adicto a las Metas Tipo 1* es el que supera el éxito. El adicto a las metas se fija sus metas en alto y se enorgullece de esos logros. Para el Adicto al Objetivo tipo 1, el fracaso es insostenible pero siempre probable.
- El *Adicto a las Metas Tipo 2* es la otra cara de la moneda del adicto a la meta Tipo 1; ponen el listón bajo y tienen éxito por eso. Para ellos, el riesgo de fracaso es bastante bajo.
- El *Incrédulo* es escéptico del éxito, de que pueda ser alcanzado por él o por cualquier otra persona. Para el

incrédulo, el riesgo de fracaso es casi nulo, y cualquier fracaso será atribuido a alguien o algo que no sea él mismo.

- El *Saboteador* es la contraparte del incrédulo. El saboteador es, como el incrédulo, un fatalista, pero emprende un esfuerzo esencialmente condenado al fracaso con una actitud positiva, no negativa. Para el Saboteador, el fracaso es virtualmente seguro.

- Los *Medias Tintas* están en algún lugar entre el incrédulo y el saboteador. Los Medias Tintas seguirán el juego, pero no contribuirán en nada, ofrecerán el escepticismo tácito del Incrédulo y la falsa voluntad del Saboteador de participar.

- Los *Inventores* se centran en sus propios esfuerzos, pero pueden resistirse a formar parte de un equipo más grande. Este sentido de introversión va en contra de sus esfuerzos por tener éxito.

LO PERFECTO TE HACE POSPONER TUS DECISIONES Y ACCIONES

Lo puedes oír mucho en estos días: "No dejes que lo perfecto sea enemigo de lo bueno". Y esto es tan cierto para la procrastinación y el exceso de pensamiento como para cualquier otra cosa. El perfeccionismo es el enemigo del protagonista, seguro. Ya hemos visto como el perfeccionismo trabaja en contra de los mejores esfuerzos del protagonista para romper el ciclo y hacer las cosas a tiempo. Lo que el protagonista perfeccionista a menudo olvida es que nada es perfecto, lo bueno es a menudo suficiente. Lo que importa es que la tarea se lleve a cabo de la mejor manera posible, después de todo. Eso es siempre mejor que no tener la tarea completada en absoluto.

¿Cómo sabes si eres realmente un perfeccionista, y no sólo es que te esfuerzas mucho? Los perfeccionistas se centran demasiado en los resultados y muy poco en el proceso. No importa cómo se haga, siempre y cuando los resultados estén a la altura. Cada logro se desvanece detrás del siguiente. Ninguna victoria es lo suficientemente buena, el trabajo nunca se hace. Un proyecto debe seguir al siguiente, y ninguno es lo suficientemente bueno. El perfeccionista también se castiga a sí mismo por los resultados, por cualquier resultado; nunca son lo suficientemente buenos. El perfeccionista es también un trabajador rápido, que no se detiene hasta que el trabajo está hecho.

Suenan como rasgos admirables, pero pueden causar mucha postergación y pensamiento excesivo, entre otros comportamientos destructivos. El problema es que el aplazamiento nace de una actividad equivocada, que es diferente de la inactividad. El procrastinador puede creer que está trabajando duro, pero la tarea no se está llevando a cabo por toda la preparación que se está haciendo en su lugar.

Y cuanto más alto es el riesgo, mayor es la posibilidad de fracaso y, por lo tanto, de postergación.

Para combatir los efectos del perfeccionismo, sólo tienes que asegurarte de que una cosa no tiene que ser perfecta, simplemente bajar la paridad en el proceso y los resultados. No dejes que lo perfecto sea el enemigo de lo bueno.

Utiliza un pensamiento diseñado para enfatizar el proceso sobre el resultado. Si el proceso es sólido, después de todo, el resultado también debería serlo. Date tiempo para ser improductivo y hacer descansar tus recursos creativos, físicos y mentales.

Considera realizar una lista de acciones y relaciónalas con la ansiedad. En dos columnas, enumera una serie de tareas, o acciones, y la ansiedad asociada que podrías tener al realizar esas tareas. Elige la más pequeña y resuélvela. Eso reforzará tu confianza y ayudará a romper el ciclo de procrastinación.

Carol S. Dwick, psicóloga de la Universidad de Stanford, Ph.D., creía que la gente generalmente tenía una de estas dos mentalidades: fija o de crecimiento. Una mentalidad fija, se centra en los talentos o habilidades actuales o la inteligencia, creyendo que están fijos en piedra y no pueden ser desarrollados. Estas personas pueden creer, por ejemplo, que el talento musical debe ser innato y no puede ser aprendido realmente. Una mentalidad de crecimiento sostiene el conjunto de creencias opuestas, que un conjunto de habilidades o la amplitud de la inteligencia, puede ser expandida y mejorada. Para esta mentalidad, casi cualquiera puede desarrollar habilidades para convertirse en músico o esencialmente en cualquier otra cosa.

La mentalidad fija tiende a obstaculizar el crecimiento y la evolución, mientras que la mentalidad de crecimiento tiene el efecto opuesto, fomentando el crecimiento y el desarrollo.

Hemos examinado las causas básicas de la procrastinación y el exceso de pensamiento e investigado los efectos perjudiciales y las formas de hacer frente. Por lo tanto, ¡vamos a pasar a la Sección 2 de este libro y desarrollar soluciones más específicas para romper el ciclo y erradicar los problemas de la procrastinación y el exceso de pensamiento de tu vida para siempre!

II

DESARROLLA LAS SOLUCIONES EXACTAS PARA SOLUCIONAR EL PROBLEMA

5

¡DEJA DE PROCRASTINAR! 2

SÉ SINCERO, ¿CUÁNTO HAS APLAZADO HOY?

Para ser justos, puede que ni siquiera te des cuenta de que lo estás aplazando todo, no importa cuánto. Pero un estudio reciente indica que sólo el 18% de las postergaciones pueden ser atribuidas a la simple aversión a las tareas. Entonces, ¿qué pasa con el otro 82%?

Aquí volvemos a la ilusión de productividad. Podemos pensar que estamos ocupados, pero nos ocupamos con tareas distintas a las que hay que terminar. Estamos tan ocupados preparándonos, que nos descuidamos en el desempeño. ¡Pero hay otras formas inconscientes en las que procrastinamos cada día sin siquiera saberlo!

Culpar a los demás es una forma de aplazar las cosas. Dado que muchas de nuestras tareas diarias dependen de que otros también hagan su parte, es demasiado fácil para cualquiera culpar a la actuación de su contraparte. Es un movimiento pasivo/agresivo, pero muy común en los procrastinadores.

Ya hemos visto cómo el perfeccionismo puede causar parálisis en el análisis, pero también es una de las formas inconscientes de postergar. El perfeccionista siente que se mueve lentamente y con seguridad, pero a menudo no avanza en absoluto. La preocupación, la depresión, el miedo al fracaso y el exceso de pensamiento son comunes en el perfeccionista.

A veces la postergación no está relacionada con el acto en absoluto, sino con la motivación; no el qué, sino el por qué. Tomemos el matrimonio, por ejemplo. La gente tiene razones (por qué) para casarse (qué). Se han comprometido con ambos, así que ya no se cuestionan *por qué* se casaron... ¡sólo *cómo* seguir casados!

Pero los procrastinadores, a menudo, no pueden responder a la razón del por qué, así que se burlan. Esto podría ser el motivo por el que mucha gente pospone la decisión de casarse. Bajo análisis, no pueden responder a la pregunta de por qué deberían hacerlo, así que no lo hacen. Esto es cada vez más común entre los millennials, entre los cuales las tasas de matrimonio han caído drásticamente.

Por otro lado, los estudios muestran que la acción comprometida produce resultados más positivos.

Como ejercicio, imagínate en dos meses, y luego imagínate en diez años. ¿Cómo te afectarán tus elecciones en dos meses o en diez años? Ten en cuenta las consecuencias a largo plazo. Se consciente de las formas subconscientes en que puedes sabotearse a ti mismo con la procrastinación y serás capaz de abordarlas conscientemente.

Una buena forma de tratar con la procrastinación inconsciente, es llevar un registro del tiempo. Durante todo un mes, escribe todo lo que haces y cuándo lo haces, en bloques de media hora si puedes. Al final del mes, revisa el registro y verás dónde y cuándo fuiste menos productivo, incluso si no te diste cuenta en ese momento. También ilustrará por qué fuiste improductivo. Seguramente verás patrones en el tiempo y en las actividades.

Cuando hagas tu registro de tiempo, considera la posibilidad de categorizar el tiempo dedicado a diferentes funciones. Por ejemplo, puedes pasar tu tiempo haciendo un trabajo remunerado (tu trabajo), trabajo por pasión (un proyecto paralelo), desarrollo profesional (creación de redes o búsqueda de trabajo), desarrollo personal (escribir un diario o tomar clases), relaciones (amigos, familia, citas), juego (ir de compras, navegar por Internet o ver televisión), bienestar (ejercicio y cuidado personal), trabajo de apoyo (tutoría, voluntariado), distracciones (soñar despierto) y mantenimiento (tareas diarias). Casi todo lo que haces encaja en una de estas categorías. Tu registro de tiempo te ayudará a identificar en qué estás gastando tu tiempo.

Habrá un cruce, por supuesto. Cocinar puede clasificarse como mantenimiento, pero si lo disfrutas, también puede ser trabajo de pasión, diversión o desarrollo personal. Pero cuando hagas tu registro de tiempo, intenta ser lo más específico y detallado posible.

No debería sorprenderte que las aplicaciones de registro del tiempo estén disponibles comúnmente. *Hubstaff, HoursTracker, Tracking-*

Time, Timely y Hours son sólo algunas de las que ofrecen diferentes funciones para registrar tu tiempo y el tiempo de tu personal, si es que tienes alguno. Entre las aplicaciones y sitios web que se especializan en el seguimiento del tiempo corporativo para la gestión de la oficina se encuentran *Paymo, Paydirt, Toggle, TimeTiger, Zoho* y otros. Algunas de estas aplicaciones son excelentes para el seguimiento de los temas presupuestarios y fiscales también.

La multitarea es una forma de aplazar inconscientemente, por ejemplo. Pensamos que estamos haciendo varias cosas, pero ninguna de ellas se está haciendo tan bien como podría hacerse, y los estudios demuestran que es probable que se cometan más errores cuando se divide el enfoque en varias tareas diferentes hechas a la vez. Pero eso no significa que las diferentes tareas no puedan hacerse secuencialmente, una tras otra. Estas son las tareas que se hacen con éxito.

Ya hemos visto cómo una fuerte red de apoyo puede ser una forma efectiva de combatir la procrastinación y el exceso de pensamiento. Pero mucha gente tiende (consciente o inconscientemente) a mantener sus redes profesionales y personales aisladas. Si bien puede haber beneficios en esto, también hay ventajas en mezclarlas. Los amigos pueden ofrecer conexiones profesionales, y los compañeros de trabajo pueden convertirse en amigos cercanos.

LA SUPERACIÓN DE TU AUTODISCURSO NEGATIVO Y LA POSTERGACIÓN, VAN DE LA MANO

El autodiscurso negativo, incluyendo la autoinculpación y la vergüenza, el desprecio por uno mismo, cualquier cosa que rompa la imagen que tienes de ti mismo. Es uno de los grandes métodos de auto-sabotaje y la clave para entender la postergación y el exceso de pensamiento.

El diálogo interno negativo lleva a la depresión, a la pérdida de oportunidades, al pensamiento limitado, al perfeccionismo y a los desafíos en las relaciones.

Para entonces, probablemente reconocerás lo que se ha convertido en el lema del procrastinador: "Tengo que terminar este largo e importante proyecto". Ya debería estar hecho y necesito superarlo."

Este es el tipo de autodeclaración que sólo puede alimentar el ciclo de postergación. Pero si lo analizas, cada parte del lema en sí mismo propaga la procrastinación en sí misma. El lema comienza con *"Tengo que hacerlo"*, eso ya está cargando la tarea con un montón de asociaciones negativas. A nadie le gusta hacer algo que tiene que hacer. Y hay un aire de servidumbre en ello, y a nadie le gusta sentirse como un sirviente. En lugar de eso, reemplaza eso con "Yo elijo", que es mucho más poderoso.

El lema continúa usando la palabra *"terminar"*, pero eso sólo hace que la tarea parezca una gran cosa. En su lugar, el uso de la palabra *inicio*, inicia un proceso paso a paso que puede ser manejado más fácilmente.

De la misma manera, la tarea larga debería ser reconsiderada como una tarea corta. Si divides una gran tarea en una serie de tareas más pequeñas y manejables, entonces será una tarea corta, ¿verdad?

El *importante proyecto* del lema pone demasiada presión en la ejecución y saca el perfeccionista en cualquiera. Y como has dividido el gran trabajo en tareas más pequeñas, cada una de ellas no tiene por qué ser perfecta para que el conjunto sea un éxito. El proyecto *importante* se convierte en un *paso imperfecto*.

El lema continúa diciendo, que ya debería estar hecho, y eso puede ser cierto. Pero la frase está cargada de negatividad. Implica fracaso y sólo puede perjudicar la autoeficacia del trabajador, un elemento primordial tanto de la procrastinación como del exceso de pensamiento. En su lugar, reemplaza esa cláusula por "Me sentiré muy bien". Eso es fijarte una recompensa por los logros, un excelente motivador.

El lema se cierra con la *necesidad de superarlo*. Eso establece expectativas de un largo camino, que casi todos temerían y luego evitarían. En lugar de eso, prométete a ti mismo que tendrás mucho tiempo para disfrutar. De nuevo, tendrás algo que esperar, y estarás buscando satisfacción a largo plazo en lugar de gratificación inmediata.

Así que, si el lema del procrastinador es, "Tengo que terminar este largo e importante proyecto. Ya debería estar hecho y tengo que superarlo", entonces dejemos que el lema del no procrastinador sea, "Elijo empezar esta tarea con un pequeño e imperfecto paso". Me sentiré muy bien y tendré mucho tiempo para disfrutar".

Otro tipo de autocompasión destructiva es la baja autocompasión. Las personas que son más duras consigo mismas tienen menos probabilidades de ser tan productivas como podrían ser. Es contradictorio, porque uno podría imaginar que los que se esfuerzan más serán más productivos, pero los sentimientos de fracaso resultantes crean el efecto opuesto. Crea estrés y el estrés es perjudicial para la salud y la productividad del trabajador, como hemos visto.

En su lugar, practica la autocompasión (pocos te ofrecerán su compasión, después de todo). Perdónate por tus errores o deficiencias, entiende que estás haciendo lo mejor que puedes y que nadie ni nada es perfecto. Pero tienes que hacerlo deliberadamente. La autocompasión es algo fácil de olvidar. Puede que hayas oído la vieja frase, "Somos más duros con nosotros mismos". Bueno, haz un esfuerzo consciente para no hacerlo, y serás mucho más feliz, más sano y más productivo. Aquí hay otro viejo cuento: Un tipo va al médico, dobla los brazos hacia atrás y dice: "Doctor, me duele cuando hago esto". El doctor responde, "Entonces no hagas eso".

Por supuesto, no siempre es tan fácil. Si estás cargado de un diálogo interno negativo, trata de preguntarte: "¿Qué estoy sintiendo ahora mismo? ¿Culpabilidad, vergüenza? ¿Me estoy entregando a un diálogo interno negativo?" Si es así, no lo hagas. En vez de eso, haz lo contrario y déjate llevar por una charla positiva. "¡Buen trabajo, amigo! ¡Lo estás haciendo muy bien, hermana!"

Si eso no ayuda, intenta algo como, "Puedo estar seguro en este momento, estar seguro y ser aceptado y amado." No te olvides de respirar a un ritmo profundo, lento y constante. Luego elige hacer algo que te brinde algo agradable y nutritivo para volver a encarrilarte para una mayor productividad más tarde. Pero date tiempo para ir más despacio y recalibrar.

Para combatir el diálogo interno negativo, aprende a identificar tu crítica interior y no te sometas simplemente a ella. Ponle un apodo, como Debbie Downer o Sr. Pantalones Gruñones. Reduce su poder sobre ti y no dejes que la crítica interna esté constantemente en tu espalda. Enfréntalo, examínalo, pon tu negatividad a prueba y puede que la veas desmoronarse bajo el escrutinio. La negatividad no es real, después de todo. Los pensamientos no son reales.

También puedes establecer límites, incluso para ti mismo. Déjale claro a tu crítico interior que algunos temas están fuera de los límites. También puedes ser consciente del lenguaje negativo y reemplazarlo por un lenguaje neutral. Reemplaza "Odio..." por "No me gusta..." Reemplaza "No puedo soportar esto..." por "Esto es un gran desafío". El lenguaje negativo fomenta los pensamientos negativos. Las palabras tienen un significado.

Puedes considerar reemplazar tu crítico interior por un amigo interior, uno que naturalmente enmarque las cosas de manera positiva. Tu crítico interno puede decir, "¡No vales nada!" Pero tu amigo interior dirá, "¡Eres muy digno!" Tu crítico interno puede decir que te has quedado atrás y has fracasado en la vida, pero tu amigo interno te asegurará que todavía tienes muchos logros por delante.

Puedes reconsiderar tu perspectiva. ¿Significará algo lo que te está molestando ahora para alguien en cinco años? ¿Afecta a alguien fuera de tu círculo inmediato? Si no, tal vez no sea tan importante generar todo este discurso negativo.

Y no tengas miedo de decir estas cosas en voz alta. Ya hemos visto cómo hablar con alguien o incluso contigo mismo puede ser catártico y útil, y funciona aquí también. Dale voz y eso le dará a tu nueva perspectiva aún más poder. Tus oídos lo oirán, y eso ayudará a tu cerebro a creerlo.

Puede ser tan fácil como decir simplemente la palabra "detente". Cuando empiece el discurso interno negativo, sólo tienes que decirte a ti mismo que pares, insiste en ello. Imagina una señal de alto o un portazo para terminar la conversación interna negativa.

Aquí hay otra ecuación interesante: Eventos + Pensamientos = Emociones. Un evento le parece a una persona preocupante y reacciona emocionalmente. Así que, en esencia, los pensamientos median las emociones. No puedes cambiar los eventos, pero si quieres controlar tus reacciones emocionales, sólo tienes que cambiar tus pensamientos.

Pero estos pensamientos no ocurren en el vacío. Y hay errores generales que los que tienen un discurso interno negativo cometen, lo que sólo alimenta el ciclo de la procrastinación y pensamiento excesivo.

La lectura mental es la tendencia a hacer suposiciones sobre lo que otros están pensando. Estas suposiciones son casi siempre erróneas, pero pueden ser objeto de un interminable diálogo negativo. Imagina que estás en una cita y el otro parece reservado. Puedes molestarte por la certeza de un rechazo, o puede ser simplemente timidez.

La tendencia a asumir que los eventos aislados se repetirán en un patrón es demasiado generalizada. Si una cita no salió bien, se puede asumir que ninguna cita lo hará. Las suposiciones cometen un error similar en perspectiva.

La sobredimensión de las cosas hace que cada evento desagradable sea una catástrofe. Esa fecha será recordada como la peor fecha de la historia, y eso sólo propagará el pensamiento negativo y limitará las oportunidades futuras basadas en la generalización.

La minimización es la otra cara de la moneda, reduciendo cada experiencia agradable a una coincidencia o suerte, pero no debido a un logro personal. La minimización reduce tanto a la persona como al evento. La cita puede haber ido bien, pero eso podría atribuirse a una comida gratis, ¿verdad?

El razonamiento emocional permite a una persona tomar decisiones basadas en sentimientos en lugar de hechos. Tal vez la cita salió bien, pero esta persona no siente la atracción adecuada o permite que el nerviosismo o el miedo al fracaso impidan que se siga comprometiendo.

El pensamiento en blanco y negro nos lleva a exagerar la naturaleza de las personas y los eventos a un extremo u otro. Una mala cita lleva a algunos a creer que salir con alguien es malo en sí mismo.

El pensamiento en blanco y negro a menudo lleva a la personalización, cuando esos extremos se aplican al diálogo interno, uno asume demasiada responsabilidad por los eventos que están fuera de su control. El protagonista de una cita fallida, puede sentir que no ha logrado encantar a su compañero, cuando podría haber sido algo que está fuera de su control. Algunas personas simplemente no salen con otros por una variedad de razones; raza, altura, otras cosas que no podemos controlar.

El etiquetado resulta naturalmente de todo este diálogo negativo interno. Después de una mala cita, uno puede llamarse a sí mismo perdedor. Esa no es una etiqueta que nadie debería llevar.

Usar la palabra "debería" también puede ser destructivo. Lleva a pensar demasiado en el pasado y el futuro, pero eso sólo ahoga los acontecimientos en el presente, como hemos visto.

Puedes buscar estos errores en el comportamiento de los demás, así como en el tuyo propio. No podrás controlar lo que los demás piensan y dicen, pero podrás evitarlos y usar otras habilidades que hemos discutido en este libro para lidiar mejor con ellos. Por ejemplo, hacer preguntas positivas para contrarrestar las declaraciones negativas.

Y si debes ser autocrítico, hazlo intencionalmente y no habitualmente. Le dará a tus autocríticas más validez y más efectividad.

Hablamos de la autocompasión, que es en realidad una especie de diálogo interno positivo. Y al igual que hay inconvenientes en el diálogo negativo, hay beneficios en el diálogo positivo, incluyendo una mayor duración de la vida, menores tasas de angustia y depresión, mejor bienestar psicológico y físico, mejor salud cardiovascular, mejores habilidades para afrontar y resistir al estrés, incluso una mayor resistencia al resfriado común (aunque todavía no exista la cura).

Los pensamientos positivos inundan el cerebro con endorfinas, lo que fomenta la relajación y contribuye a mantenerte alerta y a centrar la psique.

Para fomentar el diálogo positivo con uno mismo, considera la posibilidad de identificar las áreas que debes mejorar, se consciente de tus pensamientos diarios, adopta el humor y un estilo de vida saludable, rodéate de personas positivas y practica deliberadamente la autocompasión y el diálogo positivo con ti mismo. ¡Es más fácil de lo que piensas!

LA VERDAD SOBRE LA DOPAMINA, Y CÓMO "HACKEAR" TU CEREBRO PARA QUE HACER "TAREAS DIFÍCILES" SEA MUCHO MÁS FÁCIL (INCLUSO PODRÍAS ENCONTRARTE DISFRUTÁNDOLAS)

La dopamina es un neurotransmisor producido en el cuerpo y utilizado por el sistema nervioso, para transmitir mensajes entre las células nerviosas. La dopamina influye en cómo pensamos y planeamos, nos esforzamos y enfocamos, y encontramos las cosas interesantes o placenteras.

Los estudios muestran una conexión entre la dopamina y varias funciones biológicas o de comportamiento, como la motivación, el aprendizaje, el ritmo cardíaco, la función de los riñones y los vasos sanguíneos, el sueño y el estado de ánimo y la atención, la lactancia y el procesamiento del dolor o las náuseas.

Muy poca dopamina se ha relacionado con la esquizofrenia, el TDAH (Trastorno de Déficit de Atención e Hiperactividad) y el uso de drogas y la adicción.

La dopamina puede ser creada por el cuerpo como resultado del placer o incluso anticipándose a él, desencadenada por las vistas y olores relacionados.

Los síntomas de la deficiencia de dopamina incluyen: dificultad para concentrarse, reducción de la motivación, concentración, entusiasmo y alerta, mala coordinación y dificultad para moverse. Entre las condiciones asociadas a los bajos niveles de dopamina se encuentran: la depresión, la enfermedad de Parkinson y el síndrome de deficiencia de transporte de dopamina, o la distonía-parkinsonismo infantil, que causa movimientos incontrolados similares a los del Parkinson.

Pero demasiada dopamina tampoco es algo bueno. Puede causar alucinaciones, delirios y manía, y está asociada con la adicción, la obesidad y la esquizofrenia.

Si tienes poca dopamina, hay varias formas de aumentar tus niveles.

Considera la posibilidad de cambiar la dieta por alimentos ricos en tirosina. Estos incluyen carnes, queso, pescado, soja, productos lácteos, nueces, semillas, lentejas y frijoles. También puedes probar un suplemento de tirosina. Puedes aumentar los niveles de magnesio comiendo más nueces, soja, semillas, frijoles y granos enteros.

Evita los alimentos con alto contenido de grasa, azúcar, cafeína y alimentos procesados. Corrige los hábitos de sueño perjudiciales y haz ejercicio diariamente. Utiliza la meditación, los ejercicios de respiración y la visualización para evitar el estrés.

Incluso puedes probar los nootropicos naturales como la L-teanina y la L-tirosina.

La neuroplasticidad es el proceso de cambio en el cerebro en respuesta a experiencias repetidas. Por lo tanto, si utilizas las técnicas que has aprendido en este libro, tales como el pensamiento positivo y la adopción de un estilo de vida más saludable, realmente entrenarás a tu cerebro para crear más dopamina.

El ejercicio y la productividad son buenas formas de quemar el exceso de dopamina.

La sección del cerebro asociada con la reacción emocional automática es la amígdala. Allí es donde se produce la respuesta de lucha o huida en momentos de gran presión. A menudo, luchar es resistir, y huir puede tomar la forma de simplemente ignorar a cierta persona o evento.

La norepinefrina se produce, creando un aumento del miedo y la ansiedad, luego la adrenalina sólo empeora los sentimientos. La dopamina, por otro lado, es el comunicador del placer. Los expertos han descubierto que, para vencer la procrastinación y el exceso de pensamiento, es útil tener más dopamina y menos norepinefrina.

Nuestra técnica de convertir una gran tarea en una serie de tareas más pequeñas nos ayudará a lograrlo. Una tarea más pequeña y completa, anima al cerebro a producir dopamina, y esa dopamina alimenta nuestros esfuerzos posteriores. Por el contrario, el estrés de completar una gran tarea impide la recompensa y por lo tanto la dopamina, mientras que alienta la producción de norepinefrina. Una vez más, es cuestión de cambiar tu comportamiento antes de cambiar tu pensamiento.

DESHAZTE DE TU COMPORTAMIENTO IMPULSIVO Y DEJA DE RETRASAR LAS COSAS, EL SECRETO PARA AVANZAR ES EMPEZAR, Y EN EL FONDO YA LO SABES (¡ASÍ QUE DEJA DE NEGARLO!)

El comportamiento impulsivo no suele estar planeado, sino que ocurre en el momento oportuno sin pensar en las consecuencias. Los diferentes comportamientos impulsivos de los adultos incluyen: atracones de comida, licor o drogas; destrucción de la propiedad, como en una rabieta; escalada de problemas y discusiones, arrebatos frecuentes; daño a sí mismo como cortes; violencia física como puñetazos; compartir demasiado sobre temas personales o inapropiados, y sexo de alto riesgo.

En los niños, busca ignorar el peligro, la interrupción, la agresión vocal, la agresión física y el agarre.

La impulsividad puede ser causada por la personalidad o la experiencia adquirida, o por la conectividad o la función del cerebro, pero no se puede descartar la influencia de la genética, los traumas de la infancia o los cambios físicos en el cuerpo.

Los trastornos mentales como el TDAH, la personalidad antisocial, el trastorno explosivo intermitente, la personalidad límite y el bipolar, también pueden contribuir a la impulsividad. La cleptomanía (el deseo de robar), la piromanía (el deseo de quemar) y la tricotilomanía (el deseo de arrancarse el pelo) están estrechamente asociadas con el comportamiento impulsivo. El juego patológico es uno de los comportamientos impulsivos clásicos.

Las lesiones cerebrales y los accidentes cerebrovasculares también pueden ser factores contribuyentes.

Pero hay momentos en los que el comportamiento impulsivo puede ser remediado. Con un adulto, considera atravesar de los posibles escenarios de lo que puede suceder como consecuencia. Tómate un momento para pensarlo bien. Lo mismo es bueno para el comportamiento impulsivo de un niño, aunque hacer un juego de rol puede hacer que la lección se asimile un poco más eficazmente. Son niños, después de todo.

Como vimos antes, el entorno es crucial, ya que tiene una tremenda influencia. En este caso, busca los desencadenantes de tu comportamiento impulsivo y cambia tu entorno para excluirlos tanto como puedas. Los jugadores impulsivos deben mantenerse fuera de los casinos, por ejemplo. Los comedores impulsivos no deberían pasar por la panadería. Deben cambiar el lugar donde van, cambiar su ruta al trabajo para evitar la panadería, y frustrar esos impulsos y ser capaces de cambiar sus comportamientos.

Como hemos visto, la mejor manera de hacer algo es empezar. Un viaje de mil millas comienza con un solo paso, como dicen. Y hemos visto el valor de dividir una gran tarea en tareas pequeñas y manejables. Bueno, la primera de esas tareas sólo puede ser una cosa; empezar. El viejo dicho, que ha sido atribuido a una variedad de fuentes incluyendo a Mark Twain, dice así: La clave para salir adelante es empezar.

Así que sigue el consejo de Nike y sólo hazlo. No tiene que ser genial; sólo tiene que serlo. Puedes corregirlo más tarde si lo necesitas, pero al menos estarás comprometido con la tarea y no estorbado por la parálisis del análisis.

Mucho de esto requerirá autocontrol, y eso se puede mejorar. Como cualquier gran proyecto, divídelo en tareas manejables. Paga tu tarjeta de crédito a tiempo y disfruta de la sensación de ser responsable. La dopamina resultante te impulsará a la siguiente tarea de autocontrol, contando las calorías de tu próxima comida. Te sentirás mejor y más fuerte y te animarás a pasar a tu siguiente tarea de autocontrol, un viaje al gimnasio. Es una espiral ascendente en lugar de una espiral descendente, y una con todos los beneficios mentales y físicos positivos para ayudarte a vivir una vida mejor. Descubrirás que el control de los impulsos, la postergación y el exceso de pensamiento son básicamente cuestiones de autocontrol también. Y una vez que hayas incrementado conscientemente tu autocontrol, encontrarás que abordar esos problemas también es más fácil.

APLICA LA GRATIFICACIÓN RETRASADA, Y HAZ LAS TAREAS URGENTES USANDO LA PROCRASTINACIÓN ACTIVA

Una gran parte de derrotar el ciclo de la procrastinación y el exceso de pensamiento está en retrasar la gratificación. La gratificación inmediata es uno de los factores principales en la procrastinación, como hemos visto. Pero hay beneficios significativos al retrasar la gratificación.

La Universidad de Stanford colocó a los niños en una habitación con un plato que contenía un solo malvavisco. Se les dijo que podían comer la golosina o esperar 15 minutos y obtener dos malvaviscos. Los que esperaban generalmente también obtuvieron mejores resultados en las pruebas estandarizadas, mejor comportamiento y mejor salud.

En tu caso, la gratificación retrasada que llega al completar una gran tarea, será mucho más dulce, y bien vale la pena esperar si la descompones simplemente. La gratificación retrasada es al menos el doble de buena que la inmediata, pero en realidad, es cien veces mayor, incalculablemente mayor.

Piensa en experiencias anteriores en las que no esperaste y fuiste a por la gratificación inmediata. ¿Cómo te hizo sentir eso, qué te llevó a esa experiencia? Ahora reflexiona sobre el tiempo que esperaste o tuviste que esperar, como el día de Navidad. ¿Cómo recuerdas esas experiencias? ¿No fue el día de Navidad más dulce, más precioso, por la espera?

El estudio también demostró que los niños a los que se les dijo que se imaginen los malvaviscos como pequeñas nubes esponjosas tenían más facilidad para esperar, y los que se les pidió que describieran el sabor y la sensación de comer los malvaviscos, estaban menos dispuestos a esperar. Esto sugiere que la emoción es un mayor disparador de impulsos que la razón.

La gratificación tardía también puede proporcionar el factor de motivación que la gratificación inmediata simplemente no puede. La gratificación retardada crea una meta, algo por lo que trabajar. Pero la gratificación inmediata no puede hacer esto por su propia naturaleza, porque es inmediata y los objetivos son al menos ligeramente a largo plazo.

Comprar una casa, jubilarse, casarse, son metas clásicas y todas ellas implican una gratificación retrasada.

Es muy probable que la gratificación retrasada mejore con el tiempo y la madurez. Es más probable que un adulto valore la gratificación retrasada que un niño. La teoría del autocontrol y la autorregulación de Baumeister de 2007 (Baumeister, 2007), describe cinco áreas o dominios diferentes del retraso en la gratificación. Entre ellas se incluyen la comida, el placer físico, la interacción social, el dinero y los logros.

Es difícil resistirse a un bocadillo sabroso, por ejemplo (comida), un buen masaje en la espalda (placer físico), una noche de diversión (interacción social), una apuesta rápida (dinero) o una risa rápida (logros). Pero estas son las áreas en las que el retraso es más beneficioso. Retrasar la comida es más saludable, retrasar el placer físico puede llevar a un mayor placer más tarde. Evitar una apuesta rápida te ahorrará la pérdida, una risa rápida puede ser inapropiada. El retraso es natural en estos dominios, son una parte natural de estas cosas. Esperamos hasta la hora de la comida para comer, hasta que sea un momento y lugar apropiado para el placer físico. Hacemos citas para salir y prepararnos para ese evento. Recibimos los cheques de pago en intervalos de dos semanas. Conseguimos ascensos después de años de trabajo. Tenemos que esperar para estas cosas.

La postergación tiene algunos aspectos positivos; sin embargo, la postergación activa puede convertirse en una ventaja para cualquiera si entiende lo que es y cómo funciona.

La postergación ayuda a una persona a aprender a manejar los retrasos, le da la oportunidad de reflexionar sobre su rumbo y a menudo resulta en la toma de mejores decisiones. La postergación puede ayudar a priorizar y permitir que se realicen tareas más pequeñas. En su extraña forma, la postergación es la antítesis del comportamiento impulsivo.

Al naturalista, Charles Darwin, le llevó 20 años terminar "El origen de las especies". El genio del renacimiento Leonardo da Vinci pasó años preocupándose por su Mona Lisa. Era un procrastinador perfeccionista.

Estudios de estudiantes universitarios indican que muchos procrastinadores son más competitivos y egoístas, mientras que los no procrastinadores están más orientados a las tareas.

La mayoría de la gente piensa que la postergación es esencialmente pasiva; después de todo, la postergación se trata de no hacer una determinada tarea, ¿verdad?

Pero existe una forma activa de postergación, cuando alguien pospone una tarea deliberadamente y desvía la atención a tareas más importantes. Aquellos que aplazan activamente parecen preferir trabajar bajo presión. Están motivados por el desafío y a menudo logran cumplir con los plazos.

La procrastinación activa tiene tres facetas principales. La primera es cognitiva, cuando una persona decide postergar. La segunda es afectiva, cuando una persona prefiere la presión del tiempo. La tercera es conductual, en la que todavía completan la tarea a tiempo.

La procrastinación activa está estrechamente asociada con la multitarea. Los procrastinadores activos tienden a usar estrategias de afrontamiento orientadas a las tareas en momentos de estrés, evitando reacciones emocionales. Los procrastinadores pasivos se inclinan por estrategias de evasión y se basan en reacciones emocionales. Los procrastinadores activos son impulsados tanto por la motivación intrínseca, que viene de adentro, como por la motivación extrínseca de una fecha límite inminente. Los procrastinadores activos a menudo tienen un nivel significativo de autonomía, confianza en sí mismos y autoconfianza.

Pero la procrastinación activa debe aprenderse, y aquí hay un buen ejercicio para ayudarte a adoptar el tipo de aplazamiento más beneficioso. Ponte una tarea simple, digamos enviar un correo electrónico. Luego ponte en el lugar donde se hace esa tarea, que en este caso sería frente a una computadora. No lo hagas, espera tanto como te atrevas. Siente las emociones que resultan de la espera, acepta que será incómodo, aburrido, frustrante, estresante. Deja que los sentimientos vengan... y luego déjalos ir. Necesitas actuar desde un lugar racional, no un lugar emocional. Una vez que los sentimientos hayan pasado, comienza la tarea. Ya has dominado tus emociones, y eso es algo con lo que el procrastinador pasivo lucha. ¡Ahora estás listo para completar la tarea y escribir ese correo electrónico!

Como discutimos anteriormente, un hábito es algo fácil de abandonar y difícil de renunciar. A menudo el mejor recurso es tomar el hábito opuesto. En lugar de renunciar a la carne, conviértase en vegetariano. Y lo mismo es cierto para la procrastinación pasiva. Es un hábito difícil de romper. Pero puedes elegir ser un procrastinador activo en su lugar, y dejar que el buen hábito simplemente sustituya al malo.

POMODORO, EL NUEVO MEJOR AMIGO DE LOS PROCRASTINADORES

Ya hemos discutido la noción de dividir una gran tarea en varias tareas más pequeñas, y los diversos beneficios de este enfoque. Pero una versión más precisa de este enfoque se llama la Técnica Pomodoro.

La Técnica Pomodoro recomienda dividir las grandes tareas en secciones de 25 minutos, con una pausa de unos 5 o 10 minutos. La técnica se refiere a estos períodos de trabajo de 25 minutos como Pomodoros.

Los frecuentes descansos te mantienen fresco y concentrado, y la cuidadosa medición del tiempo te mantiene concentrado y disciplinado, mientras que completar cada Pomodoro gratifica y trae la recompensa de la auto-satisfacción y la auto-eficacia positiva.

La técnica Pomodoro se implementa mejor en etapas: planificación, seguimiento, registro, procesamiento, visualización. Planifica los eventos del día al principio del día. Rastrea tu progreso y la nueva información a lo largo del día. Haz un registro al final del día para ver los resultados de tu progreso. También, al final del día, procesa esos datos en información visualizándolos para que puedas entenderlos claramente y usarlos en tu beneficio más tarde.

Para implementar la Técnica Pomodoro, utiliza un cronómetro para asegurarte de que te ajustas al programa. Comienza con una lista de tareas, en orden de prioridad, e incluye una sección para las interrupciones inesperadas. Lleva también una planilla de actividades, para anotar estas cosas, y una hoja de registros para enumerar los datos compilados a lo largo del día. Y no te saltes los descansos, son importantes para mantenerte concentrado y vital a lo largo del día. Los descansos son bien conocidos por tener muchos beneficios. Te permiten dar un paso atrás y reevaluar, acelerar tu cerebro, pensar en mejores ideas y prevenir el agotamiento.

ESTRATEGIAS PROBADAS QUE TE AYUDARÁN A SUPERAR SU PROCRASTINACIÓN

Una técnica avanzada para controlar la procrastinación es el Principio de Urgencia/Importancia de Eisenhower, que hace hincapié en el uso eficaz y no simplemente eficiente del tiempo. Esta técnica te ayuda a priorizar, a diferenciar qué tareas de tu lista de tareas son importantes y cuáles son más bien distracciones.

Ser eficaz y no simplemente eficiente significa dividir las actividades en dos grupos. Las actividades importantes están relacionadas con objetivos a largo plazo, mientras que las actividades urgentes deben ser tratadas inmediatamente, pero pueden no estar relacionadas con nada a largo plazo. Conocer la diferencia te ayudará a priorizar entre las dos.

¡Pruébalo tú mismo! Haz una lista de todo lo que haces durante el día, no importa lo inconsecuente que sea. Luego divide esas actividades en cuatro categorías: importante y urgente, importante pero no urgente, no importante pero urgente, y no importante y tampoco urgente.

Cuando las cosas son importantes y urgentes, pueden incluir cosas que están programadas (importantes) y cosas que no están planificadas (urgentes). Deberás programar tiempo adicional para acomodar ambas cosas. Las tareas importantes, pero no urgentes, son vitales para el éxito a largo plazo, por lo que debes dedicarles mucho tiempo en tu programa diario. Cuando algo no es importante pero urgente, piensa en delegar la tarea si tu tiempo es ocupado por algo, cualquier cosa, que sea importante. Cuando algo no es importante y tampoco urgente, ponlo al final de la lista y vuelve a programarlo hasta que no haya nada en las tres primeras categorías.

Otro consejo útil para vencer la procrastinación es descomponer su sentido del tiempo hasta el más mínimo incremento. En lugar de ver el plazo como si fuera de tres días, piensa que es de 72 horas. Le da al retraso una sensación de ser más corto y añade urgencia a tu motivación.

Piensa en cómo tu trabajo afecta a los demás. Muy a menudo, carecemos de autocuidado y auto-suficiencia, pero somos muy cuidadosos y solidarios con los demás. ¿Recuerdas la frase, "Siempre somos más duros con nosotros mismos"? Bueno, esto llega a la raíz de eso. Así que en lugar de pensar en ti mismo y en tu eficacia o inseguridad, piensa en los demás a tu alrededor. Si lo postergas, ¿cómo les afectará a ellos, a sus carreras y a su reputación?

También podrías volver a fijar la fecha límite. Si es un lunes, date una fecha límite del viernes anterior para que estés seguro de hacerlo, aunque procrastines un poco.

Comprometerse públicamente con la fecha límite es una buena manera de presionar. Es como dar tu palabra. ¡Tu integridad y tu posición son grandes motivadores! Un amigo motivador que te registre y te apoye, es también una estrategia potente. ¡Podrías pensar en hacer una apuesta con alguien de que terminarás la tarea!

Otro buen ejercicio es elegir una pequeña tarea y darte cinco minutos para terminarla. Será una pequeña victoria para ti, una pequeña derrota para la procrastinación. Mucha gente tiene una canción favorita que los motiva para una tarea en particular. La música crea respuestas emocionales, y las emociones tienen un gran poder para inspirar nuestro comportamiento, como hemos visto.

Ahora que hemos hecho un progreso considerable derrotando la procrastinación, ¡hagamos lo mismo con el exceso de pensamiento!

6

¡SUPERA TU PENSAMIENTO EXCESIVO!

ORDENAR TU MENTE TE AYUDA A RECARGAR TU CEREBRO Y REFORMAR TUS COMPORTAMIENTOS Y HÁBITOS EN TAN SOLO UNOS DÍAS

Anteriormente, nos fijamos en cómo el entorno puede influir en el pensamiento y el comportamiento. Y de la misma manera en que el ambiente de uno puede volverse desordenado, también lo puede hacer la mente. Pero desordenar la mente es una gran manera de superar el exceso de pensamiento.

Así que, considera tu mobiliario mental; ¿se ajusta, chocan las piezas? ¿Están tus aparatos mentales en buen estado de funcionamiento, para que puedas cocinar cuando lo necesites y enfriarte cuando lo necesites? ¿Refleja la decoración realmente lo que eres ahora o hay muchas cosas viejas que es hora de reemplazar?

Y mientras miramos la correlación entre la mente y el entorno, echa un vistazo a tu entorno real. ¿Está limpia tu casa? ¿Está tu escritorio desordenado? ¿Está bien organizado? Estas cosas afectarán a tu psique tanto como son afectadas por ellas.

Escribir tus preocupaciones es una gran manera de sacarlas de tu mente, porque esos pensamientos están ahora almacenados en otro lugar. Llevar un diario tiene este beneficio y muchos otros, incluyendo la posibilidad de organizar las cosas en las que estás pensando en exceso y luego resolverlas o solucionarlas, convirtiendo el pensamiento negativo en un comportamiento positivo.

El desorden mental suele estar causado por recuerdos de cosas pasadas; no suelen ser recuerdos agradables, sino rencores y eventos desagradables que tal vez podrían haber funcionado de otra manera. Deja ir esas cosas de la misma manera que tirarías las revistas viejas. No son contemporáneas o relevantes para tu vida en el presente, y ocupan mucho espacio.

La multitarea tiende a llevar a un gran desorden mental, porque se están atendiendo demasiadas cosas a la vez y no se pueden hacer todas a pleno. La multitarea desbarata el tiempo del trabajador y como resultado, desbarata su mente.

El exceso de información es quizás el principal culpable del desorden mental, y eso tiene sentido. En nuestro mundo actual, obtenemos más información y más rápido que nunca. Los ciclos de noticias son más cortos, la gama de información es cada vez más amplia. Así que naturalmente tenemos demasiada información. Pero, ¿cómo podemos resistir eso en esta era híper-informativa? Limita tu tiempo en Internet o frente a la televisión, discierne a qué le prestas atención.

Ser decisivo es una buena manera de combatir el exceso de pensamiento también, porque la acción decisiva reemplaza el exceso de pensamiento que puede crear una parálisis de análisis. Ser decisivo también te ayuda a priorizar, otra clave para romper los ciclos de sobrepensamiento y procrastinación.

Una gran manera de despejar el desorden mental es meditar, eso es una gran parte de lo que trata la meditación; despejar tu mente y concentrarte. La respiración profunda es una gran parte de la meditación, y esa práctica por sí misma puede ser muy útil para liberar tu mente del desorden.

Como lo harías si lo aplazaras, piensa en encontrar un amigo que te apoye y con el que puedas hablar de tus preocupaciones. Hablar con él te ayudará a sacártelo de encima y de tu mente.

Un ciclo de sueño saludable es importante para una buena salud mental, y esa es la clave para romper el ciclo de pensar demasiado. Despiértate temprano y acuéstate a una hora razonable. Evita las cosas que interrumpan tus patrones de sueño, como ya lo hemos discutido.

Estar en contacto con la naturaleza es una gran manera de aliviar el desorden mental. Es otro caso de la conexión entre el medio ambiente y la salud mental. Una vez más, cambia tu entorno y podrás cambiar toda tu forma de pensar. El sonido de los pájaros cantando o de un arroyo, el viento soplando a través de los árboles, los olores y las vistas del bosque o incluso de un parque público, son refrescantes y tranquil-izantes y deberían ayudar mucho a liberarte de ese desorden mental.

Mucha gente hace un inventario mental, que es una lista de cosas que uno debería hacer, cosas que uno tiene que hacer y cosas que uno desea hacer. Una vez que están almacenadas en otro lugar, puedes sacarlas de tu escritorio mental, por así decirlo. Pregúntate cuán importante es cada tarea para ti o alguien cercano a ti. Sigue revisando ese inventario según sea necesario, a medida que se completen las tareas antiguas y surjan otras nuevas.

El cerebro es responsable de una variedad de funciones neurológicas y cognitivas, este último grupo incluye el lenguaje, la atención, la memoria, las habilidades visuales-espaciales y la función ejecutiva. Pero el cerebro puede aburrirse de estas funciones por lo que necesita una estimulación frecuente. Puedes utilizar desafíos específicos y actos de relajación para mantener el funcionamiento del cerebro en su mejor estado.

Aprender una nueva habilidad puede ser tanto un desafío como un acto de relajación. Aprender a cocinar, a pintar o a tocar un instrumento musical es genial tanto para desafiar como para relajarse. El yoga terapéutico también es tanto un desafío como un acto de relajación, y muy bueno para el cuerpo. Descansar mucho es un acto de relajación (y a menudo un desafío también) pero es vital para refrescar el cerebro.

Las actividades de resolución de problemas como los rompecabezas y los videojuegos son una buena manera de mantener el cerebro estimulado y ansioso por procesar nuevos datos. Expresarse artísticamente, como mencionamos antes, es una gran manera de relajarse; bailar, escribir un diario, cantar. Tampoco importa lo bueno que seas en estas cosas. ¡No es el momento de ser un perfeccionista!

Y no olvides tomarte tiempo libre para las cosas que disfrutas, ya que este equilibrio es vital para una mente despejada y fresca.

5 ESTRATEGIAS FÁCILES PARA SUPERAR EL PERFECCIONISMO Y CÓMO ESTO REDUCIRÁ TU EXCESO DE PENSAMIENTO

El perfeccionismo, el impulso de rendir y producir de forma impecable, puede parecer un fuerte motivador, pero ya hemos visto cómo puede realmente impedir la productividad. También puede contribuir a muchas condiciones negativas, incluyendo la depresión, la ansiedad, el trastorno obsesivo-compulsivo, el agotamiento, los trastornos alimenticios y el riesgo de suicidio.

Ya hemos visto que es uno de los mayores contribuyentes a la procrastinación y al pensamiento excesivo también. Ninguna conversación habría sido perfecta, ninguna situación posible será perfecta. Nada será perfecto, y si lo es, probablemente se deba a una pizca de suerte, algo que nadie puede controlar.

Como hicimos antes, echemos un vistazo al lenguaje que usamos, porque las palabras tienen un significado y pueden cambiar drásticamente nuestras perspectivas. Por ejemplo, un perfeccionista podría decir, "No obtuve una A en un examen; soy un completo fracaso". Pero una alternativa podría ser algo como, "Cualquiera que sea la nota, ¿importará en un año a partir de ahora?" El perfeccionista podría decir: "Mi corte de pelo es horrible, no quiero que me vean". Pero la alternativa puede ser algo como: "La gente tiene cosas más importantes de las que preocuparse, y siempre volverá a crecer. Con la forma en que la gente usa su cabello hoy en día, probablemente nadie lo notará."

Las actitudes son completamente diferentes, y también lo serán los comportamientos resultantes.

Pero aquí hay 5 formas concretas de ayudar para superar tu exceso de pensamiento perfeccionista:

- Primero, haz una lista de las ventajas y desventajas de tratar de ser perfecto. Verás enseguida lo peligrosas que son las desventajas (problemas de relación, ansiedad) y las ventajas (mejores decisiones después de una reflexión más clara).
- En segundo lugar, sé más consciente de ti mismo. Si tiendes al perfeccionismo, sustituye esos pensamientos por otros más humildes. Concéntrate en lo positivo de un proyecto, no en los inevitables pequeños defectos.
- Tercero, como con la procrastinación, establece un calendario con límites y apégate a él. Es una cuestión de autocontrol y autocuidado.
- Cuarto, aprende a no ver la crítica como un ataque personal, no respondas a la defensiva. Escucha las críticas y no las contrarrestes, sólo digiérelas. Si has cometido un error, reconócelo, pero no te castigues por ello. Todo el mundo tiene derecho a cometer un error de vez en cuando. Nadie es perfecto, ¿verdad?
- En quinto lugar, establece metas razonables que puedas cumplir. Fijar metas enormes que pueden ser casi imposibles,

es prácticamente prepararse para el fracaso y la decepción, alimentando el ciclo de pensamiento negativo.

Unas palabras sobre la fijación de objetivos. Los perfeccionistas tienden a establecer ciertas metas que sólo alimentan las tendencias perfeccionistas. Los no perfeccionistas establecen objetivos de un tipo diferente. Por ejemplo, los perfeccionistas a menudo establecen objetivos basados en lo que otros esperan. Un objetivo más saludable se basa en deseos personales. Los perfeccionistas creen que su objetivo es la perfección, mientras que un objetivo más saludable, se basa en la relatividad de las habilidades del trabajador o en logros recientes. El perfeccionista puede fijar una meta centrándose en el resultado final, mientras que un sistema de fijación de metas más saludable, puede enfatizar el placer que se encuentra en el proceso; la creatividad y el trabajo con los demás, la formación de vínculos, etc. El perfeccionista teme la desaprobación o el fracaso como algo relacionado con su persona, pero una mentalidad más sana de fijación de metas asocia la desaprobación o el fracaso con el proyecto, no con los trabajadores.

Y, cuando estés estableciendo tus metas, no te olvides de ser inteligente. Las metas deben ser específicas, medibles, alcanzables, realistas y oportunas (SMART).

Otra buena manera de prevenir el perfeccionismo es tratar de ver un problema a través de los ojos de otra persona. ¿Qué harían ellos? ¿Qué consejo te darías? Recuerda, somos los más duros con nosotros mismos.

Una técnica de exposición, es cuando una persona se enfrenta, o se expone, a su mayor miedo para conquistar ese miedo. Para los protagonistas, esos miedos incluyen el rechazo, el fracaso, el ridículo. Así, un perfeccionista siempre puede lograr deliberadamente un pequeño fracaso para descubrir cuán no catastrófico puede ser tal cosa. Puede sonar extraño (impensable para algunos), pero adelante y desordénate un poco. Deja caer tu tren de pensamiento durante una presentación o usa una camisa arrugada. Deja una pausa incómoda por un rato más de lo que podrías haber hecho. Luego siéntate y observa lo que sucede... que probablemente no sea nada. Las imperfecciones sólo molestan a los perfeccionistas, y esa es una lección vital para aprender a frenar ese rasgo a menudo destructivo.

Otro truco ingenioso para lidiar con el perfeccionismo es conseguir un nuevo hobby. No es probable que lo domines de inmediato, así que no esperarás la perfección... esperemos. Te sentirás más atraído por el momento de aprender y crecer y no por los resultados o sus consecuencias.

CULTIVA TU MENTALIDAD HASTA SU MÁXIMO RENDIMIENTO Y LIBÉRATE DE LA ANSIEDAD Y LOS PENSAMIENTOS NEGATIVOS

Los perfeccionistas no son los únicos que tienen ansiedad y miedo al fracaso, por supuesto. Ya hemos examinado algunos mecanismos para afrontar el miedo al fracaso y otros problemas comunes a la procrastinación y el exceso de pensamiento; ser consciente de las causas y los desencadenantes, replantear tus creencias en torno al objetivo para quitarle importancia a las consecuencias, cambiar tu lenguaje y tu perspectiva de lo negativo a lo positivo, visualizar los posibles resultados, considerar el peor escenario posible y tener un plan de respaldo. Pase lo que pase, ¡aprende de ello para la próxima vez!

Pregúntate qué aprendiste de una determinada situación, cómo puedes crecer como resultado de ella, y encuentra al menos tres cosas positivas de la experiencia.

UNA MENTE SANA ESTÁ EN UN CUERPO SANO

Hemos hablado de dietas saludables y no saludables y sus efectos en la salud mental, la procrastinación y el exceso de pensamiento. El órgano central del exceso de pensamiento, el cerebro, tiene una conexión aún más fuerte con el cuerpo. El cerebro nunca deja de funcionar, ni por un segundo durante su vida. Por lo tanto, requiere una increíble cantidad de energía, más que cualquier otra parte del cuerpo.

De hecho, las células del cerebro consumen el doble de energía que las otras células. Representando solamente entre el dos y el tres por ciento de la masa corporal de una persona promedio, el cerebro quema un 20% de las calorías consumidas.

Así que una dieta y un estilo de vida saludables, son cruciales para el cerebro, y para las funciones cognitivas que el cerebro controla, como hemos discutido. Proporcionan la agilidad mental duradera necesaria para ser productivo. ¿Alguna vez has comido mucho y luego te has sentido como atontado? Es porque comer en exceso inunda el cerebro con demasiada glucosa. La falta de glucosa tiene un efecto similar y debilitante.

Los alimentos procesados que son azucarados, salados o grasos, tardan más tiempo en ser digeridos por el cuerpo (tres días completos para un Big Mac de McDonald's). Y eso significa menos combustible útil para el cerebro... y el resto del cuerpo también.

Para una salud mental y física óptima, los expertos recomiendan evitar cualquier cosa procesada, y comer sus alimentos orgánicos o naturales más lentamente para ayudar a la digestión. Tu estómago tarda unos 15 minutos en enviar el mensaje a tu cerebro de que estás lleno. Comer más rápido significa que llenas ese vacío con más comida de la que necesitas, inundando tu cerebro con glucosa.

Algunos consejos y trucos para comer de forma más saludable incluyen la sustitución de las verduras por la carne en platos como la pizza o la tortilla. Toma café o té sin crema ni azúcar. Las verduras y el humus pueden sustituir a las patatas fritas y a la salsa en tu próxima fiesta. Cocina en casa, sabe mejor y sabes exactamente lo que estás comiendo y las circunstancias en las que fue hecho. Si la comida para llevar es una necesidad del estilo de vida, encuentra las opciones más saludables. ¿Taco Bell? Prueba con Subway. ¿Kentucky Fried Chicken? Bueno, cualquier cosa es probablemente mejor que el KFC a menos que te comas la caja. Incluso entonces...

Correr es un ejercicio y un pasatiempo recreativo que puede tener grandes ventajas para un cuerpo y una mente sanos. Quemar calorías, contribuye a la salud circulatoria y cardiovascular, pero además, los estudios muestran que ofrece apoyo al cerebro y mejora el estado de ánimo. Calma la mente mientras nos concentramos en el movimiento básico en lugar de preocupaciones intelectuales más complicadas.

Correr también utiliza el exceso de adrenalina o cortisol para difundir el estrés.

Cualquier ejercicio debe hacerse con moderación, por supuesto. Los expertos recomiendan 20-30 minutos cada vez, dos o tres veces por semana.

Usa muchas de las mismas técnicas que usamos para la postergación (sueño y dieta saludables, autocompasión, reflexión, despersonalización) para ayudar a superar tu exceso de pensamiento. Y no sólo pienses en ello, ¡hazlo!

7

ESTABLECE METAS QUE REALMENTE TE INSPIREN Y SE BASEN EN TUS DESEOS MÁS PROFUNDOS

E l gran artista Pablo Picasso dijo una vez: "Nuestros objetivos sólo pueden alcanzarse a través de un plan, en el que debemos creer fervientemente, y sobre el que debemos actuar enérgicamente. No hay otra ruta para el éxito."

Así que, persigue una meta que tenga un plan en el que creas y sobre el que actúes. Eso realmente no suena tan difícil, pero hay facetas que son fáciles de pasar por alto. Una de ellas es el objetivo. Ya hemos discutido el uso de objetivos a corto plazo para lograr un único objetivo a largo plazo, dividiendo un proyecto en una serie de tareas más pequeñas. Pero es importante establecer los objetivos correctos, ser inteligentes (SMART) en la selección de nuestros objetivos.

POR QUÉ LOS OBJETIVOS INTELIGENTES NO SON SUFICIENTES PARA DARTE UN EMPUJÓN

Recordarán que SMART (en inglés) es un acrónimo de objetivos que son específicos, medibles, alcanzables, orientados a los resultados y limitados en el tiempo. Pero establecer buenos objetivos por sí solos no te ayudarán. Necesitarás ponerlos en acción. Habrá que dividir el proyecto en unidades más pequeñas que puedan ser alcanzadas, a veces llamadas hitos.

Para poner esto en juego, comienza haciendo una lista de tareas que lograrán cada hito. Utiliza una línea de tiempo para esto, como hemos discutido.

Ya hemos hablado de aplicaciones para la gestión del tiempo, ¡pero también las tienen para establecer objetivos! La Agenda GTD (Getting Things Done) (consigue hacer las cosas, en español) es una de ellas, y el plan básico de 4,45 dólares al mes, ¡te permite hacer un seguimiento de hasta 30 objetivos y 50 tareas! *GoalsOnTrack, Profit, ClearCompany, 7Geese, Lattice, Sprigg* y *Wrike* son otras aplicaciones útiles.

Porque mientras que los objetivos inteligentes (o SMART) son geniales, el establecimiento de objetivos puede ser mucho más complicado. Los objetivos no sólo son cruciales para el patrón básico de realización, el primer paso crucial en ese ciclo, sino que los estudios han demostrado que aumentan la motivación y la organización. Y cuanto más desafiante y más valioso sea el objetivo, mayores serán nuestros esfuerzos para alcanzarlo y mayores serán los resultados del éxito.

Los estudios también muestran que los objetivos claramente definidos conducirán a un rendimiento superior. La investigación ha producido una teoría de fijación de objetivos basada en cinco principios clave: compromiso, claridad, desafío, complejidad, retroalimentación.

Realmente tiene sentido. Cuanto más comprometidos estemos con una tarea, más probabilidades tenemos de cumplirla y obtener éxito. El compromiso viene de la motivación adecuada, como la ganancia a largo plazo. Por el contrario, la falta de compromiso inspira menores resultados, especialmente cuando la tarea es un desafío.

La claridad también es clave; la naturaleza y el propósito de la tarea, su valor, su plazo. Si un trabajador está confundido en cuanto a lo que está haciendo o por qué lo está haciendo, eso aumenta enormemente las posibilidades de fracaso e inhibe la probabilidad de logro. Pero, ¿quién podría comprometerse con algo que ni siquiera puede entender?

Es fácil ver cómo estos pasos, como muchos en tales ecuaciones, llevan de un acierto a otro.

Una vez que se tiene el compromiso y la claridad, el objetivo debe ser un desafío. No debería ser imposible, claramente, pero las tareas aburridas y mundanas son las menos atractivas para la psique humana y las más alentadoras de las mentalidades negativas que causan la procrastinación y el exceso de pensamiento. Al ser humano le gusta que lo desafíen; así es como construimos las pirámides y pusimos a un hombre en la Luna.

La complejidad es importante, ya que debe venir con moderación. El desafío es grande, pero demasiada complejidad interrumpe la claridad que necesitamos para realizar las tareas. Pero la complejidad se produce, a menudo de forma imprevista y como resultado de la realización de la tarea en sí, así que asegúrate de presupuestar un poco más de tiempo en la línea de tiempo del proyecto, para tener en cuenta la complejidad.

La retroalimentación hace que el proceso y el progreso avance durante cada una de estas etapas.

Un poco más sobre los objetivos y cómo establecerlos:

Se ha demostrado que el establecimiento de objetivos mejora el rendimiento académico hasta en un 25%. Establecer el objetivo correcto se ha asociado con un estado de flujo óptimo, o estar en camino, como se dice.

Una investigación sobre los estudiantes universitarios, encontró que el optimismo y la esperanza hacían que los estudiantes fueran más aptos para establecer metas y lograr sus tareas. Los estudiantes con alta autoeficacia lo hicieron mejor que aquellos con menos confianza en sí mismos. Cualquiera de los dos tipos de estudiantes parece más probable que se vean influenciados por los estándares sociales al establecer sus objetivos.

Hasta ahora, hemos hablado de la fijación de objetivos como una práctica más o menos individual, pero con proyectos más grandes que requieren equipos, ¡un enfoque de equipo para la fijación de objetivos puede ser un enfoque invaluable! La investigación ha demostrado esto, lo que tiene sentido. Las personas se inspiran unas a otras y proponen mejores ideas, y eso fomenta una moral más alta, un pensamiento positivo más claro, mejores resultados, en un espiral ascendente. A menudo se trata de una experiencia en el lugar de trabajo, cara a cara, pero el mismo principio se aplica a los equipos virtuales, que deben hacer su colaboración a través del Zoom. Pero los combos musicales están funcionando juntos sobre tales dispositivos, las producciones teatrales se están poniendo en escena por todo Internet, incluso Saturday Night Live lo ha hecho. ¡Tú también puedes!

Los grupos virtuales deberían considerar tener una especie de director para centralizar las comunicaciones y mantener las cosas en orden.

Antes de fijar cualquier objetivo, recuerda que la práctica requiere planificación (saber qué requiere la tarea para completarla y cómo desglosarla conceptualmente), auto-motivación (tenemos que querer alcanzar los objetivos que estamos fijando), habilidades de gestión del tiempo (presupuestar cuánto tiempo llevará alcanzar cada objetivo menor), flexibilidad (para ajustarnos a la complejidad), autorregulación (para asegurar un rendimiento efectivo a lo largo de toda la tarea), compromiso y concentración (para saber lo que se quiere y cómo conseguirlo).

También hay diferentes áreas relacionadas con la fijación de objetivos. Si sabes en qué área estás parado, estarás mejor equipado para establecer los objetivos correctos.

Los investigadores identifican dos tipos de objetivos de logro; objetivos de logro de dominio (centrados en el desarrollo de habilidades para lograr el objetivo) y objetivos de logro de rendimiento (centrados en la capacidad del individuo). Básicamente, el dominio se refiere al resultado, el rendimiento se refiere al ejecutante.

Los objetivos de dominio, tienden a inspirar a los trabajadores a completar la tarea. Se centran en las cualidades de la tarea, no en las del trabajador. Trabajan duro para mejorar sus habilidades, para dominarlas, y encausar la tarea, especialmente en tiempos de fracaso. Los objetivos de rendimiento, tienden a orientar a los individuos a probarse a sí mismos. Los resultados son a menudo personalizados y reflejan las cualidades del trabajador, no los resultados de la tarea.

Los objetivos de rendimiento pueden inspirar ansiedad y reducir el desempeño de las tareas, pero los objetivos de dominio pueden aumentar la participación a través de la mejora continua y la autoevaluación. Por lo tanto, los objetivos de dominio pueden tener una influencia más positiva en la motivación y eso influye en el logro de los objetivos.

Pero no todas las investigaciones están de acuerdo. Los resultados de un estudio muestran que los objetivos de dominio funcionaron bien para aquellos con baja orientación al logro, pero los objetivos de desempeño redujeron el interés de esos sujetos en la tarea, lo que llevó a un desempeño pobre. Por otro lado, los sujetos con alta orientación al logro, tuvieron reacciones positivas a sus objetivos de rendimiento.

Algunas investigaciones sugieren que los objetivos de rendimiento deberían subdividirse en dos enfoques: el *independiente* y el *orientado a la evasión*. Al fijar las metas, los individuos se ven impulsados por el deseo de éxito o el temor al fracaso.

Mientras dividimos una gran tarea (establecer objetivos) en otras más pequeñas, veamos tres útiles categorías de objetivos. Los objetivos temporales se clasifican en dos grupos más pequeños; objetivos a corto y largo plazo. Los objetivos de enfoque son los grandes, son los objetivos a largo plazo. Los objetivos temáticos son generalmente cosas que suceden junto con la tarea, pero como parte de ella. Pagar las cuentas o declarar los impuestos puede ser una de ellas, pero sería un objetivo a largo plazo como la compra de una casa.

Un buen ejercicio, como hemos discutido, pero vale la pena repetirlo, es establecer algunos objetivos a corto plazo y luego lograrlos. Eso inicia un ciclo saludable de éxito para motivarte a pasar a tareas más grandes y de la misma manera cumplirlas.

Luego comienzas a elaborar esa tarea. Haz una tarea en un día, luego establece tres para la semana, diez para el mes, y así sucesivamente. Se realista, pero desafíate a ti mismo. Valdrá la pena incluso si no haces las diez tareas en el mes. Habrás hecho cinco o siete, y eso es mucho. El viejo refrán dice: "Prefiero esforzarme por mucho y lograr la mitad, que no esforzarme por nada y lograrlo todo".

TUS INSPIRACIONES Y DESEOS MÁS PROFUNDOS TE DARÁN EL VERDADERO IMPULSO QUE NECESITAS

El deseo es una emoción poderosa y un motivador aún más poderoso. También es una tremenda fuerza para la creatividad. Por lo tanto, sólo tiene sentido sondear esos deseos para lograr nuestros objetivos.

El deseo y la energía que este genera tienen una enorme influencia en nuestras intenciones y en nuestras acciones. Pero el deseo puede estar tan cerca del miedo que se vuelven indistinguibles. A menudo cuando pensamos que nos estamos moviendo hacia lo que queremos (deseo), a menudo nos estamos alejando de algo que no queremos (miedo).

La motivación del miedo se centra en evitar las penalidades por el fracaso y puede conducir a sentimientos de compulsión o inhibición. La motivación del deseo se centra en las recompensas por el éxito, pero puede llevar a una baja autoeficacia y a sentimientos de impotencia.

Por lo tanto, conoce la diferencia entre lo que motiva tu establecimiento de metas, e inclínate hacia el deseo y aléjate del miedo.

ESTRATEGIAS PARA ESTABLECER METAS QUE FUNCIONAN COMO MAGIA

Hacer un plan es siempre una buena manera de conseguir los resultados. Como hemos visto, dilo o escríbelo y tenderá a tomar vida propia, a convertirse en tu propio factor de motivación. Algunos investigadores piensan que esto es una *intención de implementación*, y eso tiene algún sentido. Es su intención declarada la de implicar su plan para lograr su objetivo.

Pero esto se desglosa mejor en tareas específicas y más pequeñas. Intenta este ejercicio y escríbelo en una hoja de papel, rellenando los espacios en blanco según tus deseos o metas específicas:

Haré *[COMPORTAMIENTO]*en *[TIEMPO]* en
[LUGAR]. Algunos ejemplos son:
Me sentaré en silencio durante cinco minutos a las
6:30 a.m. en mi cama antes de levantarme.

> Estudiaré francés durante diez minutos a las 8 p.m. en
> mi habitación.
> Iré al gimnasio durante una hora a las 5 p.m. los lunes,
> miércoles y viernes.

Una vez que caigas en el hábito de hacer estas cosas regularmente, no parecerán tareas, sino una parte natural de tu rutina. Eventualmente, serán el tipo de hábitos que no podrás dejar, y que no querrás dejar.

Pero seamos honestos, no todo puede funcionar perfectamente; como hemos visto, es raro que todo funcione perfectamente. Así que, si te encuentras con un obstáculo y no puedes hacer habitual una de las actividades planeadas que has elegido, piensa en usar el enfoque *"si/entonces"*.

Haz una nueva lista, indicando el mismo objetivo que puede no haber funcionado antes. Luego agrega una función "si/entonces" a la oración:

> Si me siento en silencio durante cinco minutos a las
> 6:30 a.m. en mi cama antes de levantarme,
> entonces tendré un mejor día.
> Si estudio francés durante diez minutos a las 8 p.m. en
> mi habitación, lo pasaré mejor en mi viaje cuando
> finalmente me vaya.
> Si voy al gimnasio por una hora a las 5 p.m. los lunes,
> miércoles y viernes, entonces me veré muy bien en
> mi viaje a Francia.

Aquí hay otro recorrido por el principio de "si/entonces", también bastante práctico:

> Si no me siento en silencio durante cinco minutos a las
> 6:30 a.m. en mi cama antes de levantarme,
> entonces lo haré al principio de mi descanso para
> comer, precisamente a las 12:00 del mediodía.
> Si no estudio francés durante diez minutos a las 8 p.m.
> en mi habitación, lo haré en el coche cuando vaya
> al trabajo.
> Si no voy al gimnasio una hora a las 5 p.m. los lunes,
> miércoles y viernes, entonces iré dos horas el
> sábado y el domingo.

Este enfoque permite que la complejidad de las cosas no se inmiscuya en tus objetivos cuidadosamente planeados. Date un plan de respaldo y será mucho más probable que logres el objetivo y la tarea.

El enfoque *"si/entonces"* puede ser aplicado directamente al problema general de la procrastinación. A saber:

> Si estoy en mi computadora, entonces estoy trabajando
> en la tarea. De lo contrario, estoy en otro lugar.
> Si quiero procrastinar, entonces me recordaré a mí
> mismo lo bien que se sentirá al realizar la tarea y
> todo el bien que el cumplimiento de la meta a largo
> plazo haría por mí.

Un aspecto que se ha pasado por alto en la fijación de objetivos y que deberíamos tocar aquí se conoce como *"Detente".* Mientras que nos hemos centrado en establecer nuestros objetivos y lograrlos, es importante recordar uno de los beneficios de pensar demasiado, y es la oportunidad de reevaluar. A veces un objetivo que parece bien elegido demuestra no ser la mejor opción. A veces un proyecto simplemente va en la dirección equivocada. En ese caso, el equipo puede necesitar recalibrar. Los objetivos pueden necesitar ser reconsiderados. Así que no tengas miedo de detener las cosas, retrocede y reconsidera.

Al establecer un objetivo, puedes considerar la creación de un mantra. Cualquier cosa lo suficientemente simple para repetir una y otra vez y que te ayude a mentalizarte funcionará: *"Puedo hacer esto, puedo hacer esto..."* o *"Todo está bien, todo está bien..."* Personalmente combato el miedo a conducir sobre puentes cantando una versión destrozada de una canción clásica de Pink Floyd: "All in all you're just another stretch of the road." ("eres sólo otro tramo de la carretera"). Verbalizar da poder, después de todo, y ayuda a concentrarte.

¡Aquí hay otro acrónimo útil para establecer metas y hacer tareas! EAVE significa Escribir, Actuar, Visualizar, Evaluar. Ya hemos tocado los tres, pero los acrónimos son una gran manera de recordar las cosas. Bastante inteligente, ¿verdad?

No olvides que el establecimiento de metas es algo que todos hacemos en cada parte de nuestras vidas; social, profesional, creativo, emotivo. Establecer objetivos puede ayudar a mejorar todo esto, cuando se usa de manera efectiva y no sólo eficiente.

8

AUMENTA TU NIVEL DE PRODUCTIVIDAD

CONCÉNTRATE EN LO QUE ERES BUENO, Y MEJORA EN ELLO

Todos hemos oído hablar de las multitareas, la práctica de hacer varias cosas a la vez. Lo hemos investigado aquí y hemos encontrado que es menos efectivo, en la mayoría de los casos. Es extraño, sin embargo, que el concepto original de una sola tarea ahora parece más una novedad que una norma. Nuestras vidas se han vuelto tan densas en información y tareas y la escasez de tiempo casi nos obliga a realizar varias tareas, creando tareas fallidas, menos autoeficacia, depresión, etc.

La tarea única te permite concentrarte, entrar en la zona para un rendimiento óptimo. La multitarea claramente impide eso, ya que es el resultado de un enfoque agudo y nadie puede enfocarse tan agudamente en tres cosas simultáneamente como puede hacerlo en una sola cosa a la vez.

Así que ahora tendremos que entrenarnos para volver a nuestro pasado reciente más simple y volver a entrenarnos para ser monotareistas. Esto puede ser un desafío, pero está dentro de tus posibilidades.

Primero, como hemos dicho, empieza con pequeñas tareas que puedas realizar razonablemente. Luego asegúrate de hacer sólo una de ellas, y ni siquiera consideres otra hasta que hayas terminado la primera. Luego procede a la siguiente tarea siguiendo la misma regla. La clave aquí es no dejar de lado una tarea, no comenzar otra o atender a cualquier evento externo.

No olvides dividir la tarea en objetivos razonables y más pequeños.

Con tu lista de tareas diarias, hazlas por separado y haz primero la tarea más importante. De esta manera, tendrás poco que temer el resto del día. Haz la siguiente tarea más difícil en segundo lugar, y el resto del día será cada vez más fácil.

Al igual que con otras técnicas, para las condiciones y correcciones relacionadas, trabaja en bloques de tiempo y programa los descansos. Y mantén un escritorio despejado para una mente despejada. Esto es particularmente importante cuando se reentrena para hacer una sola tarea, ya que las distracciones y complejidades se elevarán y desafiarán tu enfoque en esa sola tarea.

A pesar de toda la atención que hemos puesto en establecer objetivos y plazos realistas, cuando se trata de la reeducación para ser un trabajador de una sola tarea, puede ser mejor establecer plazos poco realistas. Peter Bergman de *Harvard Business Review* sugiere limitar el tiempo disponible para una sola tarea a un tercio de lo que se podría esperar normalmente. La idea es que el tiempo ejerza suficiente presión para forzar la finalización de la tarea, manteniendo al trabajador más concentrado. Esto puede hacer que los trabajadores sean más productivos y estén mucho menos estresados.

Si estás trabajando en un proyecto que requiere mucha investigación, utiliza algún tipo de marcador de posición en letras las mayúsculas (INVESTIGACIÓN, por ejemplo), y luego haz toda la investigación en un grupo, al final del día. Alternar entre la escritura y la investigación puede parecer dos partes de la misma tarea, pero se pierde mucho tiempo entrando y saliendo de la zona, recalibrando de un conjunto de habilidades a otro y volviendo. Y en realidad es sólo una multitarea de otro tipo, si realmente lo piensas.

Además, mientras realizas una investigación legítima en Internet para tu proyecto, puedes estar tentado de sucumbir a las distracciones del correo electrónico, los vídeos y otras cosas que inhiben tu productividad.

Ten en cuenta la satisfacción que disfrutas al cumplir una tarea. Cuando se trata de una sola tarea, la sensación llega antes y puede inspirarte a una mayor productividad. Y cuando estés haciendo esta única tarea, no sucumbas al perfeccionismo. Deja la tarea cuando esté terminada y pasa a la siguiente... después de un pequeño descanso, por supuesto.

Y una vez que te hayas propuesto convertirte en un trabajador de una sola tarea, considera limitar esa tarea para hacer lo que mejor sabes hacer.

Tiene sentido en muchos niveles. Todos queremos pasar nuestro tiempo haciendo lo que nos gusta, y esas son casi siempre las cosas en las que somos buenos. Todos los grandes empresarios, innovadores, artistas y atletas de la historia, hacían lo que mejor sabían hacer, después de todo. ¿No sería mejor el proyecto, la empresa, toda la sociedad si todos hiciéramos lo que nos gusta?

Puede ser, pero la vida no es así. Tenemos que hacer cosas que no nos gustan, cosas en las que no somos particularmente buenos; esa es una gran razón por la que procrastinamos. Por lo tanto, un buen modelo de negocio para luchar contra la procrastinación, sería encontrar la tarea en la que eres mejor, dominarla y hacerte realmente bueno en ella. Este es un viaje personal que cada uno de nosotros debe hacer por su cuenta, y pobre de aquellos que no lo hacen en absoluto.

Puede que quieras ser voluntario en el trabajo o fuera de él para darte tiempo y espacio para disfrutar de tus habilidades especiales. Esto ayudará a desarrollarlas y también a llamar la atención de los demás, aquellos que pueden permitirte usar esas habilidades en el centro de tu vida productiva. El voluntariado es bueno para la autoeficacia, la alta autoestima, la salud física y mental, la ampliación del círculo social, y también tiene una variedad de otros beneficios.

No tengas miedo de aceptar un cumplido. No hay que avergonzarse de ser bueno en algo, e incluso puedes aprender sobre una habilidad oculta que no sabías que tenías. La gente generalmente no nos ve de la misma manera que nos vemos a nosotros mismos, y los procrasti-nadores y los que piensan demasiado son notoriamente duros con ellos mismos.

La *Mentalidad De La Escasez* se describe como el miedo a eliminar los recursos propios y perderlo todo. Se manifiesta en una falta de autoeficacia, cuando se pueden albergar creencias autolimitantes y un discurso interno negativo. Por lo tanto, hay un impulso de acaparar debido a la falta de confianza en la capacidad de ganar. Es un fenó-meno que se auto-perpetúa porque crea sobre trabajadores que ganan menos, y esto sólo refuerza la mentalidad de escasez.

Pero siempre se puede superar con sólo reconocerlo y cambiar de perspectiva. Deja de imaginar que lo peor está por venir, que el fracaso es seguro. Ninguno de los dos es cierto.

Es interesante (y un poco triste) notar que mucha gente simplemente no ha encontrado lo que su don o dones dados son, en lo que real-mente son buenos. Mucha gente va de esfuerzo en esfuerzo, de escuela en escuela, de carrera en carrera, sin encontrar su nicho. Si ese eres tú, querrás tomar medidas concretas para encontrar esa cosa especial en la que sobresalgas.

Pregúntate: "¿Qué habilidades me han ayudado a prosperar?" ¿Eres del tipo que siempre tiene una ocurrencia graciosa, es ese tu mecanismo de defensa para evitar una variedad de situaciones incómodas? Bueno, hay un viejo dicho entre los cómicos: "Lo divertido es el dinero". Podrías ser más adecuado para una posición en la que la escritura sea central. ¿Eres una persona que avanza a toda costa, inmersa en la determinación de que nadie se interponga en tu camino? Puede que estés más capacitado para una carrera como socorrista que como bibliotecario.

Pregúntate: "¿Qué me hace sentir fuerte?" Si haces sonreír a un niño, una carrera en la enseñanza puede ser más adecuada que una carrera en la construcción. Si ayudar a los ancianos te da esa sensación especial, entonces sabrás dónde ser voluntario. Si tocar el violín siempre ha sido tu pasión secreta, ve a tocarlo al asilo local.

Puede que te preguntes, "¿Qué me hizo destacar de niño?" A menudo, perdemos el contacto con las cosas más especiales de nuestra infancia. ¿Eras un niño imaginativo? Tal vez ahí es donde están tus verdaderas habilidades.

Por supuesto, a menudo hay una gran diferencia entre lo que eres bueno y lo que te apasiona. Es genial si esas dos cosas se entrelazan, pero no siempre es así. Mi padre era un apasionado de la ópera, pero nunca pudo escribir o cantar en una. Mucha gente es fanática de los deportes, pero nunca han podido pensar en jugar profesionalmente. Por el contrario, una persona puede tener cierta habilidad en matemáticas, pero no ser apasionada por su trabajo como contador de nivel medio. O puedes tener pasión por algo en lo que eres bueno y luego perder la pasión por ello. Este tipo de agotamiento es común en profesores, trabajadores sociales y en el campo de la salud mental. Así que ten cuidado de saber en qué eres bueno, qué te apasiona, y que tareas te ayudarán realmente a progresar.

Puedes asumir que la respuesta es elegir lo que se te da bien en lugar de lo que te apasiona, pero eso no siempre es así (pocas cosas lo son). Es cierto, dicen que hay que apoyarse en los puntos fuertes, y eso tiene sentido. Haz lo que sabes. Tiene sentido, aunque también puede ser una mentalidad limitante, mantener a una persona en la misma posición, básicamente insatisfecha, durante años. No suena como una vida muy feliz, ¿verdad?

Por otro lado, puedes aprender nuevas habilidades de acuerdo con tus pasiones, después de todo. ¿Eres apasionado por la comida, pero no puedes abrir un restaurante? Aprende un poco sobre la escritura o la dirección de video y piensa en ser un crítico gastronómico. Puede que no sepas mucho sobre cómo capitanear un barco de motor, pero si anhelas vivir en un pequeño yate, puedes aprender esas cosas.

Tu habilidad secreta también podría estar asociada con tu entorno. ¿Creciste con algunas influencias culturales especiales que podrían afectar tu trabajo para mejor? ¿Creciste cazando caimanes en los pantanos? Podrías escribir un libro sobre la aplicación de las habilidades del cazador de caimanes a las del joven empresario moderno. O podrías prestar tu pasión por la naturaleza a causas ambientales, eso es una ganancia para todos (y todo).

Con este fin, recuerda que es mejor ser grande en una cosa que mediocre en varias. Una vez que encuentres la habilidad que te impulse hacia adelante, dedícate a ella y excluye las distracciones. La grandeza viene del dominio de una tarea, y dominio viene de una vida de diligencia y trabajo duro. El dominio es tu objetivo a largo plazo una vez que has encontrado tu habilidad especial, no la gratificación inmediata. Evita las trampas de la dilación y el exceso de pensamiento cuando tu habilidad especial está involucrada; no puedes permitirte el lujo de dejar pasar esa oportunidad.

POR QUÉ DECIR NO A LA GENTE Y A CIERTOS PROYECTOS PUEDE AYUDARTE A HACER MUCHO MÁS

Decir que *NO,* no es tan fácil como parece. De hecho, puede ser bastante difícil. En este mundo tan agradable para la gente, nadie quiere ofender a nadie más. Y como a la mayoría de la gente no le gusta oír la palabra, asumen que a otros no les gusta, y generalmente tienen razón. Decir *Sí,* es mucho más fácil.

Pero a veces hay que decir que no. Todo este libro trata de decir no, de hecho; no al pensamiento negativo y al autodiscurso negativo, no a estar encerrado indefenso en la parálisis del análisis, no a la vida insana. Pero esas cosas no son fáciles. Y sólo se hace más difícil a partir de ahí.

Decirle no a los demás significa arriesgarse al rechazo, al aislamiento, al fracaso. Para el perfeccionista, la palabra *no,* los golpea en el centro mismo de su ser, no es simplemente un rechazo del proyecto o tarea, sino un rechazo absoluto de todo lo que son, fueron o esperan ser. Es una lástima, pero no sólo no tiene que ser eso, sino que el *no,* puede ser algo muy positivo. Suena contradictorio, pero es cierto. ¡Veamos más de cerca cuándo y cómo decir no!

Si tienes que rechazar una oferta o sugerencia, hay maneras de hacer que sea más cómodo para todos los involucrados. Podrías amortiguarlo con amabilidad o un cumplido. Siempre empieza con algo bueno, como, *"Has trabajado mucho en esto, y admiro eso. Gracias".* O puedes intentar encontrar la única cosa buena con la que puedes empezar. *"Me gusta la forma en que has organizado estas tareas".* Luego pasa a tu sugerencia, corrección o rechazo.

Luego da tus razones para decir que no, si es necesario. Explícalo de una manera que desvíe la atención de la otra persona. En lugar de decir, *"No tienes razón",* considera decir, *"Vamos a tomar un camino diferente con esto".*

Se breve durante estos intercambios, pero no hay razón para apresurarte o ser brusco. Hay tiempo suficiente para asegurarte de que has dejado en claro tu punto con razón y amabilidad, pero no tanto como para que el tema se piense demasiado. No pospongas el final de la reunión.

También podrías pensar en reemplazar el *no* con el no ahora o todavía no. Eso deja la puerta abierta para más comunicaciones, mejores ideas que podrían ser perfectas para tu próximo proyecto. Recuerda, un *no* al proyecto no tiene que ser un *no* al trabajador.

También puedes ofrecer una alternativa. En lugar de un no, tal vez la noción te ha inspirado a mejorar la idea. Puedes animar a la persona a que investigue otros lugares aún no descubiertos y luego volver para otra reunión. Se plantea el problema y se da paso a una mejor respuesta. Ese es un ejemplo de cómo usar la procrastinación de una manera positiva, como hemos discutido.

Pero si tienes que decir que no, eso puede ser un verdadero trauma para algunas personas que apenas pueden atreverse a hacerlo. Para ellos, o quizás para ti, aquí hay algunos consejos y trucos para hacerlo más fácil.

Sé directo al respecto. No hay necesidad de andar con rodeos. Sólo di, *"No, no puedo"* o *"Eso no es para mí".* Y no hay razón para posponerlo tampoco, es una procrastinación de la peor clase y sólo aumentará tu ansiedad. Enfréntalo el momento en que suceda.

Recuerda que no hay razón para disculparte o dar excusas. Debes evitarse el exceso de complacencia con la gente, para no depender demasiado de su aprobación. ¡Hemos visto los problemas que eso puede causar!

No mientas, tampoco. No hay necesidad de hacerlo, y sólo aumentará tu culpa. No sólo te echaste atrás en algo y decepcionaste a alguien, ¡también has mentido sobre ello! ¿Quién necesita toda esa ansiedad?

Si no dices que no ahora, puedes estar resentido por estar involucrado en una tarea no deseada más tarde. No dejes que ese tipo de comportamiento pasivo/agresivo arruine tu vida.

Sin embargo, no hay razón para no ser educado. Siempre puedes decir amistosamente: *"Gracias por preguntar".*

Tal vez quieras practicar el decir *no*. Imagina que alguien te pide que hagas algo cuando estás solo, y di que *no*. Inténtalo con un amigo. Divide la gran tarea en tareas más pequeñas.

Sobre todo, ten en cuenta que tu autoestima no está relacionada con lo que puedas hacer por los demás, sino con lo que haces por ti mismo.

¿Qué pasa si alguien no acepta un no por respuesta? Se cortés pero asertivo y simplemente mantén tu posición. Establece límites y apégate a ellos. *No* todavía significa *no*, después de todo. O puedes volverlo contra la otra persona. Si insisten, pregúntales por qué o explora otras opciones con ellos.

¿Quieres que te vuelvan loco? Si no puedes decir que no, recuerda que cada *no* es un *sí* a otra cosa. Rechazar un proyecto de trabajo puede significar decir *sí* a evitar un desastre, o *sí* a pasar más tiempo con la familia y los amigos. Así que, en realidad no estás diciendo que no en absoluto. No es una cuestión de rechazo, sino de selección.

CÓMO CREAR UNA LISTA DE TAREAS SIMPLES QUE HAGA QUE SER PRODUCTIVO SEA FÁCIL, EN LUGAR DE HACERTE SENTIR ANSIOSO

Las listas de tareas son una herramienta poderosa para la organización, la motivación y para abordar la postergación y el exceso de pensamiento, entre tantas otras conductas habitualmente negativas. Pero depender demasiado de ellas puede ser peligroso. A menudo las listas en sí mismas pueden volverse inmanejables.

Asegúrate de que cada acción de la lista sea lo suficientemente importante para garantizar tu atención. Haz las tareas de bajo valor y las tareas más agradables más tarde si lo necesitas. Empieza con una nueva lista para cada día y piensa en hacer una versión semanal también. Esto hará que las listas diarias sean más cortas y estén mejor organizadas.

Hay tres técnicas para crear una lista de tareas factibles.

Puedes empezar cada día eligiendo de una a tres tareas importantes en las que te concentrarás ese día y hacer de ellas tu mayor prioridad.

O, al final del día de trabajo, puedes seleccionar hasta seis tareas para el día siguiente, en el orden de mayor prioridad. Luego pon esa lista en acción al día siguiente, asegurándote de que todas se hagan.

O puedes elegir 13 tareas de diferentes prioridades; una de alta prioridad, tres de media y nueve de baja prioridad. Complétalas en orden de alta a baja prioridad.

En lugar de una lista de tareas, puedes hacer una lista de tareas posibles, para disminuir la presión y tener en cuenta las interrupciones y distracciones inesperadas. Algunos recomiendan tres columnas por lista; *hacer, haciendo, y hecho.* Este enfoque ayuda al trabajador a registrar el progreso, recompensa los pequeños logros y refuerza la autoeficacia.

Algunas personas recomiendan publicar su lista de tareas, lo cual sabemos que puede añadir motivación para hacer esa lista. Otros recomiendan dibujar la lista para incrustarla en tu cerebro y excitar su atención, aunque eso puede llevar mucho tiempo. Sin embargo, ¡siempre puedes ponerlo en tu lista de cosas por hacer!

Otros consejos para mejorar las listas de tareas incluyen hacerlas en colores para codificar la prioridad; rojo para importante, azul para bajo valor, y así sucesivamente. O puedes darle a cada tarea un nombre agradable; proyecto flores, proyecto cachorros. Puede quitarle mucho peso a la tarea, y ciertamente la hará menos intimidante. Las palabras tienen un significado.

Como sucede con todo hoy en día, hay aplicaciones y sitios web para ayudar con la administración de tu lista de tareas, incluyendo *Minimalist, Google Tasks, A Text File, Slack* y otros.

LA MULTITAREA PUEDE PARECER UN MOVIMIENTO SABIO AL PRINCIPIO, PERO NO SIEMPRE LO ES. CONTARLA LA FORMA EN QUE GASTAS TU ENERGÍA

Mientras que las listas de tareas tienen todo tipo de beneficios, algunos sugieren que representan una desviación del enfoque. Muchos profesionales sugieren que, en lugar de administrar el tiempo, se debería administrar la energía. Hay tiempo más que suficiente, sugieren, pero la energía es limitada y ese es el eslabón débil de la cadena.

Tienes 24 horas todos los días, después de todo, pero no tienes la misma energía todos los días. Como hemos discutido, tu nivel de energía está fuertemente influenciado por tus hábitos de sueño y alimentación, la falta de descansos razonables y el agotamiento, con quiénes estamos y en qué pensamos, cómo nos movemos o no y cuánto o qué tan poco, nuestras emociones, y nuestro propósito o la falta de él.

Los investigadores creen que tu propósito es la fuerza motriz de tu energía. Cuanto más grande sea tu propósito, más energía podrás reunir para él.

También es cierto que los hábitos pueden desperdiciar tiempo y energía o aumentar ambos. Navegar por Internet es un hábito que puede hacer perder tiempo y energía, pero dar un paseo no sólo aumentará la energía por todo tipo de razones biológicas, sino que el tiempo invertido en él aumentará la productividad una vez que se reanude el trabajo.

En España, una siesta de tres horas durante las horas más calurosas del día es una tradición, pero eso no funcionaría en los Estados Unidos de hoy, ni en casi ningún otro lugar. Hay mucho que hacer. Y dormir tres horas al día podría tener influencias adversas en el individuo de muchas maneras.

Pero hay componentes de la siesta que podrían ser bastante beneficiosos. Las siestas rápidas durante el día pueden ser refrescantes, después de todo, y revitalizan el cuerpo y el cerebro. Los descansos programados, que ya sabemos que son beneficiosos, deben ser considerados. Pero los descansos deben ser moderados, como todas las cosas. Demasiados descansos disminuyen la productividad y fomentan el ciclo de vergüenza y depresión y, en última instancia, la inactividad.

Recuerda también que la energía viene en diferentes tipos y puede ser desperdiciada o generada de diferentes maneras. La energía emocional está enraizada en el sentimiento más allá de la razón, la energía mental está enraizada en el sentimiento que está dentro de los límites de la razón y el intelecto, y la energía espiritual está enraizada en la creencia en la fuerza de alguna creencia trascendental. Si puedes reconocer qué tipo de energía te hace más fuerte, puedes priorizar los comportamientos que fomentan ese tipo de energía. Si la energía emocional te agota, puedes saber cómo evitar los desencadenantes de ese tipo de energía. Si la energía mental es tu fuerza, foméntala con la lectura y la escritura y aprendiendo nuevas habilidades. Si la energía espiritual es lo que te guía, pasa más tiempo en tu lugar de oración favorito.

Con todo lo que hemos discutido, no debería ser una sorpresa que la comida tenga una tremenda influencia en la energía de una persona. Los alimentos procesados, los que son azucarados, grasos o salados, no nutren el sistema, lo agotan con un laborioso proceso digestivo. Los alimentos orgánicos y los ricos en vitaminas, nutrientes y proteínas naturales alimentan el cuerpo con más energía. Si estás controlando los ingresos y el consumo de tu energía, la dieta es el primer lugar al que debes ir.

La cafeína es una famosa y a la vez impopular fuente de energía. Una taza de té verde puede contener hasta 25mg de cafeína, la misma cantidad de té negro hasta 42mg, mientras que una taza de café preparado puede contener hasta o más de 108mg.

Los estudios demuestran que el café ofrece un impulso más fuerte al principio, pero que inspira un choque más profundo más tarde, mientras que las menores cantidades de cafeína en el té ofrecen un impulso inicial menor pero un nivel de energía más sostenido.

Seis maneras de obtener más de la cafeína, y perder menos con ella, incluyen beber menos café o té, pero durante períodos de tiempo más largos. Considera la posibilidad de tomar descansos entre las tazas de café o té para obtener el mismo resultado. Bebe agua con el café para reducir la fiebre de la cafeína. Mantente alejado de esas bebidas energéticas, ya que están llenas de cafeína y es probable que produzcan una intensa descarga de energía y luego un fuerte y profundo choque, probablemente más temprano que tarde.

Come bien y no bebas cafeína con el estómago vacío. Eso es un poco controvertido porque muchas personas beben café primero por la mañana, antes de tener apetito o la oportunidad de comer cualquier alimento. Aun así, esto puede llevar a problemas digestivos y de ansiedad.

Ahora que hemos aprendido más sobre cómo establecer metas, ¡vamos a ver más de cerca el desarrollo de nuevas rutinas!

9

DESARROLLEMOS TUS NUEVAS RUTINAS

LO QUE DEBES SABER SOBRE LOS HÁBITOS

Bien, hemos visto varios aspectos de la procrastinación y el exceso de pensamiento, y algunas otras cosas también, la mayoría se centró en revertir estos comportamientos negativos establecidos. Y, como hemos visto, es más fácil adquirir un nuevo hábito que dejar uno viejo, así que, si estás tratando de corregir un viejo comportamiento, simplemente toma el hábito del comportamiento opuesto.

Pero los malos hábitos como el exceso de pensamiento y la procrastinación, tienen que ser bien entendidos antes de que puedan ser efectivamente manipulados y claramente nos enfocaremos en eso. Para entender mejor una cosa, tienes que llegar a sus raíces.

Todos los hábitos a menudo nacen de las tres Rs; recordatorio (es el disparador que toca los sentimientos que inspiran el comportamiento negativo), rutina (que es el comportamiento negativo en sí mismo), y recompensa (la emoción generada por el comportamiento). Una gran comida (desencadenante) puede hacer que quieras un cigarrillo, por lo que fumas uno (rutina) y disfrutas de ese subidón de nicotina (recompensa).

Es bastante fácil ver que puedes romper este ciclo en cualquier momento del mismo. Cambia tus factores desencadenantes y come sólo comidas ligeras. Algunas personas pican algo, o simplemente comen pequeños bocadillos durante el día y no tienen ninguna comida grande y tradicional. Algunos expertos creen que esta es una forma más saludable de comer. O podrías cambiar tu rutina masticando un chicle en lugar de fumar un cigarrillo, que es un sustituto común. Esto cambia la recompensa de un subidón de nicotina a un ligero subidón de azúcar, tal vez. Sigue siendo una recompensa, ¿verdad?

Identificar los desencadenantes puede ser útil. Toma nota de cuáles son los recordatorios, o desencadenantes, al anotar tus rutinas, o comportamientos. ¿Fumas más por la noche que por el día? Mira más de cerca el porqué. ¿Estás generalmente solo o hay otras personas involucradas? ¿Hay algo en particular que parece inspirar tu deseo de fumar? Encontrarás tus desencadenantes al acecho en una de estas preguntas. Eso te ayudará a erradicarlos y a cambiarlos o evitarlos.

Cuando cambies tus hábitos y desarrolles nuevas rutinas, ten en cuenta tu inspiración para ello, tu objetivo a largo plazo. Eso te dará motivación para llevar a cabo las muchas tareas pequeñas que serán necesarias para realizar la gran tarea.

¡Y puedes usar las mismas técnicas que ya has empezado a desarrollar! Consigue un amigo para que te apoye y sea una caja de resonancia que te permita verbalizar tus objetivos y darte los consejos que necesites. Sé consciente de lo que haces en todo momento, para no caer en viejos hábitos. Debes saber lo que estás haciendo y por qué. Reemplaza un hábito por el hábito opuesto.

ROMPE LOS HÁBITOS MALOS Y POCO SALUDABLES

¿Qué es lo que causa los malos hábitos en primer lugar? Conocer la causa te ayudará a descubrir la solución. Como solemos decir, la respuesta suele estar junto a la pregunta (o en este caso, la solución está junto al problema).

Un aspecto de la continuación de los malos hábitos es la llamada *laguna*. Piensa en la laguna como la justificación del comportamiento. Estar estresado, justifica la necesidad de un descanso para fumar. Estar aburrido a menudo justifica el comer en exceso.

Ahora que sabes lo que es una laguna, veamos las diferentes variedades de esta insidiosa parte del ciclo del mal hábito.

Primero, está la laguna de la *falsa elección*, donde siempre hay algo más que hacer, Es una laguna muy común. También está la laguna de la *licencia moral*, donde el buen comportamiento racionaliza la recompensa del mal comportamiento.

La *laguna del mañana* es la postergación encarnada, dejando para mañana lo que podría hacerse fácilmente hoy. La laguna de la *falta de control* es la táctica de la impotencia y la sumisión al mal comportamiento.

Puedes emplear la laguna de *planificación para fallar*, cuando asumes que lo que intentarás está condenado al fracaso y es indigno del esfuerzo. La laguna *esto no cuenta* proporciona excusas convenientes como la enfermedad o las vacaciones para evitar la tarea.

La laguna de *la otra cara de la moneda* nos asegura que siempre hay otra oportunidad, otro día.

También está la laguna de la *suposición cuestionable,* que es cuando dudas de la razón para actuar; la laguna de la *preocupación por los demás* pone la culpa en las posibles reacciones adversas de los demás o el daño a los mismos. La laguna de la *falsa auto-realización* puede convencerte de que no hay tiempo para trabajar en objetivos a largo plazo, que debes vivir sólo en el momento. Esto, por supuesto, es una bastardización de la noción budista de abandonar la vida en el pasado o el futuro y abrazar el momento. La diferencia está en el fundamento de la creencia. Para algunos, es la sabiduría. Para otros, es una excusa. Si un monje budista te dice esto, piénsalo un poco. Si la persona no sabe nada de budismo o meditación y simplemente repite la línea, es sólo una excusa.

También hay un aspecto biológico en los malos hábitos.

En el sistema límbico, las partes emocionales del cerebro humano se aferran a los hábitos, ya que están automatizados y son más fáciles de realizar. Mientras que el córtex prefrontal controla las actividades más disciplinadas. Así que, mira al sistema límbico como la raíz de tu postergación. Los expertos consideran que el límbico es la parte más antigua del cerebro y la corteza prefrontal la más nueva. Por supuesto, todas las partes de un mismo cerebro tienen la misma edad. Pero las partes emocionales evolucionaron primero como una cuestión de hecho evolutiva. La emoción aseguró la supervivencia y, lentamente, la razón y la disciplina comenzaron a evolucionar en base al núcleo emocional que ya estaba allí. Piensa en el descubrimiento del fuego, la domesticación de animales, el cambio de estilo de vida prehistórico del al establecimiento de comunidades fijas, o clanes. Fuimos emocionales primero, y todavía tendemos a priorizar las emociones, porque esa parte del cerebro se ha estado desarrollando durante un largo período de tiempo.

El estrés y el aburrimiento son la raíz de muchos malos hábitos. Buscamos una diversión para contrarrestar las partes difíciles o tediosas de nuestras vidas, y estas son cruciales en el ciclo de procrastinación y exceso de pensamiento. Así que, aunque es difícil evitar estos desencadenantes, siempre puedes cambiar tu rutina. Si las distracciones son un respiro común para el aburrimiento, da un paseo en su lugar. Tiene muchos más beneficios para la salud y la mente, que ver videos en YouTube de gatos bailando. Por el contrario, ya hemos visto el detrimento de pasar demasiado tiempo en un lugar. Si no estás trabajando, ¿por qué usar tu oficina de trabajo para divertirte? Cambia tu entorno, una práctica que ya deberías reconocer como increíblemente impactante en cualquier estado de ánimo.

Otra técnica muy utilizada es la visualización. Imagínate que no tienes que salir corriendo a buscar cigarrillos a primera hora de la mañana. Visualízate en el calor del hogar con tu familia y amigos, mientras otros están en el frío, fumando sus cigarrillos en aislamiento.

Y no lo personalices. Tú no eres tus hábitos; siempre puedes mejorar.

Hay algunos pasos y ejercicios concretos que te ayudarán a romper casi cualquier hábito malo o insalubre.

Podrías considerar dejarte notas Post-it, para recordarte que debes frenar una cierta rutina. Si tu objetivo a largo plazo es ir a París, pero antes quieres perder 20 libras, escribe *París* en un Post-it y pégalo en la puerta de la nevera.

Tal como usamos *si/luego* para moderar y modificar nuestros objetivos, intenta *pero* aquí. Puedes fumar, *pero* vas a dejar de fumar. No aceptes que ser un fumador es parte de lo que eres, como tu altura o el color de tu piel.

Hemos visto el valor del control del tiempo, y eso también tiene valor aquí. Cuando sientas el recordatorio, o el detonante, o cuando te permitas la rutina, o el comportamiento indeseado, escríbelo. Se detallado, no vago. Anota la hora exacta, el lugar, con quién estás, qué está pasando. Luego examina tu registro y anota los patrones. Los desencadenantes saldrán a la superficie al aparecer más comúnmente en tu registro.

EL PODER DE LOS HÁBITOS SALUDABLES TE AYUDARÁ A DOMINAR TU EXCESO DE PENSAMIENTO Y LA PROCRASTINACIÓN

Hemos hablado de reemplazar un hábito por su opuesto. ¿Y qué es lo opuesto a los malos hábitos? Buenos hábitos, por supuesto, hábitos saludables en lugar de hábitos no saludables. Algunos de esos hábitos no saludables incluyen beber muy poca agua, comer muy tarde en la noche, hacer muy poco ejercicio y/o dormir muy poco. Comer demasiado sodio es otro hábito poco saludable, como lo es comer alimentos procesados. Muchas veces, los llamados alimentos *libres de grasas* son peores que los alimentos naturales con grasas naturales.

Almorzar en tu escritorio y usar demasiado aceite en tus comidas son hábitos poco saludables. Saltarse el postre es también menos saludable de lo que parece, y mantener una cocina sucia tiene muchos riesgos ocultos para la salud.

Y todos estos hábitos son fáciles de corregir. Mantén tus mostradores limpios, come un trozo de pastel, mantente alejado de cualquier alimento que venga en una caja de colores o en un envoltorio de plástico. No comas después de las ocho de la tarde. Si puedes hacer esas pocas cosas, puedes contrarrestar una serie de hábitos poco saludables.

Puede que no hayas oído hablar de la *regla de los dos minutos*, esta nos dice que cualquier nuevo hábito sólo debería tardar unos dos minutos en hacerse. Este enfoque básicamente descompone cualquier tarea en su primer y más simple paso. La lectura nocturna se convierte en la lectura de una sola página. Treinta minutos de yoga se convierten en simplemente sacar la esterilla de yoga. El hábito de estudiar para la clase se convierte en simplemente abrir los libros y dejarlos abiertos. Correr tres millas se convierte en un paseo alrededor de la manzana.

Es otra forma de dividir la gran tarea en tareas más pequeñas y manejables con objetivos concretos, cuyas recompensas impulsan un mayor rendimiento. Naturalmente, esta es una técnica de paso. Detenerse a dos minutos de cualquier cosa no te llevará muy lejos.

Esta técnica de micro-hábitos es popular entre muchos expertos, que también afirman que hay hábitos que la mayoría de las personas de éxito comparten. Estos son los hábitos saludables que puedes adoptar para contrarrestar los hábitos negativos.

Practica tu pasión, haz lo que te gusta, aunque no lo hagas profesionalmente y hazlo con pasión. Lee y haz ejercicio para mantener tu mente y tu cuerpo fuertes y limpios. Ahorra dinero. Ten un mentor y sé un mentor. Ten en cuenta las relaciones y el cuidado personal. Trabaja incluso cuando no estés inspirado y calla el llamado *cerebro de mono*, que esa parte que se distrae tan fácilmente. Hazlo usando un mantra. Dona tiempo y dinero para inspirar la sensación de autoeficacia. Hemos tocado todos estos temas en este libro, y es notable remarcar que los grandes éxitos corporativos del mundo los emplean. ¡Y tú también puedes hacerlo!

Aquí hay otra forma útil de romper viejos hábitos negativos y adquirir nuevos hábitos saludables que se mantendrán. Primero, hacer que el viejo hábito se vuelva invisible, eliminar todas las pistas. Luego hazlo poco atractivo, recuerda todos los aspectos negativos. Haz que parezca difícil, físicamente inconveniente. Hazlo insatisfactorio, visualiza los resultados negativos y las consecuencias desagradables inmediatas.

Para hacer que los buenos hábitos se mantengan, haz básicamente lo contrario. Haz que el hábito saludable sea obvio en lugar de invisible. Hazlo atractivo visualizando los beneficios del hábito saludable. Hazlo fácil en vez de difícil, hazlo conveniente. Luego haz que parezca satisfactorio visualizando todos los beneficios y resultados positivos y las recompensas placenteras inmediatas.

Mascar chicle en vez de fumar cigarrillos y verás lo fácil que es. Adelante, esperaré.

¿Ves? Y funciona siempre, como la mayoría de estas técnicas.

LA MEDITACIÓN DIARIA Y LA ATENCIÓN PLENA PUEDEN REVOLUCIONAR TU FELICIDAD

La meditación diaria y la atención plena (*Mindfulness),* son técnicas poderosas para crear hábitos saludables y ambas son hábitos muy saludables en sí mismos. La meditación puede ayudarte a entender mejor tu dolor mental y físico, a conectarte mejor contigo mismo y con los demás, a reducir el estrés, mejorar la concentración, y a reducir el discurso interno negativo y el cerebro de mono que se distrae fácilmente.

Los beneficios para la salud asociados con la meditación incluyen: disminución de la presión arterial, mejora de la circulación sanguínea, un ritmo cardíaco más bajo y una frecuencia respiratoria más lenta, reducción de la ansiedad, el estrés y la transpiración, disminución de los niveles de cortisol en la sangre, una mayor sensación de bienestar y una relajación más profunda.

La meditación tiene grandes efectos calmantes. Las investigaciones han demostrado que la actividad del cerebro disminuye realmente durante la meditación. La meditación también te ayuda a recargarte para tener más energía a lo largo del día.

La meditación aumenta el flujo sanguíneo en el cerebro y puede tener efectos neurológicos positivos. También puede reducir la necesidad de dormir. La meditación puede retrasar el envejecimiento del cerebro y mejorar el control muscular, las emociones y los sentidos de la vista, el oído y la capacidad del habla.

La meditación ayuda a lograr la relajación. Eso, a su vez, te ayuda a hacer más cosas y derrota la procrastinación. Se ha demostrado que la medicación aumenta las puntuaciones de los exámenes de los estudiantes hasta un once por ciento.

Existen varios libros en los estantes de las librerías locales sobre ello, o en Amazon, pero echemos un vistazo a estas prácticas en relación con los malos hábitos, el establecimiento de objetivos, la postergación, y sobre todo el exceso de pensamiento.

Hay una variedad de estilos de meditación, cada uno con sus propios beneficios.

Pero primero, ¿cómo aprendes a meditar? En la meditación de atención plena, aprendemos a prestar atención a la respiración cuando entra y sale y a notar cuando la mente se aleja de esta tarea. Prestar atención a la respiración, refuerza tu habilidad para estar atento y permanecer enfocado.

La meditación puede proporcionar espacio en tu mente y en tu vida, y eso es lo que más necesita el sobrepensador. Todo lo que necesitas para empezar es un lugar cómodo para sentarte, algo de paciencia y algo de autocompasión (a veces la parte más difícil).

¡Pero prepárate! Meditar puede darte sueño, y puede ser difícil encontrar el tiempo. Sin embargo, ¡vale la pena!

Prestar atención a tu respiración te enseña a volver y permanecer en el momento presente, abandonando el pasado y el futuro. Eso es lo que más necesita el sobrepensador.

En la meditación consciente, prestas atención a cada respiración y te concentras sólo en eso. Inhala y exhala, la conexión natural de dentro y fuera. Mantente enfocado en ello mientras lo haces, no dejes que tu mente divague. Fíjate en el simple, natural y nutritivo acto de respirar.

¿Cómo aprendes a meditar? En la meditación de la atención plena, aprendemos a prestar atención a la respiración cuando entra y sale, y a notar cuando la mente se aleja de esta tarea. Esta práctica de volver a la respiración construye los músculos de la atención y la atención plena.

Es así de simple, pero requiere práctica. Cuanto más lo hagas, mejor serás y mejores serán los resultados.

Para practicar esta poderosa técnica, primero siéntate y ponte cómodo. Prepárate para estar sentado y quieto durante los próximos minutos. Establece un límite de tiempo, especialmente cuando empiezas. Como todas las cosas, divide la gran tarea en tareas más pequeñas y manejables.

Ahora concéntrate en tu respiración. ¿Adónde va el aire? ¿Está llenando tus pulmones o sólo tu nariz? ¿Respira con regularidad? Haz esto durante unos dos minutos, luego inhala y exhala profunda y lentamente.

Repite este ciclo tanto como puedas, y notarás los increíbles beneficios. También puedes variar el ciclo, usando un punto focal fijo para enfocarte en vez de respirar.

Mindfulness es una palabra que hemos estado usando mucho, y merece una mirada más cercana. La atención plena es la conciencia del comportamiento que a menudo pasamos por alto. Bañarse, comer, conducir, interactuar socialmente, incluso trabajar, se convierten en un conjunto de comportamientos automatizados en los que no pensamos. La respiración es una de ellas; es automática, no tienes que concentrarte en ella para que ocurra.

Pero la falta de atención crea trabajo descuidado, malos hábitos de salud, conducción descuidada o imprudente, relaciones fallidas, porque simplemente no pensamos en lo que estamos haciendo. Estamos repitiendo las mismas cosas que hemos hecho durante años, y más o menos de la misma manera.

¡Las formas de ser consciente son fáciles de aplicar! Practica la atención plena durante las actividades rutinarias como barrer o cocinar. Practicar la atención plena a primera hora de la mañana para empezar el día de forma consciente es muy bueno. Pero no restrinjas a tu mente de vagar, eso es parte del ejercicio. Te convertirás en un experto en volver a ponerte en el centro de la atención.

Pero que sea breve. No quieres estirarte demasiado con este ejercicio y estar atento a cada pequeña cosa. Una cosa al día para empezar. Practica la atención plena mientras esperas; las largas colas y en el tráfico, son buenos momentos para reenfocar. Tal vez quieras elegir un lugar o un momento, como el descanso para el café, para practicar la atención plena.

Por lo tanto, se necesita una decisión deliberada para ser consciente de estas cosas, de todas las cosas si es posible. La meditación usa la atención plena para guiar el enfoque. La atención de algo tan básico y automático como la respiración es la forma perfecta de agudizar la habilidad de estar atento, fortaleciendo el músculo de la atención, que luego podemos usar para un mayor efecto en otros aspectos de nuestras vidas.

La meditación de exploración corporal es una técnica simple y poderosa también, que puede ser combinada con cualquier tipo de meditación plena. Sólo siéntate donde estés cómodo y siéntate en silencio. En lugar de concentrarte en tu respiración, o en un solo punto focal, te concentrarás en tu cuerpo. Comienza con tus pies y sólo siéntelos (no con tus manos). Siente la sangre que corre por ellos, los huesos, los tendones y músculos. Ahora lleva la atención hacia arriba a través de tus piernas, observando su estado, sintiéndolas como una parte de tu cuerpo. Sigue hacia arriba a través de cada parte de tu cuerpo hasta la parte superior de tu cabeza Es una forma de reconectarte contigo mismo, de sentirte más cómodo en tu propia piel.

La meditación mientras caminas es otra forma de fortalecer la atención. No tienes que estar sentado. Puedes concentrarte en contar tus pasos, hasta 10 y luego de vuelta. Lo importante es fijarte en algo simple, para despejar tu mente y no desordenarla. Y dados todos los beneficios de caminar para tu salud mental y física, esta es una técnica beneficiosa en varios sentidos. Sin embargo, ¡mira por dónde caminas!

La meditación de la bondad amorosa, tiene sus propios desafíos para los perfeccionistas y los que poseen un diálogo interno negativo, ya que se basa en la autocompasión, difícil de lograr para algunos. La meditación de la bondad amorosa se centra en la positividad de la persona que medita. Celebra el buen corazón, la apertura de mente y el perdón.

Intenta usar un mantra para practicar la bondad amorosa, como por ejemplo: "Viviré con seguridad", "Tendré paz y alegría", "Viviré con sencillez", "Tendré felicidad física (o salud, o libertad del dolor, dependiendo de tus necesidades)".

La meditación espiritual, permite centrarse, no en el cuerpo o la respiración o en un punto focal fijo, sino en Dios o en cualquiera que sea la fuente de fe espiritual del mediador. El objetivo es estar más cerca de uno mismo, estando más cerca de Dios. A menudo se utilizan aceites e inciensos potentes, como el incienso y la mirra, la salvia y el cedro, el sándalo y el palo santo.

La meditación enfocada, se centra en otras cosas; contar cuentas, una canción. La meditación mantra, utiliza un simple monótono para centrarse, como el famoso, "Oooommmmmmmm ..."

La meditación trascendental, es quizás la más conocida. Se basa en la meditación de mantras, pero incluye mantras más sofisticados específicos para el lector.

En la meditación de Visualización, el meditador se imagina a sí mismo en ese lugar donde se alcanza la meta, visualiza cómo se verá eso, se enfoca en eso.

Puede que tengas preguntas sobre la meditación. Si las tienes, ciertamente no estás solo. Aquí hay algunas preguntas comunes sobre la meditación y, por supuesto, sus respuestas.

P) ¿Qué pasa si tengo una picazón?

R) Resístete si puedes, intenta rascarte con la mente. Si no, ráscate. Estás tratando de concentrarte en otras cosas, y la picazón es una distracción terrible y fácil de tratar.

P) ¿Mi respiración debe ser lenta, rápida o regular?

R) Sólo relájate y respira. Lo más probable es que encuentres una frecuencia respiratoria natural. Si respiras demasiado rápido, ¡puedes desmayarte!

P) ¿Debo cerrar los ojos?

R) Si quieres, ¡pero no te facilitará el uso de un punto focal! Podría hacer que la terapia de caminar fuera absolutamente peligrosa. Mucha gente cierra los ojos durante la meditación consciente, sí. Si lo haces, tómalo con calma. No hay razón para cerrarlos con pinzas. Hazlo naturalmente.

P) ¿Quizás no pueda hacer esto?

R) Todo el mundo piensa eso, y eso no los detiene. No debería detenerte a ti. Puedes hacer esto, pero se necesita práctica. Recuerda que nada que valga la pena hacer es fácil.

P) ¿Debo meditar solo o en grupo?

R) Cualquiera de las dos, dependiendo de tu preferencia. ¡Considera ambos!

P) ¿Hay un momento óptimo del día para meditar?

R) En realidad no, siempre y cuando sea conveniente, ¡pero mañana no cuenta!

P) ¿Qué debo hacer si me exalto?

R) Acepta que tu mente vagará y simplemente regresa a tu punto de enfoque. No te preocupes.

P) ¿Puedo involucrar a mi mascota?

R) Mientras no interactúes con tu mascota, está bien que se siente en silencio contigo.

P) ¿Durante cuánto tiempo debo meditar?

R) Se trata más de la regularidad que de la duración. Siempre y cuando lo hagas todos los días, puede ser por tan sólo cinco minutos. Hazlo conveniente y atractivo.

P) ¿Qué debo usar?

R) Algo cómodo.

NO TE CONVIERTAS EN UN ESCLAVO DE LA TECNOLOGÍA, DEBERÍAS SER EL AMO DE ELLA

Realmente, la información está en el corazón de la era tecnológica. Pero alguna información es útil, otra simplemente entretenida. Generalmente, cuanto más entretenida sea cierta información, menos útil será.

De cualquier manera, la tecnología está en todas partes en nuestro mundo moderno, y es una de las fuentes más potentes de distracción y de desorden cerebral que podría haber, fomentando el cerebro de mono y desencadenando todo tipo de comportamientos. Pero necesitamos nuestros teléfonos, ordenadores e Internet para sobrevivir. Banco, trabajo a distancia, conectarnos con la familia y los amigos, la tecnología está en el corazón de nuestras vidas y no es probable que eso cambie pronto.

Hay muchos beneficios al reducir el tiempo de tecnología. Los estudios muestran que la luz de las computadoras puede ser dañina para los ojos, la postura puede ser afectada negativamente. Mirar fijamente el teléfono impide que interactúes plenamente con los demás, lo que hace que se pierdan oportunidades. El tiempo que pasas jugando a juegos de aplicaciones en un teléfono inteligente puede ser mejor que lo dediques a soñar despierto o a meditar o a plantearte nuevos objetivos a establecer y tareas a cumplir. Se fomenta la descortesía cuando una persona se reúne con otra y luego pasa todo el tiempo en el teléfono con otra persona. Eso siempre se ha considerado descortés, incluso en la época de los teléfonos fijos. Y en Internet abunda todo tipo de información errónea y gente peligrosa que podría fácilmente victimizar al incauto internauta.

Entonces, ¿cómo puedes evitar convertirte en un esclavo de toda esta tecnología?

Con sitios de streaming como Netflix, el llamado "atracón de series" se ha convertido en una tendencia. Pero eso no significa que tengas que sentarte frente al televisor o al ordenador. Limpiar, cocinar, coser, lavar la ropa, hacer ejercicio; hay todo tipo de tareas útiles que se pueden hacer en vez de mirar series tontas.

Si te sientes abrumado por demasiada información, vuelve a nuestros consejos y trucos establecidos. Escribe todo lo que ves y categorízalo, clasificándolo por calidad en una escala del uno al diez. Luego elimina el 20% más bajo. O, si eso es demasiado drástico, elige tres cosas del 20% inferior y reemplázalas temporalmente por otra cosa. Siempre puedes volver a cambiar.

Di que no a tres cosas esta semana, no importa cuáles sean. Siempre y cuando elimines estas distracciones tecnológicas para esta semana y veas cómo te sientes al respecto la próxima semana. Incluye todo esto en tu registro o haz uno nuevo sólo para este experimento.

Algunas personas aprenden mejor visualmente, otras lo hacen escuchando cosas. Debes saber qué tipo de persona eres y enfatiza esto tu tiempo de tecnología. Las personas más visuales pueden preferir leer un libro, los que están más orientados al audio pueden pasar más tiempo con un audiolibro.

Reduce la cantidad de tu tiempo de tecnología. Registra tu tiempo en el teléfono, la computadora, el iPod y la tableta, y reduce todo en un 10%. Es una forma sencilla de reducir el uso y la dependencia de la alta tecnología. Puedes pasar ese tiempo meditando, caminando, visitando a tus amigos, o disfrutando de una comida sana y nutritiva.

Algunos investigadores, individuos y familias han adoptado un nuevo protocolo para lidiar con la intrusión de la alta tecnología en sus vidas, la nueva etiqueta de la era digital:

Nada de teléfonos durante las comidas, reuniones sociales o al conducir. Nada de alta tecnología para niños menores de cierta edad. Nada de teléfonos como reproductores de música; usar un mp3 u otro reproductor de música dedicado exclusivamente a ello. Nada de alta tecnología en el dormitorio, o límites de tiempo estrictos. Quitar las notificaciones y tonos de llamadas telefónicas. Nada de relojes inteligentes a menos que sea para fines de salud. Quita las notificaciones de aplicaciones telefónicas. Ten dos computadoras, una para el trabajo y otra para jugar. Mantén el ordenador de juego fuera de la vista hasta que sea apropiado.

Ahora que tenemos un mejor control sobre la gestión de nuestra energía y nuestra tecnología, vamos a examinar más de cerca no sólo la gestión del tiempo, sino también su uso inteligente... ¡esperemos que sin demasiada alta tecnología!

EL MANEJO DEL TIEMPO ES LA RESPUESTA A LA MAYORÍA DE TUS PROBLEMAS

La gestión del tiempo es el núcleo de lo que sufren y tratan de superar los procrastinadores y los que piensan demasiado. Si bien es cierto que la energía es importante para administrarla por sí misma, la administración del tiempo sigue siendo esencial. Y los consejos y trucos para ayudar a ser un mejor administrador del tiempo son los mismos que los que vimos anteriormente. Es asombroso cómo este conjunto de habilidades relativamente simple puede ser aplicado a tantos niveles de los mismos desafíos, y a diferentes desafíos en conjunto.

El manejo del tiempo tiene beneficios asombrosos. Obtendrás mejores resultados, más rápido. Serás más productivo. Perderás menos tiempo y evitarás complicaciones y conflictos. Una mejor gestión del tiempo ayuda a despejar la pizarra para el tiempo libre, lo que es bueno para una vida equilibrada. Eso dará tranquilidad y te da más oportunidades de evitar el estrés. En trabajo, no perderás plazos o llegarás tarde a las citas, tu enfocarás y evitarás el estrés. Evitarás el castigo por el fracaso y disfrutarás de mayores recompensas por tu éxito.

La gestión del tiempo fomenta la paciencia, la concentración, la capacidad de organización, la toma de decisiones, la elaboración de planes, la motivación, la fijación de objetivos y la conciencia de ti mismo.

Así que, a medida que nos acercamos a otros desafíos, vemos la gestión del tiempo como algo que puede ser manejado en pasos reconocibles. Comienza con una planificación eficaz y le continúa con el establecimiento de las metas y objetivos correctos. Establece plazos razonables y delegación de responsabilidades (en un entorno de equipo) antes de priorizar las tareas en orden de importancia y luego asignar la cantidad adecuada de tiempo a esa actividad.

En general, utiliza lo que has aprendido para ser un mejor administrador del tiempo. Haz listas y registros de tiempo, prioriza las tareas, establece los objetivos correctos y así sucesivamente. Se selectivo y abandona el perfeccionismo. Concéntrate en la tarea, no en ti mismo.

¿Pero qué pasa si eres un trabajador por turnos o tienes algún otro trabajo que hace que la gestión del tiempo sea aún más difícil? Echemos un vistazo.

Puede que no hayas oído hablar de la regla 80/20. Sostiene que el 20% de nuestros esfuerzos terminan resultando en el 80% de nuestros resultados.

APRENDE A PRIORIZAR LO QUE HARÁS A CONTINUACIÓN

Priorizar es una gran parte de hacer las cosas, como ya hemos visto. Por lo tanto, vamos a ver más de cerca cómo priorizar mejor nuestras tareas. Recordarás la matriz que usamos sobre la prioridad, que hay tareas urgentes y tareas importantes. Las tareas importantes están más estrechamente asociadas con los objetivos a largo plazo, y las tareas urgentes son más a corto plazo. Algunas son importantes, pero no urgentes, otras urgentes, pero no importantes. Usar la matriz ayuda a priorizar las tareas, como hemos visto. Es sólo otro ejemplo de cómo estos principios funcionan en general. Domínalos, y podrás aplicarlos en todos los niveles de tu vida.

Hemos estado hablando de descomponer las cosas en partes más pequeñas, y (con suerte) ha funcionado. Pero hay otra forma de verlo, especialmente si estás priorizando. Tal vez quieras reunir tus listas de tareas más pequeñas en una gran lista maestra de tareas. Esto te ayudará a verlas todas en un solo contexto y podrás priorizar cada lista. De eso se trata la priorización, ¿verdad?

Hay un giro divertido de la frase, *"cómete la rana"*. Atribuido a Mark Twain, que dijo algo así como, "Si tu trabajo es comerte una rana, es mejor hacerlo a primera hora de la mañana". Es una hermosa ilustración de la priorización. Hacer primero el trabajo más grande y desagradable, hará que todo lo demás parezca tan fácil como comerte un pastel... ¡que es mucho más sabroso que la rana!

Algunas personas priorizan por notación alfabética. El llamado método ABCDE clasifica las tareas en ese orden de prioridad. Puede funcionar para ti.

Ahora pasemos a la tercera sección de este libro y continuemos mirando hacia afuera, en lugar de hacia adentro. Nuestro siguiente tema, ¡tu compañero de apoyo!

III

IMPLEMENTACIÓN

10

ENCONTRAR UN SOCIO DE RESPONSABILIDAD PODRÍA AUMENTAR TU ÉXITO

POR QUÉ UN SOCIO DE RESPONSABILIDAD PUEDE REALIZAR EL CAMBIO QUE ESPERAS TENER EN TU VIDA

Ya hemos visto los muchos beneficios de tener un compañero de apoyo. Pueden proporcionar consejo y compasión, una caja de resonancia y una unión de compromiso. Pueden dar buenos consejos, ayudar a razonar las malas ideas, establecer objetivos, cambiar la autoeficacia. Un compañero de apoyo o de responsabilidad es un valor inestimable.

Piensa en todos los emparejamientos institucionales exitosos de la historia; cualquier presidente de EE.UU. y su vicepresidente, cualquier golfista y su caddie, cualquier boxeador y su entrenador, cualquier superhéroe y su compañero. Los buzos bajan usando el sistema de compañeros. Y lo más increíble de todo, ¡la gente sigue casándose! El sistema de compañeros funciona, pero... ¿por qué?

Evitan las demoras e instan a su compañero a seguir por el buen camino. Una vez que se aprende ese comportamiento, inevitablemente se afianza. Los compañeros de apoyo te mantienen motivado y te ayudan a asegurarte para que alcances tus metas. Ofrecen una perspectiva diferente, más iluminada, y pueden influir positivamente en la fijación de metas y otros pasos cruciales. Y, como socios de responsabilidad, te hacen responsable si flaqueas y cumples con tus plazos. Muchas personas necesitan ese apoyo, y deberían tenerlo... ¡y pueden conseguirlo!

LA FASE DE ELECCIÓN, LAS CUALIDADES QUE DEBES BUSCAR EN UN SOCIO DE RESPONSABILIDAD

¿Cuál es la mejor manera de encontrar o elegir un socio de responsabilidad? Puede que no sea tan fácil como parece. Algunos en su línea de trabajo, pueden ser demasiado competitivos, o temen revelar sus secretos. Otros pueden estar demasiado ocupados o simplemente ser demasiado egoístas. Algunos tampoco están hechos para ser mentores.

En primer lugar, asegúrate de elegir a tu compañero de responsabilidad en función de tus objetivos. Si quieres tener éxito en la publicidad, busca a alguien que conozca el campo. Un sacerdote católico puede no ser la mejor opción. Si estás formando un equipo corporativo, puedes buscar un entrenador de fútbol de la escuela secundaria, o alguien capacitado en la formación de equipos que pueda aportar una nueva y competitiva voz a tus esfuerzos.

Una vez que sepas lo que buscas y quién puede ser el mejor para ayudar, pregunta a tus amigos si conocen a alguien que pueda estar interesado en ayudar. A los entrenadores les encanta entrenar; a los profesores les encanta enseñar. Considera la posibilidad de contratar a un profesor de tu universidad local que se especialice en el campo que estás buscando.

Unirte a las clases es una gran manera de encontrar un compañero de responsabilidad. El gimnasio también es una buena manera de hacer voluntariado en cualquier número de lugares que estén ansiosos por un poco de ayuda extra. Allí encontrarás gente lista y dispuesta a compartir su tiempo e influencia, igual que tú. Si trabajaras en un banco de alimentos y algún joven te pidiera apoyo, lo darías, ¿verdad? Sí, claro.

Y en estos días, puedes encontrar el apoyo que necesitas en línea. Lo que sea que estés haciendo o cualquier tema que tu proyecto pueda tocar, hay un grupo de Facebook o un foro en línea sobre ello. Es un recurso inestimable para encontrar no sólo un grupo de apoyo sino docenas, ¡y de todo el mundo! Nunca ha habido un mejor momento para ser apoyado por la gente de esta manera. Cuidado con los trolls, por supuesto.

Incluso hay aplicaciones como *Fitstream* para ayudar a crear grupos de apoyo y responsabilidad.

Una parte del proceso de elegir un socio de responsabilidad, por supuesto, es serlo. Tener un mentor y asesorar a alguien más sigue siendo clave para nuestro regimiento, en todos los ámbitos. Cada uno de ellos tiene sus propios beneficios.

Y para la etapa de la vida en la que quieras ser mentor, considera lo que se necesita para ser un buen compañero de apoyo.

Tendrás que ser un apoyo. Claro, empezarás con ese impulso, está en el corazón de lo que estás haciendo. Aun así, no estás ahí para ser un contrincante, para jugar al abogado del diablo. Apoyo significa apoyo.

Querrás centrarte en el objetivo, no en la persona. Siempre despersonaliza estas cosas.

Querrás priorizar la escucha y la comprensión. No sólo debes asentir y sonreír, sino que invierte en estos desafíos y aprovecha tu experiencia para ser un recurso verdaderamente valioso. Por eso lo haces, después de todo.

Querrás mantener las líneas de comunicación abiertas en ambas direcciones. Y cuando te comuniques, se considerado en tu consejo. Tu alumno estará escuchando y puede que siga nuestros consejos, así que ten cuidado con lo que dices y cómo lo dices. Pueden personalizar sus consejos, especialmente si son críticos con el trabajo.

Una vez que te comprometas con un mentor, no lo dejes. Puede que te abandonen, pero si abandonas al alumno eso podría desencadenar sentimientos de fracaso, de ira, y podría comenzar los ciclos de procrastinación o de pensamiento excesivo en que todos estamos aquí para suprimir.

Y debes estar abierto a compartir tu vida. Ahí es donde está tu mayor sabiduría, después de todo. Y te ayudará a construir la confianza y te hará un mejor mentor.

11

CÓMO ABORDAR LOS PROYECTOS MÁS GRANDES E IMPORTANTES EN LOS QUE TENDEMOS A PROCRASTINAR

EL CAMBIO VIENE DESDE ADENTRO Y DEBES ELEGIRLO TÚ MISMO

Elizabeth Kubler-Ross creó la curva de cambio, observando cómo la gente lidiaba con un diagnóstico terminal. Esta curva mide la confianza y la moral frente a mirar al pasado y al futuro. Las cuatro etapas de la curva son información, apoyo, dirección y estímulo. Curiosamente, se correlacionan con las cinco etapas del duelo: Negación, ira, negociación, depresión, aceptación.

Suena un poco complicado, pero funciona de la siguiente manera: En la etapa uno de la curva, está la información. Cuando llega el diagnóstico, el paciente es propenso a sufrir una pérdida de un alto grado de confianza y experimentar la negación. La segunda etapa presta apoyo al paciente, aunque es probable que la confianza y la moral caigan en picada y que la ira aumente. La tercera etapa de la curva, la dirección, tiende a elevar la confianza y la moral del paciente a medida que explora nuevas opciones. La cuarta etapa de la curva, el estímulo, tiende a elevar tanto la moral como la aceptación.

El modelo puede ser útil, no sólo con un diagnóstico terminal, sino con cualquier cambio. ¡Divorcio, noticias de embarazo, el fin de un romance, la pérdida de un trabajo o incluso un ascenso! Cuando el cambio te llegue, piensa en estas etapas y entiende en qué fase te encuentras y cómo estás reaccionando emocionalmente. Comprender estas cosas te ayudará a controlarlas, de hecho, es la única manera de controlarlas. ¡El conocimiento es poder!

Hay un viejo dicho que se hizo muy popular en Alcohólicos Anónimos, y se conoce como la oración de la serenidad:

Dios, concédeme la serenidad para aceptar las cosas que no puedo cambiar, el coraje para cambiar las cosas que sí puedo, y la sabiduría para saber diferenciarlas.

Y es efectiva para todo tipo de cambio cuando ese cambio es difícil de manejar. Pero veamos esta sabiduría usada un poco más de cerca para ver cómo podemos aplicarla a nuestra vida personal y profesional.

Cuando se gestiona el cambio personal, es vital aceptar las cosas que no se pueden cambiar. Piensa en el sobrepensador, que constantemente repite errores pasados, diciendo en su mente lo que no dijo en ese momento, preguntándose qué se podría haber dicho para crear un resultado diferente. Pero eso no se puede cambiar. El pasado ha pasado. Por lo tanto, es una pérdida de tiempo y crea todo tipo de comportamientos negativos. Al mirar hacia adelante para manejar tu propio cambio personal, ten en cuenta esta parte de la oración de la serenidad también. Nunca serás más alto; nunca te volverá a crecer el pelo. Ni siquiera pierdas el tiempo intentándolo. En vez de eso, concéntrese en la siguiente parte de la oración.

Si hay cosas que puedes cambiar, entonces haz un plan para cambiarlas. Si un título aumentaría tus posibilidades de éxito, haz un plan para conseguirlo. Esa gran tarea incluiría casi todas las técnicas que hemos discutido en este libro, pero eso sería algo que podrías cambiar. Primero, necesitarías un plan. Perder peso, dejar de fumar, controlar el temperamento; todo esto puede cambiarse, pero necesitas un plan que incluya pequeños objetivos que conduzcan al objetivo final, una agenda y otros pasos analíticos como ya hemos discutido.

Conocer la diferencia, es lo que detiene al que piensa en exceso, ya que las cosas que no pueden ser cambiadas, a menudo se perciben como si pudieran serlo. Los eventos futuros pueden ser afectados por lo que hacemos en el presente, ¿verdad? Algunos de ellos podrían ser cambiados. Por otra parte... controlas tus finanzas, pero no la economía en general. Como mucha gente aprendió, puedes hacer todo bien en la preparación de tu futuro, pero las fuerzas económicas pueden deshacer tus años de diligencia. Puedes controlar cuánto gastas o ahorras, pero no puedes controlar una recesión.

Pero puedes ser un pensador estratégico y prepararte para las contingencias. Hablamos antes de incluir tiempo para las complejidades que surgen repentinamente, y cuando estés manejando tu propio cambio y tu propio futuro, date un margen para lo inesperado, y luego prepárate para aceptarlo cuando suceda.

Abraham H. Maslow, famoso por su jerarquía de necesidades, dijo una vez, "Uno puede elegir entre volver hacia la seguridad o avanzar hacia el crecimiento. El crecimiento debe ser elegido una y otra vez; el miedo debe ser superado una y otra vez."

Está claro cómo se aplica esto a la gestión de tu propio cambio. El crecimiento personal y el cambio no suceden solos, y si lo hacen, se vuelven retorcidos e indisciplinados. Tu (o cualquiera) debe tomar el control de ese crecimiento y cambio, darle la forma adecuada, manejarlo constantemente. Además, el crecimiento personal no es un asunto de una sola vez, es un proceso. Así que prepárate para embarcarte en un largo viaje. Si no estás preparado, es probable que retrocedas. Le sucede a mucha gente que confunde el primer paso con todo el viaje.

O puedes pensar en el crecimiento personal como una cuenta de ahorros que solo crece a medida que contribuyes a ella con el tiempo.

El crecimiento personal, de hecho, se podría definir como que la persona que eres, se define por las elecciones que haces. Las mejores decisiones contribuyen a un mayor crecimiento personal, lo que hace a una mejor persona. Y, como casi siempre, esta construcción tiene un carácter cíclico. Las elecciones menores, hacen que el crecimiento personal sea menor o nulo, lo que hace que una persona menor tome decisiones aún menores, lo que hace que el crecimiento personal sea menor o nulo, lo que hace que una persona aún menor tome decisiones menores, etc. El ciclo se retroalimenta y la espiral sube o baja. La dirección que tomes depende de ti.

Entonces, cuando estés tomando estas decisiones que impulsarán tu crecimiento personal hacia arriba o hacia abajo, puedes preguntarte: "¿Me voy a arrepentir de esta elección? ¿Está esto en línea con mi integridad y mis valores? ¿Qué ganaré con esto y qué perderé? "

Sabrás cuáles son las respuestas. Es solo que la mayoría de la gente no hace las preguntas antes de actuar o reaccionar. Siempre es aconsejable dar un paso atrás y considerarlo antes de emprender cualquier acción. Esa es una técnica que aprendimos de la procrastinación activa, que en realidad es un comportamiento positivo.

¿DEBERÍAS CONFIAR EN TU MEMORIA IMPLÍCITA, SÍ O NO?

La memoria implícita se puede describir como arraigada, automatizada en tu comportamiento. Uno de sus subconjuntos es la memoria procedimental. Atarse los zapatos o andar en bicicleta son capacidades almacenadas en tu memoria de procedimientos. La memoria implícita es un grado superior de este tipo de memoria, a menudo llamada memoria inconsciente o automática. Los atletas, bailarines y músicos lo conocen como memoria muscular. Años de repetición hacen que ciertas funciones, como lanzar una pelota de fútbol o tocar un acorde musical, sean prácticamente automáticas. Recordar la letra de una canción es otro ejemplo o conducir un automóvil.

También existe la memoria explícita, en la que se hace un esfuerzo consciente para recuperar los recuerdos. Pensamientos de hechos históricos, eventos de vacaciones, personas que conocías, todos residen en tu memoria explícita. A diferencia de los recuerdos implícitos, los recuerdos explícitos son vulnerables a la pérdida.

Y hay dos tipos de recuerdos explícitos. Hay recuerdos de eventos específicos, como el día de tu boda o lo que hiciste la semana pasada; estos son recuerdos episódicos. Los recuerdos semánticos incluyen nombres, fechas, hechos históricos, conocimientos generales, que no son tan particulares como los episodios de tu vida. Recuerdos episódicos y semánticos, los dos subconjuntos de la memoria explícita.

Las investigaciones muestran que el estrés y el estado de ánimo tienen una fuerte influencia en la formación de recuerdos, tanto semánticos como episódicos, al igual que la edad. Es bastante conocido que ambos tipos de recuerdos explícitos, se desvanecen con el tiempo y los efectos del envejecimiento en el cerebro. Pero también es cierto que los recuerdos semánticos también pueden volverse poco fiables. Siguen siendo más fiables que los recuerdos explícitos, pero nuestra fe en ellos como casi al 100% puede no ser tan precisa como pensábamos.

Pero hay formas de probar la memoria implícita. Los investigadores tienen tres formas de medir la pérdida de esta función esencial.

En la prueba de terminación de palabras, al sujeto se le asignan varias letras alfabéticas y se le indica que proporcione una palabra que comience con cada una de esas letras. Parece bastante fácil, ¿verdad? Pruébalo ahora: A, C, E, O. Esperaré. De acuerdo, mientras hacías el tuyo, se me Amor, Casa, Elefante, Oso.

En la prueba de fragmentos de palabras, al sujeto se le presenta una palabra incompleta y se le pide que la complete, como restaura___, bicic__, carre_era, aut_mob_l, etc. Si entrecierras los ojos, puedes ver la palabra completa en función de tu memoria implícita de esas palabras.

También está la prueba de resolución de anagramas, donde se le da al sujeto un revoltijo y se le indica que los reorganice en el orden correcto: cahqeuta (chaqueta), presnaolidad, (personalidad). ¡Ese último sería un buen programa de juegos!

También existen diferentes tipos de memoria implícita.

La memoria procedimental, que ya hemos mencionado, incluye comportamientos aprendidos que se vuelven automáticos, atarse los zapatos o andar en bicicleta. Pero también está el *cebado*, en el que las reacciones se vuelven automáticas. ¿Cuántas personas tuvieron miedo de meterse en el agua después de ver TIBURÓN? Eso fue porque la película los preparó para temer a los tiburones. También está el condicionamiento clásico, que entrena al sujeto para que responda automáticamente a un cierto estímulo, como el perro de Pavlov. Si no lo sabes, Pavlov hacía sonar una campana y le daba una golosina a su perro. Lo hizo repetidamente, de modo que el perro estuviera condicionado a anticipar el premio cuando sonaba la campana. Luego tocaba la campana y no le daba un premio al perro, pero el perro esperaba pacientemente el premio.

La memoria implícita es un tipo de memoria a largo plazo y los recuerdos a largo plazo tienen un gran impacto en tus actividades y comportamientos. Son formativos.

Los recuerdos a corto plazo, por otro lado, duran menos de un minuto. Pueden convertirse en recuerdos a largo plazo con algo de esfuerzo (el nombre de alguien que acabas de conocer) a menos que sea absolutamente espectacular (un primer beso).

ESTABLECE TU AUTODISCIPLINA Y AUTOCONTROL, Y NO DEJES QUE NADA TE IMPIDA HACER LO QUE DEBES HACER.

Encontrar la motivación es un paso crucial para establecer y desarrollar tu autodisciplina. Puedes estar motivado por las necesidades de la vida, como alimentarte o alimentar a tu familia o conseguir un refugio seguro o mejor. Puede que quieras ayudar a otros, una vez que hayas visto tu propia jerarquía de necesidades. Puede que quieras lograr algo que te haga trascender y hablar con personas que nunca conocerás. Puede que simplemente quieras tener una vida más feliz y disfrutar más de ti mismo.

Aquí hay algunas preguntas para guiar tus decisiones para aplicar la razón a tu deseo y aumentar tu autodisciplina. Haz una lista (naturalmente) de las cosas que quieres y cuántas. ¿Son cosas razonables? ¿Son razonables las cantidades? Tal vez puedas reducir la cantidad a la mitad. ¿Eso te quitaría la alegría a tu vida? ¿Explotaría tu cabeza?

Pregúntate de nuevo cuánto quieres el objeto. ¿Cometerías un crimen para conseguirlo? ¿Qué sacrificarías para tener esa cosa? ¿Cuánto quieres el objeto? ¿Cuánta alegría obtienes, o vas a obtener del objeto? ¿Vale la pena el riesgo inherente? ¿Cuánto te dolerá no tenerlo?

Responder a estas preguntas te ayudará a establecer y mejorar tu autodisciplina y eso te ayudará en todo lo demás que hagas. No esperes a que sea el resultado de tus otros esfuerzos, haz que sea la consecuencia de las otras campañas. Trabajarán juntos, pero la autodisciplina es realmente un buen lugar para empezar.

¿Te falta autodisciplina? ¿Tienes deseos abrumadores de hacer algo que sabes que es malo para ti? ¿Sucumbes a esos deseos? ¿Con qué frecuencia? ¿Te disgusta la idea de hacer algo que podría ser bueno para ti? ¿Con qué frecuencia sucumbes a este rechazo y dejas de hacer la tarea? La respuesta te lo dirá.

Intentemos un pequeño experimento. Piensa en algo que realmente quieras; una bebida, un cigarrillo, tu comida favorita, un coche nuevo.

Ahora califícalo en una escala del 1 al 10 basada en estas preguntas: *"¿Cuánto lo quiero? ¿Cuán decepcionado estaré si no lo consigo? ¿Lo quiero o lo necesito, realmente tengo que tenerlo?"*

Considera el dolor que sentirás si no haces o no obtienes lo que estás considerando. Califícalo en la escala las declaraciones, *"Tengo que fumar un cigarrillo. No me fumé uno ayer y me arruinó el día. Hace dos días que no fumo, quizá pueda esperar hasta mañana".*

Una vez más, vemos que las técnicas probadas que hemos usado antes, funcionarán perfectamente aquí. Establecer la autodisciplina es, después de todo, una gran tarea que querrás dividir en tareas más pequeñas, cada una con una línea de tiempo. Querrás registrar tus actividades y progresos, declarar tus intenciones y conseguir un compañero de apoyo y así sucesivamente. La concentración, la persistencia, la organización, la resistencia, la responsabilidad y una fuerte ética de trabajo, son rasgos de las personas que practican la autodisciplina.

La autodisciplina, al igual que esos otros rasgos, son comportamientos aprendidos y se forjan con el tiempo y la experiencia. Y tiene sus propios desafíos inherentes. Si conoces estos desafíos, estarás mejor equipado para manejarlos cuando aparezcan.

El camino a la autodisciplina desafiará tus percepciones, por ejemplo. Es el viejo cochecito de la autoeficacia. Algunas personas no creen que puedan ser más disciplinados. Son quienes son. Hemos visto este estallido de varias maneras diferentes a lo largo de nuestros estudios hasta ahora. Pero puede ser particularmente desafiante cuando se trata de la autodisciplina. ¿Por qué? Tal vez porque la autodisciplina es lo más profundo de todo lo que hemos tratado hasta ahora. Sin autodisciplina, todo el establecimiento de objetivos y el registro de tiempo en el mundo, no llegarían a mucho. Puede que, con el tiempo, desarrolles la autodisciplina, por supuesto. Los métodos que discutimos han sido probados científicamente a través tiempo, para ayudar a derrotar la procrastinación y el exceso de pensamiento, ambos caracterizados por la falta de autodisciplina. Practicarlos aumentará naturalmente tu autodisciplina como resultado.

¿Pero qué pasa si le damos la vuelta y ponemos la autodisciplina donde pertenece, como causa o factor motivador, en lugar de como síntoma o resultado? Veríamos que esta es la fuente de nuestras fortalezas y nuestras debilidades. Aquellos que tienen más autodisciplina están mejor equipados para frenar el comportamiento insano, después de todo.

Algunas personas tienen la suerte de haber sido criadas en un hogar estrictamente regulado. No me refiero a un hogar abusivo, pero se sabe que los niños criados bajo menos supervisión y menos orientación paterna se meten en más problemas. Los niños con un hogar más estable se desempeñan mejor. Los niños que practican deportes de equipo son registrados como más prósperos de adultos. ¿Por qué? Se les inculca la disciplina en un hogar más estable o en un equipo deportivo.

Pero no todos tuvieron ese tipo de educación. Algunos tenían padres que trabajaban y eran los llamados *niños con llave*. Algunos niños son solitarios y no son atléticos. Yo estaba en ambas categorías. Y muchas personas que no fueron estrictamente disciplinadas de niños, simplemente carecen de autodisciplina de adultos.

Los que tienen algo de autodisciplina siempre pueden tener más, y los que tienen menos necesitan más. Aquellos que no tienen nada, la necesitan de verdad. La buena noticia es que se puede aprender, y en cualquier momento de la vida.

Algunas personas pueden decir que los primeros siete años de vida son los años formativos, donde se establecen los fundamentos del individuo. Y hasta cierto punto, eso es probablemente correcto. Pero la gente no deja de crecer a los siete años. Evolucionan y cambian y se convierten en mejores personas con mayor profundidad. Por lo tanto, es una falacia decir que una persona no tiene control sobre su autodisciplina como resultado de las experiencias de la infancia. Es una elección totalmente personal.

Entonces, ¿cómo se alimenta la auto-motivación? En realidad, nos lleva de vuelta al conjunto de habilidades que aplicamos a casi todo. Encuentra tu motivación, establece tus objetivos, haz un registro del tiempo, consigue apoyo, delega si es posible, abandona los obstáculos mentales, practica la autocompasión.

Otra forma de sortear los desafíos de la autodisciplina es encontrar una actividad motivadora. Piensa en esto como la recompensa que obtendrás al final de cada pequeña tarea. Esta vez deja que sea algo como ver un episodio de tu programa de TV favorito sin interrupción, o un largo baño caliente.

Una cosa interesante sobre la búsqueda de la autodisciplina, es que tanto con las otras actividades que deben precederla como las que vienen después de ella, es que debes sentirte cómodo con el fracaso. El perfeccionismo es un desafío crucial en la procrastinación y el exceso de pensamiento, pero estos son alimentados por la autodisciplina. Si el perfeccionismo te afecta a ese nivel, de raíz, puede que nunca llegues a ninguna parte. En tu búsqueda de autodisciplina, fallarás varias veces, quizás bastante a menudo. Eso es de esperar. No dejes que lo perfecto sea el enemigo de lo bueno. Una tasa de éxito del cincuenta por ciento, (y eso es un fracaso por cada éxito) es impresionante. Aumentará tu autodisciplina considerablemente. Si tienes éxito sólo tres veces de diez, alcanzarás el 50% al año siguiente, y aumentarás año tras año. Acepta el fracaso como una parte necesaria del proceso.

¡AQUÍ HAY ALGUNOS CONSEJOS Y TRUCOS PARA DESARROLLAR TU AUTODISCIPLINA!

- Haz de ella un hábito practicándola una vez al día. Elije una cosa para privarte de ella, para probarte. Sólo una cosa al día, puedes hacerlo de nuevo al día siguiente si quieres, pero niégate a hacer otra cosa. Puede ser un regalo, puede ser un margen de retraso, puede ser dejar el correo sin abrir. Sacrifica uno de estos todos los días. No sólo fortalecerá tu autodisciplina, sino que también te motivará a hacer las cosas.

- Concéntrate en una faceta de tu autodisciplina a la vez. Esta es una manera de dividir la gran tarea en pequeñas tareas, como el ejercicio anterior. Pero esto también te mantendrá enfocado en esa disciplina en particular. Las distracciones y las tareas múltiples serán especialmente perjudiciales aquí. Esta semana, tendrás tu casa completamente limpia. La próxima semana, podrás organizarte. La semana siguiente, comienza a ponerte en forma. Nunca serás capaz de hacer todo eso de una sola vez.

- Medita durante 10 minutos al día. Ya hemos dado un breve vistazo a los beneficios y prácticas de la meditación. Y como esta implica su propio tipo de disciplina y enfoque, sólo puede fortalecer tu autodisciplina en general. El beneficio mutuo es que, al ser más auto-disciplinado, obtendrás más de tu meditación y viceversa.

- Aquí hay otro ejercicio para hacerte más auto-disciplinado. Haz tu cama. Lo sé, algunos de ustedes se niegan a hacerla evadiendo la tarea. Algunos lo hacen siempre, otros nunca. Para aquellos que no lo hacen, consideren los beneficios. Primero, habrás cumplido una pequeña tarea, a primera hora de la mañana. Eso es bueno para la autoeficacia. Te pone en una mentalidad productiva. Y como hemos discutido, el ambiente refleja la psique. Una cama desordenada hace que la mente esté desordenada, incluso si no estás allí. Además, nunca sabes quién puede venir a casa contigo, y no quieres parecer un vago.

- Aunque debes tener una dieta y un estilo de vida saludables, no descuides el consumo de azúcar natural. Sabemos que demasiada o muy poca glucosa puede afectar al cerebro. La glucosa, como recordarán, lleva energía al cerebro y a otros órganos, músculos y sistemas corporales. Cuando se tiene poca azúcar en la sangre, se corre el riesgo de perder la motivación. Pero recuerda, ¡todo con moderación!

Tras el análisis, la autodisciplina parece estar enraizada en tres instintos básicos: autopreservación, autoafirmación y autorrealización.

1. La autopreservación quita el foco de atención de las cosas sin importancia y lo redirige hacia lo que es necesario, lo que es vital para la supervivencia. Aquellos con este instinto tienden a no sobrevalorar los bienes materiales y a no explotar a los demás.

2. Aquellos con un fuerte sentido de auto-afirmación saben cuál es su valor, pero están abiertos a dejar que otros hablen también. Son firmes pero gentiles y se resisten al lenguaje abusivo o al maltrato de los demás.

3. Aquellos que tienen o buscan la realización personal también son resistentes. El autocontrol impulsa a esta persona a enfrentarse a los desafíos y a desarrollar las habilidades

necesarias para el éxito y la felicidad; en otras palabras, la realización personal.

Y estas habilidades desafiantes, pero posiblemente necesarias pueden incluir cosas como aprender a bailar o a dibujar o cualquier actividad artística que pueda llevar años para hacerlo bien. Estas son las últimas pruebas de autodisciplina. Nadie va a poner un guitarra en tus manos y una pistola en tu cabeza, después de todo... eso espero. Eso sería muy raro.

El autocontrol hará que tengas una vida moderada y felíz, sin vivir en el pasado o en el futuro, sin querer mucho o no ver cuando has tenido suficiente.

¡DESARROLLA EL SISTEMA PARA CONVERTIRTE EN UN HÉROE DE LA PRODUCTIVIDAD!

Hay algunos sistemas modernos que te ayudarán a hacer las cosas. Nos hemos apoyado mucho en el método Pomodoro, así que echemos un vistazo a algunos más.

El *"Getting Things Done"* (GTD), significa "haz que las cosas sucedan", comienza escribiendo todo lo que hay que hacer. Ya hemos hecho esto antes, pero lo clasificaremos de forma un poco diferente. Clasifícalo en seis categorías; acciones actuales, proyectos actuales, áreas de responsabilidad, objetivos de 1 a 2 años. Objetivos de 3 a 5 años, y objetivos de vida.

Haz los pequeños primero, quítalos del camino y construye tu autoeficacia y construye algo de impulso. Como ya puedes asumir, divide los proyectos más grandes en hitos más pequeños. Luego procede como lo hemos hecho. Son las clasificaciones las que importan aquí. Es una buena manera de obtener el control de los objetivos a corto y largo plazo. Es un poco más avanzado que hacer un solo proyecto de esta manera, pero te pondrá en un mayor control de tu vida.

El enfoque *Zen to Done* (ZTD) que sería algo así como "medita para hacer las cosas", es comparable al enfoque Getting Things Done, pero el enfoque Zen se centra en los hábitos mientras que el otro se centra en el sistema. El ZTD se centra en el proceso, en el hacer, en otras palabras, mientras que el GTD se centra en crear un sistema y dejar que el sistema haga el trabajo.

GTD es un calendario vagamente estructurado para la realización de tareas. ZTD estructura el día alrededor de tres tareas más importantes y la semana alrededor de las tareas principales. No hay un incremento de cinco años en el marco del ZTD. ZTD utiliza la simplificación para centrarse en lo esencial, objetivos más específicos en plazos más ajustados.

El enfoque de ZTD en nuestros hábitos es central, y hay hábitos que cada maestro de ZTD parece evidenciar. Capturan ideas, notas y tareas para no olvidarlas. Toman decisiones rápidas y no las postergan. Establecen las tareas más importantes para cada día. Hacen una tarea a la vez sin distracciones, sin hacer muchas cosas a la vez. Mantienen listas simples y las revisan diariamente. Tienen ambientes organizados con un lugar para cada cosa. Revisan sus objetivos y sistemas regularmente y los reducen a lo esencial. Establecen y mantienen rutinas y trabajan apasionadamente en sus trabajos, por el que son apasionados.

¿Te suena familiar? Todo en lo que hemos estado trabajando nos lleva a esto, nos prepara para ello, ¡lo hace parecer no sólo posible sino casi simple!

El sistema conocido como *No Rompas la Cadena* fue aparentemente inspirado por el comediante Jerry Seinfeld. No es sorprendente que se centre en el éxito creativo. La historia dice que el cómico compró un calendario y dibujó una gruesa X roja a través de cada día en el que escribió nuevo material. La idea era que, si no escribía ningún material nuevo en un día determinado, rompería la cadena de marcas X. Puede sonar simplista, pero utiliza casi todas las técnicas que hemos discutido, en un sistema fácil de usar. Es un registro de tiempo, es responsabilidad, es visualización, es motivación. Expresa cada día que haces algo para lograr tu objetivo y no rompas la cadena.

¿Y qué pasa entonces con la comida de las aerolíneas, tengo razón?

Sin embargo, puedes modificar el sistema. Si estás de vacaciones, usa el azul en lugar del rojo. Las vacaciones son parte de refrescar tu ciclo productivo, después de todo. Y una X sigue siendo una X. ¡Pero mantenla roja tanto como puedas! También puedes permitirte unos cuantos intervalos en un mes, pero no dos seguidos, y no más de uno por semana. Luego cuelga ese calendario en un lugar prominente, donde puedas verlo, recordarlo, inspirarte en él.

Este método no será genial para la gestión compleja del tiempo o para proyectos de hitos al estilo de Pomodoro, es sólo un avance continuo hacia una sola cosa. Este método es genial para la autodisciplina, porque lo haces de muchas maneras diferentes cada día, y son todos pasos en un mismo viaje. También puedes llevar varios calendarios, uno para la autodisciplina, otro para los proyectos personales, otro para los proyectos profesionales. Puedes usar el mismo sistema de codificación de colores para cada uno, para que sean fáciles de seguir.

El sistema *Trifecta* se centra en tres cosas por día para que esas tareas se completen al final del día. Es un buen método para objetivos a corto plazo y para cualquier construcción al estilo de Pomodoro.

El método de *MOSCÚ* divide las tareas en cuatro categorías de diferente valor: Debe tener (M), debería tener (S), podría tener (C), y tendría (W). Clasificar las tareas de esta manera te ayudará a priorizarlas, organizarlas ¡y luego hacerlas!

Cualquiera que sea el método que elijas, debe estar libre de fricciones, ser adaptable a tus necesidades personales, ser fácil de aprender, fomentar el trabajo con otros y ser compatible con otros sistemas. Todos los mencionados anteriormente encaja perfectamente. Prueba uno, o prueba varios de ellos. Combínalos como mejor le sirvan.

¡Ahora vamos a ver más de cerca la aplicación de estos sistemas a todos y cada uno de los aspectos de tu vida!

IV

ALCANZAR TU POTENCIAL ILIMITADO

12

MANEJO DE LAS DIFERENTES ÁREAS DE TU VIDA

ABANDONA LA MENTALIDAD FIJA Y COMIENZA A DESARROLLAR UNA MENTALIDAD DE CRECIMIENTO

No hay una sola manera de alcanzar tu potencial ilimitado, por supuesto. No hay una llave mágica. Pero, como cualquier gran tarea, puedes usar el conjunto de habilidades que ya has estado desarrollando para lograr esta desalentadora tarea. Y será una tarea continua. Al igual que con la autodisciplina, es una labor constante, y estarás constantemente mejorándola o arriesgándote a retroceder junto con ella.

Comencemos esta sección, acerca de alcanzar tu potencial ilimitado dividiendo la gran tarea en tareas más pequeñas. Funciona siempre.

Tal vez el primer hito de este proyecto será ver dónde está tu potencial, y eso está en tu mente. Tus pensamientos son cruciales para la dirección que tomará tu vida; hemos visto eso de varias maneras. La falta de autoeficacia, la autocomplacencia negativa, y una variedad de otros hábitos mentales no saludables provienen de tu cerebro, que ya hemos visto. ¿Pero qué hay de los pensamientos reales? Hemos visto los diferentes tipos de memoria y las diferentes formas en que la emoción afecta al pensamiento. Ahora vamos a profundizar en esa influencia, y en cómo puedes juntarlo todo y empezar a aplicarlo para obtener resultados aún más concretos (si has estado aplicando estas prácticas y ejercicios, supongo que ya has visto algunos, incluso pequeños).

Así que, adelante con los pensamientos. Los pensamientos pueden ser constructivos o destructivos para tu auto-mejora, como hemos visto. Pero los pensamientos no existen en el vacío, son generados por una mentalidad. Para entender tus pensamientos y sus efectos en tu comportamiento y en tu vida, tienes que ir más profundo aún, en las complejidades de tu mentalidad.

Básicamente hay dos tipos de mentalidades; la mentalidad *fija* y la mentalidad de *crecimiento*. La naturaleza de cada una de ellas es intuitiva. Una mentalidad de *crecimiento* cree que un conjunto de habilidades o incluso una situación puede ser cambiada, mejorada, que una cosa puede crecer. Una mentalidad fija generalmente ve las cosas como estáticas, inmutables, inevitables, que una cosa es *fija*.

No es sorprendente que aquellos con una mentalidad fija tiendan a deprimirse y a fracasar. Los que tienen una mentalidad de crecimiento tienden a la satisfacción y el éxito. La buena noticia es que tu (o cualquiera) puede cambiar su mentalidad y por lo tanto cambiar su proceso de pensamiento, cambiando así su vida.

Cualidades como la fuerza de voluntad, el coraje, la creatividad, la diligencia y las buenas habilidades de comunicación se aprenden, no son innatas, como hemos visto. Aquellos con una mentalidad de crecimiento, están mejor preparados y es más probable que acepten esto y sobresalgan en esas cualidades.

Los que tienen una mentalidad fija, tienden a evitar los desafíos, a rendirse fácilmente, a percibir el esfuerzo como algo inútil o una pérdida de tiempo. Tienden a ignorar la retroalimentación y se ven amenazados por el éxito de los demás.

Por el contrario, los que tienen una mentalidad de crecimiento, abrazan los desafíos, incluso los esperan con impaciencia. Persisten cuando se les desafía, no se rinden fácilmente. Tienden a ver el esfuerzo como el camino hacia la maestría. Aprenden de la crítica y creen que las lecciones son inspiradoras y que los llevarán al éxito.

En un estudio de 128 niños de 10 a 11 años, dos grupos recibieron problemas matemáticos idénticos para resolver. A un grupo se le animó con, "Lo estás haciendo muy bien. ¡Debes ser inteligente!" En el otro grupo, se les animó con, "Lo estás haciendo bien. ¡Debes esforzarte mucho!" La prueba siguió unos cuantos pasos más, y los resultados finales fueron claros. A los niños elogiados por la mentalidad de crecimiento de esforzarse les fue mejor que a los animados por su inteligencia innata.

Los investigadores creen que esto es así porque aquellos que creen en su propia inteligencia no sintieron que tenían que esforzarse tanto, y por eso no lo hicieron tan bien. Aquellos elogiados por sus intentos respondieron a ese elogio esforzándose aún más, y así lo hicieron mejor.

Podrías reconocer la conexión con las mentalidades de optimismo y pesimismo. Y esas mentalidades tampoco son innatas y pueden ser cambiadas con autodisciplina y conocimiento. Esto es importante en lo que se refiere a nuestros fracasos, ya sea que pensemos que podemos aprender de ellos o simplemente ser derrotados por ellos, por ejemplo.

Las personas con una mentalidad de crecimiento, tienden a recuperarse del fracaso, como hemos visto, y generalmente regresan más fuertes. Aprenden de sus fracasos. De hecho, el viejo dicho, dice algo así como, "Aprendes más de tus fracasos que de tus éxitos". Esa es una mentalidad de crecimiento en pocas palabras. La gente con mentalidad fija, parece creer que no se puede aprender nada del éxito. La gente con mentalidad de crecimiento, cree que el fracaso lleva al éxito, pero aquellos con una mentalidad fija, tienden a ver un fracaso como prueba de un patrón de fracaso, uno que no puede ser revertido.

Cambiar este único eslabón de la cadena puede ser invaluable, incluso crucial, para tu crecimiento personal. En el momento del fracaso, elije deliberadamente adoptar una mentalidad de crecimiento, aunque nunca hayas tenido una antes. Oblígate a ser optimista, no importa lo difícil o inútil que pueda parecer. Está dentro de la capacidad de cualquiera, controlar su mentalidad, sus pensamientos, sus comportamientos, sus metas, sus logros, sus vidas. Sólo tienes que verlo de esa manera. Esperemos que lo hagas.

Pero estas mentalidades están relacionadas con un fenómeno más: la profecía autocumplida.

El famoso fabricante de automóviles y titán americano, Henry Ford, dijo una vez, "Si crees que puedes, o crees que no puedes... tienes razón". La investigación lo confirma. La gente tiende a ser víctima de los límites que se imponen a sí mismos. Si una persona se cree un perdedor perpetuo, no es probable que tenga muchos éxitos. Se autosabotearán sus esfuerzos en la variedad de formas que ya hemos visto. La creencia se convierte en realidad, y se cumple una profecía autocumplida.

Pero apuesto a que ya te has dado cuenta de que lo contrario también es cierto. La persona con mentalidad de crecimiento se dice a sí misma que los fracasos pueden ser superados, que son éxitos en el fondo. Estas personas están más dispuestas a arriesgarse y a cosechar los beneficios de cumplir con nuevas y desafiantes tareas.

Por lo tanto, debes saber cuál es tu tipo de mentalidad. Haz algunas listas, clasifica las cosas que has logrado en tu vida, que has dejado de lograr, o que aún esperas lograr. ¿Qué lista es más larga, cuál es más corta? Si tienes una lista larga de cosas a las que renunciaste, pero una lista corta de cosas que tienes que lograr, sabrás que refleja una mentalidad fija, y que te has estado limitando.

Una vez que cambies tu forma de pensar, ¡tu vida entera cambiará para mejor!

Y, como las otras mentalidades, ¡sé diligente! Una persona puede cambiar su forma de pensar deliberadamente, de una mentalidad fija a una de crecimiento, pero también puede funcionar de otra manera.

Una persona con una mentalidad de crecimiento, puede ser disuadida a través de años de fracaso y caer en una mentalidad fija si no es diligente, manteniendo la autodisciplina. Los compañeros de apoyo pueden ser herramientas esenciales en este caso (como en tantas de las cosas que hemos discutido en este libro).

Los nuevos avances neurocientíficos, muestran ahora que el cerebro es más flexible de lo que se pensaba anteriormente. Las neuronas pueden cambiar con el tiempo bajo la influencia de la experiencia. Nuevas conexiones pueden crecer, y las viejas conexiones pueden ser fortalecidas. ¡El aislamiento que acelera la transmisión de los impulsos puede ser restaurado o reconstruido! Además, podemos influir en este crecimiento con acciones concretas, cosas que cualquiera puede hacer, y muchas de ellas están en este libro: Mejor nutrición y hábitos de sueño, emplear estrategias sólidas, hacer las preguntas correctas y establecer los objetivos adecuados, practicar hábitos saludables, como leer o tocar un instrumento musical.

Como puedes ver, cambiar tu forma de pensar a una perspectiva orientada al crecimiento, puede realmente mejorar tu función cerebral, y eso a su vez ayudará a todo lo demás que piensas y haces. Este ciclo positivo se alimenta a sí mismo y se acelera el espiral ascendente.

NO DESESTIMES TUS SENTIMIENTOS, TU MÁXIMA PRIORIDAD ERES TÚ MISMO.

Convertirte en tu prioridad significa emplear una variedad de técnicas que ya has usado. Pero es importante ser deliberado sobre su aplicación en cada faceta de tu vida cotidiana. Y como somos más duros con nosotros mismos que con los demás, el área del autocuidado es de vital importancia. Añade a eso el increíble estrés de nuestra vida diaria, la comida procesada, las demandas económicas, las cantidades abrumadoras de información que se vierten en nuestros cerebros, el autocuidado es tanto la primera cosa que la gente olvida, como la última a la que puede permitirse renunciar.

Hábitos de sueño saludables, mejor dieta, ejercicio diario, auto-disciplina, la técnica Pomodoro, todas estas son grandes formas de autocuidado. Abandonar el perfeccionismo, practicar la autocompasión. Evitar el autodiscurso negativo y el exceso de pensamiento. Aprender una nueva habilidad.

El autocuidado de los estudiantes también es especialmente importante. Sus horarios suelen estar llenos de actividades escolares, extraescolares y recreativas. Trabajan duro y juegan duro, agotando sus recursos a cada paso. Además, los estudiantes parecen más propensos a la procrastinación y a pensar demasiado que otros grupos tomados en su conjunto.

Pero los expertos recomiendan otros consejos y trucos específicamente para el autocuidado.

Simplemente di que no. Ya lo hemos tratado brevemente antes, pero vale la pena repetirlo aquí. Nuestras vidas están tan llenas de gente que nos necesita para una cosa u otra, que nos presionan para rendir más de la cuenta. Y es cierto que una mentalidad positiva está apta para aprovechar las oportunidades que se presentan, pero es importante ser selectivo, tener discreción. No tendrás suficiente tiempo o recursos para hacer todo lo que se te pida en la vida. Eso reducirá tu capacidad de hacer las cosas a las que ya te has comprometido. Hemos aprendido a hacer listas y priorizar, y deberías emplear esa técnica aquí. Recuerda que las tareas pueden ser urgentes o importantes, urgentes e importantes, urgentes, pero no importantes, importantes, pero no urgentes, y no urgentes ni importantes. Así que, dedícate primero a las cosas que son importantes y urgentes. Debido a sus efectos en tus objetivos a largo plazo y debido a su efecto en tu rendimiento inmediato, el autocuidado es tanto importante como urgente.

No hemos hablado mucho de tomar vacaciones, son excelentes recompensas para fomentar la realización de una gran tarea. Aquí, es un concepto aún más vital. Los viajes de autocuidado son formas realmente poderosas de mantener tu bienestar físico y mental. Piensa en pasar el fin de semana en un balneario o spa, donde puedas dedicarte por completo al autocuidado del cuerpo y la mente. Campamentos, viajes de golf, retiros de meditación, hay todo tipo de destinos de autocuidado que podrías considerar. También puedes pensar en un viaje para ver a la familia (aunque eso podría no reducir tu estrés en absoluto).

Las mascotas de apoyo emocional son muy populares, y por una buena razón. Tienen una influencia calmante y tranquilizadora. Son un poco de naturaleza en la casa contigo. Pueden ser cajas de resonancia y fuentes de apoyo. Son cariñosas. Cuidar de una mascota es en sí mismo es una gran tarea que se divide en pequeñas tareas de mantenimiento e interacción. Sólo el hecho de tener y mantener una mascota te ayudará a vencer la postergación y el exceso de pensamiento, de hecho. Vuelve y echa un vistazo, relee algunas cosas teniendo en cuenta la propiedad de una mascota, verás lo que quiero decir.

Realmente no importa qué tipo de animal sea. Lo que sea que te guste. A algunas personas les encanta acariciar el pelo de un perro, un gato o un conejo. Otros encuentran consuelo en los colores y el movimiento lánguido de los peces exóticos; otros adoran a sus pájaros. Enseñar a un loro a hablar es un ejemplo clásico de la técnica Pomodoro y en sí mismo servirá para casi todas las prácticas que hemos analizado.

Ser organizado es especialmente importante para el autocuidado, porque ser desorganizado es la fuente de tan constante estrés y confusión en nuestra vida diaria. El autocuidado es difícilmente realizable sin estar razonablemente bien organizado.

Cocinar en casa es una técnica de autocuidado increíble. No sólo la comida será tan pura y natural como la hagas, y sabrá mejor, sino que tienes el beneficio de cocinar. La cocina incorpora mucho de lo que hemos visto, combinando prácticamente todas las técnicas. Cuando cocinas, estás aprendiendo una nueva habilidad, eso es bueno para el cerebro. Tu autoeficacia y el proceso de pensamiento positivo se intensifican. Las pequeñas tareas son recompensadas con la deliciosa comida, además del orgullo de los logros. Reduce el perfeccionismo, pero motiva la organización, el esfuerzo y la autocompasión. Es saludable, y puede tener un efecto meditativo. También es mucho más económico, lo que no sólo reduce el estrés relacionado, sino que te da una sensación de control sobre tu economía.

Recuerda programar tiempo para el autocuidado todos los días. No rompas la cadena en este caso, es demasiado importante.

El autocuidado es crucial para aquellos que se están recuperando o manejando una enfermedad grave. Ya sea en la recuperación de un accidente o en el manejo de una enfermedad repentina o crónica, el autocuidado es el corazón de cualquier regimiento de recuperación. Y hay cosas específicas en las que podrías pensar si empleas el autocuidado para este propósito.

Curiosamente, enfrentar una crisis médica, es el tipo de grandes tareas que hemos visto a lo largo de este libro, el tipo de tarea para la que te has estado entrenando. Emplea casi todas las cosas que hemos discutido, desde una mentalidad de crecimiento hasta la técnica Pomodoro. Recuperarse de una pierna rota requiere completar con éxito una serie de hitos; aprender a usar muletas, salir del yeso, terapia física. La recuperación del cáncer significa cirugía o radiación, quizás rondas de quimioterapia; cada una de ellas son un hito a completar hacia el objetivo final de la recuperación. Hay muchas otras técnicas ya conocidas que se emplean (mejor sueño y dieta, más ejercicio, meditación, autocompasión, pensamiento positivo, visualización).

Pero veamos más de cerca algunas formas concretas de autocuidado si estás enfrentando un proceso de recuperación significativo.

En primer lugar, definitivamente querrás centrarte en tus puntos fuertes y en la resolución de problemas. Abandona el pasado y concéntrate en el futuro. Es cierto que hemos hecho hincapié en vivir en el presente y abandonar el pasado o el futuro como una forma de vencer el exceso de pensamiento. Pero recuerden también que el futuro es un gran motivador, y es la clave para armar nuestros planes a largo plazo. En este caso, apóyate en el futuro para atravesar el presente.

También querrás mantenerte centrado en tu vida. Quita el enfoque de tu enfermedad. Esto no será fácil. Necesitarás toda tu autodisciplina para resistirte a la obsesión; una enfermedad mortal, claro, pero incluso una pierna rota puede dominar cada segundo de tu pensamiento despierto. Te pica bajo el yeso, tus días de fútbol han terminado, puede doler cada vez que llueve o ser un dolor constante toda tu vida. Hay mucho de lo que preocuparse.

Pero aprovecha las habilidades que aprendiste hasta ahora. Y recuerda los hábitos, y cómo es mejor reemplazar uno con su opuesto. Reemplaza tu enfoque en la enfermedad o lesión por tu enfoque en un ser querido, visualiza un sueño de futuro éxito o felicidad. Concéntrate en esa única cosa, al principio durante cinco minutos al día, luego diez, y así sucesivamente. Elimina la distracción y el desorden. Cualquiera puede hacerlo.

Las personas que se enfrentan a la recuperación deben prestar especial atención a la higiene. El descuido de la higiene puede ser un signo de impotencia, depresión, abandono. Ver a los amigos también, ya que el creciente aislamiento indica las mismas cosas.

Haz una cosa que disfrutes cada día, algo por puro placer. Mira un episodio de tu programa de televisión favorito, toma un baño caliente.

Una cosa que a menudo se pasa por alto en el ámbito del autocuidado, ya sea por una lesión o enfermedad o simplemente de la variedad básica o general del autocuidado es la ropa.

La ropa es omnipresente en nuestra sociedad. Señalan nuestro estatus, nuestras prioridades, expresan quiénes somos. Es como un entorno que llevamos a todas partes donde vamos. Refleja nuestra psique.

Si el autocuidado es tu objetivo (o cualquiera que sea tu objetivo, en realidad) deberías echar un vistazo a lo que llevas puesto y a lo que deberías llevar puesto.

La ropa puede servir para hacerte más seguro (en el trabajo o en una cita) o más relajado (en casa después del trabajo, en vacaciones). ¡Vístete para la ocasión! Es mucho más fácil estar cómodo con una bata de baño en casa, pero mucho más difícil estar seguro vestido así en la oficina.

La ropa refleja quién eres y puede afectar la forma en que te sientes. También puede afectar la forma en que otros sienten acerca de ti. La ropa es una conexión vital para los demás y para el mundo en general.

La ropa también es un buen motivador para socializar un poco más. Imagina estar bien vestido y no tener a dónde ir.

Además, cambiar de ropa de trabajo a tu ropa personal te ayuda a mantener los límites. Quieres evitar que tu vida laboral domine tu vida personal. El tiempo libre es una gran parte del cuidado personal, después de todo.

Trabaja menos horas si puedes. En esta sociedad competitiva, la jornada laboral de 8 horas es cada vez más rara. Pero trabajar mucho más que eso provoca falta de concentración, agotamiento, un resultado menos impresionante y eso contribuye a un espiral descendente. Pero esto puede suceder sin que nos demos cuenta. Fuera del lugar de trabajo, en la nueva economía, es más fácil e incluso más necesario trabajar más horas. Y en la oficina, los trabajadores a menudo se quedan hasta tarde o llegan temprano o incluso renuncian al almuerzo para hacer las cosas. Pero, como hemos visto, estos trabajadores pueden convertirse fácilmente en malos, en este caso por puro agotamiento. Demasiadas horas en el escritorio conducen a todo tipo de enfermedades físicas, desde problemas de rodilla y espalda hasta fatiga visual y problemas circulatorios, es físicamente peligroso. Si puedes, trabaja menos horas y levántate y camina un poco cada hora aproximadamente para evitar coágulos de sangre.

Con este fin, muchas personas ahora trabajan en escritorios de pie. Hay una variedad de modelos, todos ellos fácilmente ajustables para sentarse o pararse. Aparentemente, es excelente para la postura, la comodidad general, la productividad y la resistencia. Oye, Ernest Hemingway escribió de pie, y todos lo recordamos.

Pero para volver al tema de trabajar menos horas, de pie o no, considera programar menos horas para hacer el trabajo, eso te motivará a pasar menos tiempo trabajando. Mucha gente cree que 35 horas debería ser el máximo. Yo personalmente trabajo unas 70 horas a la semana.

Para aprovechar al máximo las horas de trabajo, echemos un vistazo a algunas reglas probadas en el tiempo para la administración del tiempo corporativo en lo que respecta a la celebración de reuniones.

LA GESTIÓN DEL TIEMPO EN EL MUNDO EMPRESARIAL

Una forma de lidiar con tus propias luchas con una agenda ocupada es tener días temáticos. Con eso, quiero decir que cada día se puede reservar para un cierto tipo de actividad. Puedes concentrarte en la organización los lunes, actualizar tu agenda los martes, la interacción personal los miércoles, las llamadas telefónicas los jueves y organizar los planes de la próxima semana el viernes.

Pero las reuniones son, con mucho, una de las cosas más difíciles de gestionar en el mundo empresarial. Hay diferentes personalidades con diferentes tareas y diferentes habilidades. Las reuniones tienden a ser largas y eso hace descarrilar una planificación cuidadosa del tiempo. Se estima que los trabajadores pasan alrededor del 15% de su semana laboral en reuniones. A continuación, presentamos algunas formas brillantes de hacer que tus reuniones funcionen sin problemas, de manera eficiente y rápida.

Haz que tus reuniones duren cinco minutos. La llamada *regla de los cinco* minutos ilustra que la mayoría de la gente puede entender su punto de vista en medio minuto. Seis personas pueden reportar su progreso y digerir sus próximos movimientos en ese tiempo. Si cinco minutos son muy poco, que sea el mínimo y diez minutos el máximo, tal vez quince. Nada más que eso. La regla de los cinco minutos es de oro para un gerente eficiente.

Ninguna reunión debe durar más de una hora. Ninguna reunión tiene tanta gente exponiendo tantos puntos.

Establece un día aparte, como día de no reunión. El miércoles es bueno, ya que todos deben involucrarse en las tareas que se fijaron el lunes. De todos modos, el jueves y el viernes se presentarán los informes, así que ¿por qué no les das un respiro a ellos y a ti mismo y dejas que se pongan manos a la obra y hagan el trabajo? Esto también romperá el trabajo pesado de la semana.

Termina temprano si puedes. Programa una hora, pero apresúrate para terminar en la marca de 50 minutos. Es un ejemplo para que los demás también cumplan con sus plazos. Y les da diez minutos extra para salir del modo de reunión y volver al modo de trabajo. También les da diez minutos extra para una rápida meditación o para tener en cuenta las complejidades inesperadas que puedan surgir.

No empiecen sus reuniones dentro del horario de trabajo. Suena contradictorio, pero es verdad. Las horas de reunión estándar hacen que los empleados se sientan complacientes y pueden terminar llegando tarde. Hacer su reunión a las 8:19 am en punto hará que la reunión parezca más importante y menos rutinaria. Será un reto para tus empleados ser detallistas y llegar a tiempo. Y si es una reunión al mediodía, algunos de tus empleados pueden legítimamente llegar tarde debido a los negocios en curso. El tiempo de reunión fuera de horario les permite un margen sin llegar tarde.

La regla de los tres rebotes es conocida por la mayoría de los buenos gerentes. Establece que tan pronto como un tema ha tenido tres intercambios de ida y vuelta, el tema es presentado para otra reunión. Esto evita que el tema domine la reunión y haga descarrilar los otros temas importantes. Esta es la prima de la regla de los cinco minutos.

No descuides el impacto; el impacto que trabajo de una persona tiene en el equipo, para bien o para mal. Cada acción tiene una reacción igual y opuesta, después de todo. Las acciones tienen consecuencias, asegúrate de que los miembros de tu equipo lo sepan.

Siempre ten una agenda. Esto hará que tus reuniones se desarrollen sin problemas y a tiempo y evitarás que algo se pierda o se olvide. Una agenda te dirá cuánto tiempo tienes que dedicar a cada tema. De hecho, el tiempo de espera. ¿Tiene una hora para la reunión y cinco temas? Ninguno tiene más de veinte minutos. Asegúrate de que eso de tiempo para interrupciones inesperadas.

Hablando de interrupciones, los teléfonos inteligentes son una gran distracción durante el día, así que considera hacer una regla que los teléfonos inteligentes no estén permitidos en las reuniones.

Los empleados generalmente mantienen un horario para los obreros o un horario para los gerentes. Los gerentes están acostumbrados a tener reuniones, pero los obreros están acostumbrados a trabajar más y a reunirse menos, si es que lo hacen. Para un obrero, un horario de mediodía puede abrir un hueco en su día productivo, interrumpiendo seriamente el flujo de trabajo y reduciendo la productividad. Los gerentes hacen poco más que tener reuniones. Por lo tanto, si vas a programar una reunión con un obrero, hazlo a primera hora de la mañana para que pueda volver a su diseño de logotipo o proyecto. Los gerentes deben estar a su disposición en cualquier momento.

Dicho esto, algunas reuniones deberían ser más largas. Su personal apreciará las reuniones superficiales y eficientes, sí. Pero también anhelan reconectarse a un cierto nivel humano, y las grandes reuniones permiten eso. Dales la oportunidad de chismorrear un poco, de ponerse al día sobre cómo están las esposas o maridos o hijos de los demás. Déjalos ser personales en el contexto del trabajo. Pero hazlo sólo cuando parezca razonable, no con cada pequeña reunión. Y cuando lo hagas, déjalos que se den el gusto (y date el gusto a ti mismo también) para que no dure demasiado. Diez minutos más o menos deberían bastar. Entonces, ¡vuelve al trabajo!

Hablando de distracciones como los Smartphones, hay otras distracciones comunes de fuera de la oficina que tendrás que vigilar, tanto como puedas. Las distracciones internas incluyen la fatiga, la enfermedad, los problemas o preocupaciones personales, y soñar despierto. No hay mucho que puedas hacer aquí, pero apoya gentilmente al miembro de tu equipo y anímalo a obtener cualquier ayuda profesional que necesite. Eso será bueno para ellos y, por lo tanto, bueno para tu negocio.

Las distracciones en el lugar de trabajo hacen que entre el 70% y el asombroso 99% de los empleados de oficina se sientan distraídos. El empleado promedio se distrae aproximadamente 56 veces al día. Los mismos estudios también nos dicen que el trabajador promedio toma aproximadamente 2 horas en el curso del día para pasar de las distracciones al trabajo real.

Las distracciones también afectan a los trabajadores. De los encuestados, el 54% de los directores o gerentes de las empresas informan que sienten que no están rindiendo tan bien como deberían, mientras que el 50% informan ser significativamente menos productivos. El 20% informa que no puede alcanzar todo su potencial profesional. Se ha demostrado que las mayores distracciones también tienen un efecto negativo en la memoria.

El uso del teléfono móvil, Internet y los chismes son las tres causas principales, aunque no las únicas. Por supuesto, la gente acude a sus teléfonos móviles en gran parte para usar Internet, por lo que esa distracción en particular es particularmente problemática.

Internet es una gran distracción, pero es una gran parte de la jornada laboral para tantos gerentes y fabricantes, que es imposible prohibirlos; lo mismo ocurre con los teléfonos inteligentes. Pero hay aplicaciones que puedes instalar en los ordenadores de tu oficina, como *Strict Workflow* y *StayFocusd*, que pueden limitar el acceso de tus trabajadores a ciertos sitios web que distraen más.

Otra distracción común son los compañeros de trabajo que hablan. Ciertamente, quieres que sean amigables y que interactúen libremente, pero la atención se centra inevitablemente en temas personales y chismes. Esto puede llevar a rumores, peleas, sentimientos tóxicos que pueden llegar a ser contagiosos y propagarse por todo el equipo. Es mejor limitar esto si puedes. Pero tampoco seas demasiado autoritario. Corrígelos si es necesario, y luego sé firme y razonable. Explícales que te gustaría sacar el máximo provecho de sus esfuerzos durante las horas de trabajo, y que se pueden discutir otras cosas fuera de las horas de trabajo, si es necesario. Y siempre desalienta los rumores y chismes. Ese nunca es un comportamiento aceptable, especialmente no en un ambiente de oficina. Es tentador y divertido, pero recuérdales los beneficios de la autodisciplina y los inconvenientes de la negatividad. Incluso si no están de acuerdo, mi suposición es que captarán la indirecta.

Evita la política en la oficina también. Deja claro a todos que tu diriges una meritocracia. El elogio y la recompensa van para aquellos que se desempeñan en base a los resultados, no en base a la persona. Suena familiar, ¿verdad? Bien.

Otro tema que genera distracciones, es el ruido de fondo generado por los trabajadores que son demasiado ruidosos. Ya sea que estén al teléfono con un cliente o charlando con un compañero de trabajo, el volumen de estas voces puede convertirse en una distracción. Es una queja más común de lo que se piensa entre los trabajadores de las empresas hoy en día. Intenta mantener una regla de la biblioteca en la oficina y limita cualquier charla a un volumen bajo, un límite de tiempo corto y una prioridad de alto valor. Si es importante, hazlo rápido y mantenlo en silencio. Comer de una forma ruidosa es una molestia similar.

Limita las visitas personales a la oficina; los cónyuges con hijos o incluso las mascotas, son muy perturbadoras para el flujo de trabajo de la oficina. Puedes seguir teniendo fiestas de cumpleaños en la oficina y picnics corporativos donde todo el mundo es bienvenido. Pero el tiempo de la oficina es para los negocios de la oficina.

Es mucho que cuidar, pero creo que encontrarás que vale la pena. Los estudios muestran que el 75% de los trabajadores reportan hacer más con menos distracciones, y el 57% de las personas reportan sentirse motivados para hacer lo mejor. El 51% informó sentirse más confiado, y el 44% cree que su trabajo ha mejorado. Esos son números impresionantes, pero piensa en toda esa productividad que pierdes si no manejas las distracciones de la oficina de manera eficiente.

Entre los consejos más prácticos para hacer frente a las distracciones se incluyen los auriculares con cancelación de ruido, que también combaten otra gran distracción: los compañeros de trabajo ruidosos.

Hemos hablado sobre las distracciones en el trabajo y cómo manejar-las, pero cada vez más personas trabajan desde casa, y eso es probable que no cambie. Entonces, ¿cómo lidiamos con las distracciones de casa mientras hacemos el trabajo de la oficina?

La familia tendrá constantes demandas sobre ti, y entre ellos están las personas a las que es más difícil decir que *no*, como a tu amado esposo y tus adorables niños. Pero vas a tener que ser firme, dejarlos a todos, y explicarles que tienes un día de trabajo, de 8 am a 5 pm o lo que sea. Durante ese tiempo, no debes ser molestado. Tal vez ahora veas lo importante que es entrenarte para poder decir que no, porque esta será la prueba más grande. Y no sólo sucederá una vez, tal vez tengas que recordárselo de vez en cuando... a lo largo del día.

Lo mismo va para tus vecinos. Tu alegre vecino puede verte en tu casa y suponer que tienes tiempo para charlar. Aclárraselo amablemente. Si puedes decir que no a tu familia, probablemente puedas decepcionar a tus vecinos.

Podrías considerar invitar a tus vecinos a disfrutar de una barbacoa para compensar el tiempo que pasaste trabajando. Eso tendrá todos los beneficios de cocinar, socializar y despejarte.

Las tareas domésticas son otra distracción más propia del hogar. Las oficinas son generalmente limpiadas por un equipo en medio de la noche. Pero evita las tareas domésticas como una distracción. Esperemos que tengas un compañero de apoyo en tu familia que pueda llenar esta brecha. Incluso tus hijos pueden estar dispuestos a contribuir y ayudar. Eso sería una buena lección para ellos en casi todo lo que hemos visto en este libro, desde la autodisciplina hasta la autoeficacia y el sentido de conexión entre ellos y su entorno.

La comida y la bebida son otras distracciones orientadas al hogar. Puede que tengas una máquina de aperitivos o una máquina de refrescos en la sala de descanso, pero probablemente no tengas una nevera llena de deliciosas sobras, una variedad de bebidas o té caliente. Tus sentidos son difíciles de vencer, y te motivarán a distraerte. No lo hagas. Oye, nada que valga la pena es nunca fácil, ¿verdad? Si retrocedes aquí, trabajarás menos y aumentarás de peso, esta es la fuente de todo tipo de malos comportamientos. ¡No digas que no fuiste advertido!

HACER DINERO ES ALGO DE LO QUE DEBERÍAS DISFRUTAR...

Seamos honestos. Los negocios se basan en el beneficio. Ese beneficio no debe provenir del sufrimiento de otros, los sacrificios y las recompensas deben ser distribuidos equitativamente. Pero al final, los negocios hacen dinero, o fracasan. Y una buena gestión corporativa significa, asegurar el éxito de la empresa, no su fracaso. El éxito corporativo es tu gran tarea a largo plazo, todo lo demás que haces profesionalmente es un hito. Algunos son tan grandes que son tus propias grandes tareas, que se descomponen, y así sucesivamente.

Pero el dinero conlleva un peso para mucha gente. Pueden tener sentimientos de culpa por tener demasiado o vergüenza por tener demasiado poco. Cambia a algunos y puede arruinar a otros. Sin embargo, es algo que realmente necesitamos. Y es parte del ciclo del comportamiento positivo. El dinero significa éxito, libertad para disfrutar de las cosas más finas de la vida. Nos permite ayudar a los que quieren o necesitan. Nos permite salir de las emergencias, trayendo estabilidad y falta de estrés. Por mucho que odiemos admitirlo, es por lo que muchos de nosotros estamos trabajando tan duro.

Básicamente hay dos direcciones en las que el dinero fluye, dentro y fuera. Puede entrar como ingresos, dividendos o beneficios de inversión, herencia, o por la suerte, como ganar la lotería. Sale en forma de gastos como comida y vivienda, transporte y necesidades, lujos y diversiones, impuestos y penalidades por préstamos.

Las inversiones y los ahorros representan una extraña dicotomía. El dinero puede salir de tu cuenta bancaria, pero se mueve a tu cartera de acciones, por lo que no se gasta realmente. Pero tampoco está en tu cuenta bancaria. Los ahorros, por otro lado, representan el dinero que entra y no sale. Los ahorros son más difíciles de conseguir en estos días, y es una parte crucial de la estabilidad financiera. La mayoría de los estadounidenses consultados hoy en día, reportan tener menos de 400 dólares en el banco.

Si tus finanzas se están saliendo de control, siempre recurre a lo que has aprendido aquí. Si pagar una tarjeta de crédito es una gran tarea, divídela al estilo Pomodoro, y enfréntala en cantidades más pequeñas (siempre y cuando cumplas con el pago mensual mínimo, por supuesto).

Lo primero que debes que hacer para abordar tus finanzas personales, no te sorprenderá al oírlo, es hacer una serie de listas, registros y planes. Lo primero que necesitas es un presupuesto. Anota cuánto ganas en un mes y súmalo, luego cuánto gastas; en necesidades como el alquiler y la comida, y en lujos. Si tu columna de lujos es demasiado alta, simplemente reduce el gasto en esas cosas. Sacrifícalas hasta que tus finanzas vuelvan a estar en orden. Entonces podrás volver a una o dos de ellas, si todavía quieres.

Lujos comunes que seguramente puedes cortar de la lista (temporalmente) es comer fuera. La comida casera sabe mejor que la comida preparada, y obtienes todos los beneficios de la cocina; las habilidades meditativas y creativas y de organización, la gratificación instantánea, el auge de la confianza en ti mismo.

Asigna alrededor del 20% de tus ingresos a las prioridades financieras, y el 30% a los gastos de estilo de vida. Pero apégate a eso y no dejes que los treinta se conviertan en treinta y cinco, cuarenta o incluso más. Ya que tu alquiler o hipoteca es probablemente alrededor del 30% de tus ingresos, tus gastos personales deben ser necesariamente limitados.

Recorta esas cuentas de tarjetas de crédito pagando una cierta cantidad sobre el mínimo cada mes. De lo contrario, nunca saldrás de ellas. Mientras estás en ello, corta el cable. Estás pagando mucho por cosas que no ves. ¿Por qué no suprimirlo y ver sólo lo que quieres ver en YouTube? Al menos puedes saltarte el anuncio en 5... 4... 3... 2...

Puede que quieras guardar las tarjetas por un tiempo. No empeores una mala situación. Comprométete a utilizar una base de sólo efectivo durante una semana al mes. ¡Aléjate de esas tarjetas de crédito!

Planea ahorrar algo cada mes. Guarda la misma cantidad cada mes y haz el depósito el mismo día cada mes. Puedes crear una cuenta de ahorros especial y luego transferir el dinero en línea, así que una visita al banco no sería necesaria.

Algunas personas disfrutan del "ayuno" de gastos, en el que no gastan nada durante un período determinado. ¿Puedes hacerlo dos días? ¿Tres? ¿Cinco? Aunque no puedas hacerlo más de dos, sigues ahorrando.

No te comprometas a ningún gasto mensual recurrente. Puedes perder la pista y terminar gastando mensualmente en cosas que no necesitas o tal vez incluso no quieres. Si tienes cargos continuos, haz una lista de ellos y haz un seguimiento por gasto y valor. Piensa en reducir tus cargos actuales a la mitad o más si puedes. Los ahorros se acumularán automáticamente si acabas de cortar esa suscripción a Netflix.

Otra buena manera de vigilar tus finanzas es la vieja y moderna búsqueda de gangas. Cada vez están más presentes. Existen aplicaciones para smartphones que se dedican a ahorrar dinero en seguros de coche, noches de fiesta, todo tipo de artículos por los que puedas estar gastando demasiado. También hay tiendas de venta al por menor que ofrecen grandes descuentos. Cuando hagas la compra, estate atento a las ofertas. Y lleva a tu supermercado local una tarjeta del club de ahorro si tienen una. Podrías ahorrar más del 20% por cada visita a la tienda de comestibles.

Como muchas de las cosas que hemos discutido, ser bueno con el dinero requiere práctica, pero hay muchas buenas maneras de hacerlo. Y los resultados, seguro que harán tu vida y tus otros esfuerzos mucho más fáciles y libres de estrés.

Manejar el dinero, como todo lo que hemos discutido, requiere de un amigo que te apoye. Esta persona puede ser tu cónyuge, tu gerente de negocios, tu contador, un amigo o un miembro de la familia. Pero seguro que necesitarás ayuda en algún momento. Esta tarea particular, a largo plazo, puede requerir más de un amigo, sino toda una red de apoyo. Tu cónyuge e hijos, si los tienes, deben participar en la campaña, ayudándote a ahorrar también.

Aquí hay algunos trucos que te serán útiles cuando se trata de dinero:

Nunca saques un préstamo para otro. Corroerá una relación familiar, y podría destruir tu crédito y costarte una fortuna. Esta vez debería ser fácil decir que no. Dicho esto, muchos padres firman préstamos para sus hijos adultos; primeros coches, alquiler de apartamentos. Pero esto no es lo habitual e incluso puede estar lleno de dificultades.

Si eres un estudiante, ve a por cada préstamo, subvención o beca del estado que puedas encontrar. Evita los préstamos estudiantiles como la peste si puedes. Si ya tienes dificultades con los pagos como estos, busca en los planes estatales de asistencia u otras opciones de pago.

VIVE UNA VIDA DE OCIO ADEMÁS DE TUS RESPONSABILIDADES

Toda esta planificación podría y debería llevarte a un poco más de tiempo libre. Pero cómo pasas ese tiempo libre, es importante para tu plan general. Si vives saludablemente durante la semana y luego sales y te destrozas los fines de semana, sufrirás una reducción de productividad más tarde.

Las investigaciones indican que los adultos en los EE.UU. disfrutan de aproximadamente 40 horas de tiempo fuera del trabajo. Los hombres y las mujeres parecen pasar unas cinco horas al día en el llamado tiempo libre. Este es tiempo fuera de las responsabilidades de las tareas domésticas, el trabajo, las actividades curriculares y religiosas. Viendo la televisión, sentados en el jacuzzi, lo que sea.

El tiempo libre tiende a atraernos a actividades o eventos, pero no todos tienen el mismo valor. Cuando se te presenta una oportunidad de tiempo libre, pregúntate: "¿Me dará esto una buena historia que contar? ¿Me cambiará, de alguna manera, positivamente? ¿Me permitirá relajarme y apoyar mis relaciones personales? ¿Es un desafío? ¿Me llena de un sentido de asombro o llenará mi corazón de bondad? ¿Mejorará mi posición social? ¿Traerá consuelo o felicidad a alguien que amo?"

Si la respuesta es sí, definitivamente deberías ir. Si no, dale más consideración y más discreción.

NINGÚN HOMBRE ES UNA ISLA, LAS RELACIONES QUE CONSTRUYES SON NECESARIAS PARA TU VIDA.

Una de las mejores maneras de fortalecer cualquier relación, es ser un buen oyente. Se ha dicho que el mejor conversador que conocerás sólo habla de un tema... des sí mismo. Y esto es en gran parte cierto. En primer lugar, somos una cultura egocentrista, y muy pocas personas hacen algo más que hablar sobre sí mismos de todos modos. En lugar de competir por su atención, que puede no valer la pena tener en primer lugar, sólo dales lo que quieren. Pregúntales acerca de sí mismos, desvía las preguntas acerca de ti, y sé un buen oyente. No sirve de mucho si estás constantemente haciendo pregunta tras pregunta, interrumpiendo las respuestas que se supone que debes escuchar. Sólo escucha.

Aun así, no es tan fácil como parece. Nuestro entorno competitivo nos anima a hablar por nosotros mismos, a tocar nuestros propios cuernos, a pensar lo mejor de nosotros mismos, a sacar el máximo provecho de nosotros mismos y de cada oportunidad. Pero mucho de eso significa presentarse como una persona interesada y cuidadosa, alguien que no está empeñado en aprovechar al máximo cada oportunidad, sino en permitir que la otra persona haga lo mismo.

Se necesita una voluntad y un autocontrol sorprendentes. Y como todas las cosas de las que hemos hablado hasta ahora, requiere una cierta profundidad de comprensión. Y hay más en el arte de escuchar de lo que puedas saber.

Primero, siempre habrá alguna discrepancia entre lo que una persona intenta decir y cómo lo interpretas tú. Es una desventaja natural del lenguaje. Y se agrava con los correos electrónicos y los textos, que carecen de todas las sutilezas y posibilidades de reacción de una conversación en vivo, donde al menos puedes oír la voz de la persona y ver su cara. No hay mejor manera de ser malinterpretado que enviar un correo electrónico o un texto.

El lenguaje es importante porque es lo que mejor nos representa. No se puede juzgar un libro por su portada, dicen, pero el lenguaje de una persona es lo que está impreso en las páginas de su alma.

Y hay dos variedades del arte de escuchar. Hay una escucha pasiva y otra activa, y debes saber qué es lo mejor y hacia cual te inclinas para sacar el máximo provecho de tu relación.

El oyente pasivo no escucha realmente, sólo tolera su tiempo para esperar hasta que pueda expresar su posición. No están a punto de ser influenciados o incluso comprometidos. El oyente activo tiene en cuenta lo que el otro está diciendo, digiriéndolo, listo para ser movido por él.

Es imposible perder el paralelo entre una mentalidad de crecimiento o una mentalidad fija. El oyente pasivo es probable que tenga una mentalidad fija, no dispuesta a considerar las posibilidades de cambio. El oyente activo, orientado al cambio, es mucho más probable que tenga una mentalidad de crecimiento.

Pasar tiempo con los amigos y la familia es crucial para fortalecer tus relaciones, por razones obvias. Estas son las relaciones más fuertes que tienes. Tus influencias más formativas fueron primero tu familia y luego tus amigos, por lo que estos son los grupos que mejor sirven para ser tu red de apoyo, la cuna de tu vida no profesional.

Una red de apoyo tan íntima, en contraposición a una red de apoyo laboral de compañeros de trabajo amistosos, ofrece un sentido de pertenencia, seguridad y aumento de la autoestima. Se dice que reduce tus niveles de estrés (¡si no estás en mi familia!) y todos los chistes aparte, los estudios lo confirman.

Las relaciones románticas, como las relaciones familiares y las amistades de larga data, tendrán altibajos a lo largo de los años, a medida que los individuos experimenten sus propios cambios. Por lo tanto, deberías estar tan dispuesto a ser tolerante con los cambios de la otra persona, como esperarías que esa persona lo hiciera por ti, Recuerda la llamada *Regla de Oro: Trata a los demás como te gustaría que te traten a ti.*

Las relaciones son únicas, así que cada una debe ser tratada en sus propios términos. Si estás dispuesto a tratar con la otra persona en tu vida en sus términos, tienes una buena oportunidad. Si sólo estás dispuesto a tratar en tus propios términos, podrías terminar solo. Pero tu pareja se enfrentará a los mismos desafíos, así que piensa en ello como si los enfrentasen juntos.

Las relaciones de todo tipo se tratan de dos cosas: sentimientos y comunicaciones. A menudo, sentimos una cosa, pero decimos otra, para protegernos o porque no tenemos la capacidad de decir lo que realmente sentimos. Eso tampoco es tan fácil como parece. Por ejemplo, puedes tener respeto por una persona, pero eso no es suficiente si actúas y la tratas sin respeto. Tienes que mostrar respeto, o tus sentimientos serán irrelevantes para esa persona. No basta con amar, tienes que demostrar amor, comunicarlo con éxito.

La otra cara de la moneda no es demostrarlo sino recibir ese sentimiento. Una persona puede simplemente no sentirse amada o comprendida. Siempre hay que tener en cuenta, no sólo lo que se siente y tal vez no se comunica, sino también lo que el otro escucha y tal vez no lo procesa.

Si no estás de acuerdo, se respetuoso. No lo personalices. Pon el énfasis en los resultados de la tarea o en el valor del trabajador. El enfoque más saludable es en la cosa, no en la persona. Y esto sólo tiene sentido porque una cosa no puede ser insegura o insultada o atacada, pero una persona estará más que lista para hacerlo. Así que resuelve ser tan respetuoso como puedas en los desacuerdos. No insistas en tener la razón, ¡pero exprésate para evitar pensar demasiado después!

Para una relación exitosa, no te alejes de tus otros intereses y relaciones. Una vida feliz es una vida completa. Cuanto más te enriquezcas fuera de la relación, más podrás aportar a la relación.

Y ten cuidado con cualquier pareja que intente separarte de tu familia o tus amigos, a menos que sean realmente abusivos en un sentido criminal. El concepto de un divisor, o una personalidad codependiente, es un elemento bien conocido en las relaciones. Se trata de una personalidad que busca aislar y controlar a la otra persona, destruyendo su confianza en sus relaciones anteriores.

Recuerda que hay una diferencia entre enamorarse y permanecer enamorado. Lo primero puede ser caótico y aleatorio, pero lo segundo es casi siempre el resultado de un esfuerzo continuo de ambas partes.

Por lo demás, todo en este libro cubre el romance como si fuera un gran objetivo a largo plazo (el amor de toda una vida) compuesto por una serie de metas e hitos (citas, compromisos, matrimonio, permanecer casado) que son recompensados y requieren planificación y una mentalidad positiva y así sucesivamente. Inclínalo de la manera correcta, ¡acabas de leer el mejor manual de citas de todos los tiempos! Para mencionar sólo algunas, las técnicas que hemos aprendido y que más entran en juego en el ámbito romántico, incluyen el compromiso programado (fines de semana, celebraciones), el aprendizaje de nuevas habilidades (que se comparten, como clases de baile o degustación de vinos), la recreación y el autocuidado (y el cuidado mutuo, en este caso), el voluntariado conjunto (en un banco de alimentos o ayudando con una iniciativa de limpieza de la ciudad),

Hacer cosas juntos que beneficien a los demás. Comunícate de forma clara y respetuosa, pero también toma nota de las señales físicas que puedes obtener del otro. Y sé honesto, ya que tu lenguaje corporal probablemente te delate y no querrás que te llamen mentiroso por derecho.

Ten cuidado con el estrés, que puede hacer que malinterpretes lo que tu pareja dice o transmite. En tiempos de estrés, puede ser mejor evitar ir demasiado profundo. Espera hasta que ambos estén más calmados y sean más razonables. Recuerda la influencia de las emociones en nuestro comportamiento y actúa en consecuencia.

Como con las otras cosas que hemos visto, es crucial abandonar el perfeccionismo en una relación. Nadie es perfecto, y ninguna pareja es absolutamente perfecta.

UNA VIDA ESPIRITUAL SINCERA

Bueno, tal vez Dios es perfecto, lo cual es uno de los aspectos más atractivos de la religión. No sólo proporciona regimiento a nuestras vidas, y socialización, educación, incluso filosofía. Algunos se centran más en el aspecto etéreo, otros en el aspecto social más terrenal. De cualquier manera, puede ser muy bueno para desarrollar habilidades personales y convertirse en una persona mejor, más feliz y más completa.

Los beneficios de la espiritualidad incluyen la tranquilidad, una visión más clara del perfeccionismo y sus defectos, pero al mismo tiempo fomenta un sentido más fuerte de autoeficacia y valor, y eso alienta el autodiscurso positivo. La espiritualidad puede proporcionar un significado, algo en lo que centrarse en el camino de la meditación. Ayuda a fomentar la simpatía por los demás y las conexiones con los demás, y genera una mentalidad de crecimiento.

Las investigaciones muestran que los religiosos se recuperaron más rápido de varios tipos de cirugía de corazón que los de fe más débil o sin fe. Los que asisten a los servicios religiosos parecen vivir más que los que no lo hacen.

Para buscar una vida más espiritual, cualquiera de las principales religiones organizadas te dará amplias oportunidades. No hay tiempo para estudiarlas aquí, pero tus bibliotecas, librerías y tiendas de Internet están llenas de libros sobre todas ellas, y desde todos los ángulos.

Una vez que encuentres la religión que mejor exprese tus creencias, participa. Jesús dijo, "La fe sin obras está muerta". Así que, sal y actúa con esa fe. Verás que tiene todos los beneficios de los muchos consejos y técnicas que ya hemos discutido, y por las mismas razones. Es genial para el autodiscurso positivo, la socialización, la gratificación, la concentración, la reducción del estrés, ¡y más!

Asegúrate de que la organización a la que te unes sea más espiritual que una organización, si entiendes lo que quiero decir. Una iglesia puede pedir hasta el 10% de tus ingresos como diezmo, o contribución al funcionamiento de la iglesia, y la mayoría de las pequeñas iglesias necesitan eso. Una organización legítima te animará a acercarte a tu familia y amigos. Cualquier organización que pida más del 10% o trate de separarte de tu familia y amigos debe ser evitada a toda costa.

Ponte cómodo con la noción de orador. No es tan diferente de tener un compañero de apoyo, ¡sólo que podría ser como el propio Jesús Cristo! Tienes una caja de resonancia y un mentor.

Leer textos religiosos tiene todos los beneficios de leer cualquier otra cosa. Estimula el cerebro, vigoriza el espíritu creativo, alienta la concentración ante la distracción infinita.

Comparte tus experiencias y puntos de vista con los demás. Dale voz y hazlo real. Esto es especialmente potente en el contexto de las religiones abrahámicas, especialmente el judaísmo.

Bueno, empezamos en lo profundo de nosotros mismos, y terminamos en los mismos cielos. Con suerte, has aprendido mucho en el camino. Si algo pareció poco claro, no te preocupes. Había mucho que digerir. Vuelve a leerlo de nuevo, sólo las secciones relevantes si quieres. Este libro fue escrito para ti, ¡así que por supuesto aprovéchalo al máximo!

CONCLUSIÓN

¡Felicidades! Acabas de haber sido expuesto a la última y mejor información sobre la procrastinación y el exceso de pensamiento y mucho más que eso. Tienes un puñado de consejos y trucos para aplicar estos conocimientos a tu vida cotidiana. Ahora eres capaz de adaptar una mentalidad diferente, una mejor perspectiva, con una mayor comprensión de los desafíos que tú y otros enfrentan en su vida diaria personal y profesional. Tienes todo lo que necesitas para vivir una vida más feliz, más exitosa y más satisfactoria. Tienes las herramientas para corregir un espiral descendente, para revertir tu discurso interno negativo y una mentalidad fija. Estás listo para probar la meditación, puedes ver los beneficios de un estilo de vida más saludable. Y todo lo que ahora sabes puede ser aplicado a tu vida inmediatamente. Aparte de unos pocos materiales, tienes todo lo que necesitas para corregir una vida de negatividad y crear la vida que siempre has querido. Uno de los principios rectores de Albert Einstein fue que, si puedes visualizarlo, es posible. Piensa en eso, y empieza a ver cómo será tu futuro una vez que apliques los datos, lecciones y técnicas que aprendiste en este libro.

Empezamos por cavar en el centro más profundo de tus pensamientos y creencias. Luego trabajamos hacia afuera en cada parte de tu cuerpo, virtualmente. Fuimos más allá, a través de tu ropa y tu entorno inmediato a las personas que te rodean, personal y profesionalmente. Vimos la influencia mutua que todos compartimos, y luego nos extendimos más a la ramificación social, a una pandemia mundial de procrastinación y exceso de pensamiento, el autodiscurso negativo, y la mentalidad limitante que son comunes en las personas de todo el mundo. Fuimos al Lejano Oriente para encontrar remedios como la meditación. Trascendimos la Tierra y miramos al cielo en busca de apoyo, a la India en busca de la sabiduría del budismo.

Y todo esto vuelve a ti; tu vida en todos los niveles. Tienes lo necesario para mejorar tu vida y ayudar a otros a mejorar las suyas. Te desearía buena suerte, pero ya no la necesitas. Ya tienes todo lo que necesitas para dar los siguientes pasos hacia un futuro más brillante. Como dije al principio de este libro, tu vida está en el precipicio de un gran cambio. ¡Sólo depende de ti!